传
记
馆

LINCOLN

林肯传

[美] 戴尔·卡耐基 | 著
白马 张雷 | 译

浙江出版联合集团
浙江文艺出版社

译　序

卡耐基和林肯

林肯是美国历史上最伟大的总统，也是世界历史上最伟大的人物之一。他领导了拯救联邦和结束奴隶制度的伟大斗争，他通过颁布《解放奴隶宣言》，让四百万奴隶获得自由；他遇刺身亡后，美国正式废除了奴隶制。林肯成功维护了美国的统一，为推动美国社会向前发展做出了巨大贡献。多少年来，人们被他的正直、仁慈和坚强的个性所吸引和折服，历次的民意测验都表明：他一直是美国历史上最受人景仰的总统之一。

戴尔·卡耐基是20世纪杰出的成功学大师，被誉为“美国现代成人教育之父”。他运用心理学和社会学知识，精研人类的心理特点，剖析人性的基本层面，从而开发出一套独特的融演讲、推销、为人处世、智能开发于一体的成人教育方法。世界各地无数渴望人生精彩的人士都从他那里得到最可贵的教益。卡耐基在实践的基础上撰写而成的著作，影响了千千万万人的思想和心态，激发了他们对生命的无限热忱与信心，让他们勇敢地面对现实中的困难并与之搏击，追求自己充实美好的人生。他的著作是两个世纪以来持续畅销的成功励志经典。卡耐基的主要代表作有：《沟通的艺术》《人性的弱点》《人性的优点》《美好的人生》《快乐的人生》《伟大的人物》和《人性的光辉》等。这些深入浅出的著作风靡全球，被译成世界上几乎所有的语种，被视为“人类出版史上的奇迹”。

值得注意的是，在卡耐基的一生中，林肯对他的影响非常关键。卡耐基自己的童年与林肯的童年非常相似，所以他把林肯的奋斗看作人类向上精神的典范。在卡耐基成功学课程中，他多次提到林肯的故事，仿佛林肯就是成功的一面镜子。而在《林肯传》中，我们处处能够感受到卡耐基对林肯的崇拜之情。应该说，一百多年来，有关林肯的传记非常多，成功的经典之作也不少，但这本传记却以其独特的视角见长。我们知道，林肯出身于肯塔基州哈丁郡一个贫穷的家庭，父亲近乎是个流浪汉，用他自己的话说，他的童年是“一部贫穷的简明编年史”，他十五岁才开始认字，只受过一点儿初级教育，但不甘于现实的他通读了《圣经》《伊索寓言》等，尤其被莎士比亚和彭斯（这两人也没有读过大学、属于自学成才一类）的作品折服，他通过自学使自己成为一个博学而充满智慧的人。尽管他担任公职的经验也很少，但他通过努力一步步成为了震古烁今的伟大总统。可以说，这本书是卡耐基成功学经典著作的延伸，是它的一个放大了的教案。

关于本译本

本译本初版于2009年11月，是戴尔·卡耐基《林肯传》的全本首次在中国大陆出版。坊间已有的中文译本，据笔者目力所及，皆为删节版本。而且，无一例外地将作者前言（《本书的写作原因及过程》）、第二十一章有关史丹顿的生平部分、第二十四章有关格兰特将军在参加内战前的经历部分、第二十九章的部分文字以及第三十至三十三章的全部文字，尽皆删去，并且在其他很多与林肯关系不大的细节上，也有一些删改。这些删节的内容，约占全本的五分之一。这种删改的统一度，令译者怀疑其他已经出版的译本是否是根据另外一个删节版的英文版本而译的。这次对《林肯传》的重译，译者依据美国纽约口袋本出版公司（Pocket Books INC. New York）的权威版本，几乎毫无任何删改地译出。书的原名是《鲜为人知的林肯》（*The Unknown Lincoln*）。在这个全本中，除了林肯本人的生平经历之外，读者还将看到作者对写作经过的表述，以及林肯夫人、史丹顿、格兰特和刺杀林肯的布斯的生命历程，还有林肯尸体险些被盗等许多其他译本从未译出的精彩内容。此次修订后再版，亦是希望将这一译本更加完善。但恐仍有力所不逮之处，在此恳请广大读者和各方面的专家不吝指教。

白马 张雷

2017年7月于杭州

本书的写作原因及过程

几年前一个春天的早上，我在伦敦的一家酒店吃早饭；像往常一样，我在晨报上面竭力想找一点关于美国的新闻。伦敦的报纸通常不太关注美国，不过那天早晨我很幸运，我有了一个丰富且未曾料到的收获。

日后以“平民之家”创始人身份闻名于世的T. P. 科诺，当时正在晨报上负责撰写一个专栏，名字叫“人物与回忆”。从那天开始，接连几日，科诺的专栏一直在做“亚伯拉罕·林肯”的专题。这一系列的专题文章对林肯的政治成就并不十分关注，而将着眼点放在了林肯生命中较为人性的那一面：比如他的悲伤情绪，他接连不断的失败，他的贫穷，他对安妮·鲁勒吉刻骨铭心的爱，还有他与玛丽·陶德悲剧性的婚姻。

我对这一系列短文非常感兴趣，然后又觉得挺惊讶。我生命的头二十年是在美国西部的中央地区生活的，那里离林肯的常住地不远，而且我也一直对美国历史深感兴趣，所以我应该说对林肯的生平掌故非常熟悉了。然而，很快，我发现并非如此。颇具反讽意味的是，我虽然是美国人，但却是在伦敦读了一些由一个爱尔兰人在英国报纸上发表的文章后，才意识到林肯的生平掌故是人类有史以来最为有趣的生命传奇之一。

我问过自己，难道只有我才这么无知吗？但很快问题就有了答案。后来我和我的很多乡下朋友谈起林肯，我发现他们也一样。他们关于林肯的全部所知就是这些：出生在一间小木屋；步行数英里去借书，然后半夜在壁炉前面的地板上阅读；砍柴为生；当律师；讲有趣的故事，比如男人的双腿要很长，长到足以能触到地面的程度之类；被称作“诚实的亚伯”；与道格拉斯辩论；当选美国总统；戴一顶丝帽；解放奴隶；葛底斯堡演说；宣称他曾希望自己知道格兰特将军喜欢什么牌子的白兰地，以便自己能给其他几位将军亲自寄去几桶云云；最后在华盛顿一家剧院被布斯刺杀。

被晨报上这些文章激起兴趣之后，我去大英图书馆查阅了大量有关林肯的书籍。随着阅读量的增大，我对他的兴趣与日俱增，最终我下定决心，“自己动笔”写一本关于林肯的书。我明白自己压根儿不具备撰写一本专供学者和历史学家们阅读的专业学术作品所需的主动性、气质、素养以及能力，另外我觉得写这样一本也没必要——此类著作已经够多了。在关于林肯的浩如烟海的资料中翻阅很久以后，我觉得确实有必要的是，为当今紧张繁忙的大众，写一本篇幅短小的传记，它既简明扼要又能囊括林肯生命中的那些最有趣的事情。我努力撰写的正是这么一本书。

我在欧洲就开始动笔了。在那里写了一年后，又回到纽约伏案两载。最终，我把已经写完的草稿全部撕掉，将它们扔到垃圾桶中。然后我奔赴伊利诺伊州。我找到林肯当年艰难度日的那片土地，这里也是他的梦想的诞生地。一连几个月，我与当地一些百姓同吃同住——他们的父辈们曾和林肯一同测量过土地，修过篱笆，在集市上赶过猪。还有好几个月，为了能深入理解林肯，我曾在一大堆旧书、旧信、旧演讲稿以及那些几乎被人遗忘的报纸和潮腐的法庭记录中搜寻线索。

我在匹兹堡镇住了一整夏，因为这里距离那个被后人复原了的“纽沙勒”仅一英里之遥。林肯在这个小村度过了他一生中最快乐的一段时期，这里也成了塑造他人格中最重要的一些东西的地方。他在纽沙勒经营一家磨坊和一家杂货店，并学习法律，当铁匠，还玩过斗鸡、赛马，恋爱一场，然后为之心碎。

纽沙勒在其鼎盛时期，居民也不超过一百人，这个村庄的存在时间也不过十年。林肯离开纽沙勒不久，它就被废弃了，近半个世纪以来，只有蝙蝠和燕子在那些腐烂的木屋中筑巢，还有一群牛在这块小地方啃着青草。

然而就在几年前，伊利诺伊州政府将这里列入保护范围，把它建成了一个公共游览场所，而且仿照一百年前那些木屋的样貌重新建造了模仿品。于是今天的纽沙勒看起来就和林肯时代的样子差不多。

当年的白橡树林，今朝仍未改变。林肯曾在林中读过书，吹过口哨，这里也有他恋爱的身影。每天早晨我都会带上打字机，从匹兹堡驱车而来，书中有一半章节都是在这些树下写完的。这是一处多么可人的工作室啊！前方是蜿蜒流淌的桑加蒙河，在我面前，树林与干草地染出的点点斑白在风中微微摇摆，仿佛音乐般地在此律动。蓝色的麻雀，金翼啄木鸟，还有红鸟，他们的色彩点缀着树林。我甚至能感到林肯就在这里。

每到夏日夜里，当夜莺在桑加蒙河岸的林中啼叫时，我经常独自一人来到此地。月光在夜空下勾勒出鲁勒吉小旅店的轮廓。在我眼前，时间恍若倒退了一百年，也是相同的夜晚，年轻的林肯和鲁勒吉手挽着手，在月光下走过这片同样的土地。他们聆听夜莺的啼叫，心中充满了多少美丽的梦想啊——然而这些梦想注定无法实现了。我敢肯定，就是在纽沙勒，在这里，林肯度过了他一生中最愉快的时光。

当我正准备撰写林肯最爱的女孩去世的这一章时，我带上一张小折叠桌和一台打字机，驱车驶在乡村公路上。我穿过一个养猪场，又越过一片牧牛的草地，最终来到安妮·鲁勒吉所安葬的那块平静而偏僻的土地。这块土地现已彻底荒芜，乱草丛生。为了走近她的墓地，我不得不把那些杂草、灌木和乱藤条割干净。林肯曾在这里流下热泪，这里承载着他一生中最悲伤的故事。

本书的许多章节是在春田镇撰写的。其中一部分写就于一幢老房子的起居室中，林肯在此度过了十六年不开心的日子；还有一部分是在林肯草拟其就职演说的桌子上撰写的；其余的章节，则是在林肯的律师事务所完成的——每次他和玛丽·陶德吵架后，他就会躲到这里。

戴尔·卡耐基

目录

第一章

在哈洛德堡，她养育了八个孩子，并在当地民众中树立起了自己的好名声——她的名字此前一度代表一种恶毒的称呼。日后，她的两个儿子成为牧师，她的一个外孙——其母正是她的那个私生女——后来当上了美国总统。他的名字就是亚伯拉罕·林肯。

从前在哈洛德堡，有一个女人，名字叫安·麦克金迪。据史料记载，安和她的丈夫是最早把猪、鸭子和纺车带进肯塔基州的人，史料上还提到安也是最早在这片黑暗而蛮荒的地区生产黄油的女人。不过，真正让她出名的事件，则是她创造了一项纺织业中的经济成就。在神秘莫测的印第安人的村庄里，棉花没人种植，也压根儿买不到，林中的灰狼又会吃掉绵羊，所以在当时，找到成衣的材料几乎是不可能的。安·麦克金迪既聪慧，又敢于创新，她从两种储量很大且造价低廉的物质——荨麻和野牛毛——中制造出了“麦克金迪布”。

这可是一项伟大的发现。那些家庭主妇为了到她的小木屋中学习这项新技术，经常要跑上一百五十英里的路。她们一边纺织，一边聊天。她们的话题可远不止荨麻和野牛毛，经常聊着聊着，她们就开始嚼舌了。于是，安·麦克金迪的小木屋，很快就成了当地闻名的绯闻交流站。

那个时代通奸是一项可被控告的侵犯性行为，而未婚生子简直就是轻度犯罪。况且对于安来说，除了发现一些不幸的女孩的错误行径然后跑去大陪审团那里揭发检举之外，很明显，没有其他事情能为她那猥琐的灵魂带来如此深厚而持久的满足感了。于是哈洛德堡地方法庭的笔录上就会经常出现某不幸女子的让人头疼的故事：她被指控未婚生子，“根据安·麦克金迪提供的信息”。在1783年春天哈洛德堡审判的十七件案子中，就有八件是关于未婚生子的。

在这些控告中，有一桩由大陪审团提起的指控，落款日期是1789年11月24日。控状如下：

“露西·汉克斯犯通奸罪。”

这不是露西第一次犯事儿了。几年以前，她在弗吉尼亚州就犯过一次。

可惜年岁已久，有关那次事件的留存记录实在太少：我们从中只能找到案件的大概要点，而毫无任何细节。然而通过这些要点再加上其他相关资料，我几乎已能重构该事件的完整过程了。因为案件的基本要素都已具备。

在拉帕汉诺克河与波托马可河之间，有一块狭长的土地，弗吉尼亚州的汉克斯家族就在这里。而且，华盛顿家族、李氏家族、卡特家族、芳特洛伊家族还有许多其他名门望族都住在这里。这些贵族要去教堂做礼拜，穷人和不识字的人家同样要去——其中就包括汉克斯家族。

1781年11月的第二个星期天，华盛顿将军把拉法叶将军以主宾之礼领进了教堂，这一幕可是让当地不少民众都伸长了脖子——露西·汉克斯同样也在其中。就在一个月前，这个法国人帮助华盛顿在约克郡生擒了英国总督康华李斯，所以每个人都想一睹其风采。

话说拉法叶将军除了军事谋略和国家政务，还有一样特别的喜好：他对美丽的少女亦深感兴趣。每当别人给他引荐一位少女崇拜者时，对于这个女子的赞美之词，他总要回敬一个吻。那天早上在教堂门前，他就吻了七个女孩。这一举动在公众中引发的热情，要远远高于牧师嗓音沉厚的布道。露西·汉克斯就是这七个女孩之一。

这一吻所引发的一连串事件对美国未来的影响，也许比拉法叶帮我们打的所有战役加起来都要大。

在那天早上的人群中，一个有钱的贵族单身汉也混在里面。他早就知道汉克斯一家。他大概清楚这家人的状况，知道他们既穷，地位又卑贱，且目不识丁。不过他感觉，拉法叶这天早上献给露西·汉克斯的吻，要比献给其他女孩的吻更热情一些——当然，这可能出于他的幻想。

拉法叶将军卓越的军事才华和过人的泡妞技巧，都令这个单身汉深为佩服。于是，地主现在开始记挂起露西·汉克斯了。他知道世界上很多名门美女都是出身寒微，她们的出生环境甚至还不如露西，比如汉密尔顿夫人，比如杜巴瑞夫人——一个穷得叮当响的裁缝的私生女。虽然杜巴瑞夫人几乎目不识丁，但她通过路易十五统治了整个法兰西。这些历史上的先例令人欣慰，它们使这个单身汉内心的低俗欲望瞬间罩上了一层高贵的外衣。

第二天是星期一，他整整一天都被情欲折磨。于是到了星期二一早，他立刻就去了汉克斯那个脏兮兮的家，想雇露西到自己的农场当女仆。

他已经有一大堆奴隶了，再雇个女仆实在没必要。因此他只让露西做些轻活，也没逼她和那些奴隶在一起做事。

那个时候弗吉尼亚州的许多富人家庭有一个习惯，就是把子弟送往英国受教育。露西的这位雇主就曾在牛津读书，而且还把他喜欢的很多书带回了美国。有一天，他走进书房，发现露西手里拿块抹布坐在那里，居然正在全神贯注地看着一本历史书中的插图。仆人这么做可是不守规矩的。不过他没有责备她，反而关上书房的门，坐在她身边，为她阅读插图下面的文字，而且还给她解释。露西听得饶有兴趣。最后她居然表示她很想学习阅读和写字——这令他十分惊讶。

一个女仆想要念书，这有什么大惊小怪的呢？现在的人们肯定很难理解。不过你要知道，那可是1781年，那时弗吉尼亚州一所免费学校都没有，能在协约上签出自己大名的有产者的人数不到州人口的一半。所有的妇女在转让土地所有权时，只能在协议上画个符号。

然而，竟还有个女仆异想天开，要学念书学写字。即便是弗吉尼亚州最有修养的公民，就算不说她反了天了，也会说这很危险。不过，我们的雇主先生好像对此颇感兴趣，他自愿当她的老师。那天晚饭之后，他就开始在书房里教她字母表。过了几个晚上，他就像抓锅柄一样把着露西的手，教她拼写单词。手把手的教学方式持续了很长时间，不得不说，他教得还挺不错。露西当年的写字纸有一张留了下来，上面可以看到她那粗壮而自信的花体字线条。她的字体既有气骨又富个性，她不光用到了“批准”一词，而且拼写准确。在那个就连乔治·华盛顿也未必总能把字写对的时代，露西的进步不可谓不大。

每晚的读写课程结束后，露西和她的老师就并肩坐在书房里，看着壁炉里火苗飞舞。窗外一轮明月，不知不觉地缓缓升起在夜空与森林交际之处。

露西爱上了他，并且对他无比信任。这种爱与信任在她的体内疯狂蔓延，弄得她一连几个星期焦躁不安。她不想吃饭，不能入眠，面容憔悴。当她再也忍不下去时，就把实情告诉了他。此后，他曾一度考虑娶了露西，然而这只是一时冲动。家庭、朋友、社会地位、众人的议论以及诸多令人烦恼的事情……都让他不能走出这一步。而且，他开始厌倦她了，于是他给露西一些钱，把她打发走了。

几个月过去了，人们开始对露西指指点点，甚至避而远之。在一个星期天的早上，露西不顾廉耻，带着她的孩子去教堂，这可引起了轰动。人群中那些自命纯良的女人愤怒了。其中一人从教堂中央站起来，喊道：“把这荡妇赶出去！”

这些伤害够多了。露西的父亲不想让女儿受到更多伤害，于是汉克斯一家把他们那点可怜的家当装到篷车上，走过荒野大道，穿过坎伯兰山口，最后定居在肯塔基州的哈洛德堡。幸好这里没人认识他们，他们也就能把露西孩子生身父亲的真相掩藏起来。

没想到，这里也和哈洛德堡一样，露西的美貌对于男人而言仍旧魅力无比。于是她的身后总会有追求自己的男人，没完没了地阿谀奉承。最后，自然，她又陷入恋爱了。这次罪行的确定可就容易些了。绯闻一传十、十传百，然后就传到了安·麦克金迪那里。上文已经讲过，大陪审团指控露西犯有未婚生子罪。不过法官知道露西这种女子犯不上被弄上法庭，所以他把控告书塞进口袋就去猎鹿了。

这时已经是11月份。到了第二年3月份，新的控诉又来了。某个妇女这一次带来了更多也更为刻毒的绯闻，她甚至要求把这个娼妇拘到法庭上当面对质。于是，第二张传票送到了露西家门口。然而露西过于激动，居然把传票撕碎后扔到送达人的脸上。5月份开庭在即。幸亏此时来了一个优秀的男人，否则就算露西不情愿，也得被强制出庭了。

这个男人的名字叫亨利·史帕罗。他骑着一匹马，来到露西的房前。他从马上下来，走进门对她说（也许当时的谈话就是这样）："露西，我一点也不在乎那帮女人怎么说你。我爱你。我要娶你。"不管原本的对话是否如此，然而他确实向露西求过婚。不过露西不想马上结婚。她不愿让镇上再传出她这只小麻雀立刻寻求到婚姻生活的庇护的闲话。她说："亨利，让我们再等一年吧。我要用这段时间向每一个人证明，我也可以过上体面的生活。如果一年后你还喜欢我，那就再来吧。我会等着你。"

亨利·史帕罗马上就答应下来，这是1790年的4月26日，后来法庭传票再也没来打扰过她。差不多一年后他们结婚了。于是安·麦克金迪一伙人又开始晃起脑袋摇唇鼓舌了。她们说什么两个人的婚姻不会长啦，露西还会再次玩起她的老把戏啦，等等。到处都能听到她们的碎语，亨利·史帕罗也不例外，所以他说想把家搬到遥远的西部，找一处比这里和谐一些的环境，重新开始生活。然而露西拒绝了这种习惯性的逃跑念头。她把头高高昂起，说她不是坏女孩，她不准备逃跑。她已决定在哈洛德堡定居下来，和这帮碎嘴婆决战到底。

她说到做到。在哈洛德堡，她养育了八个孩子，并在当地民众中树立起了自己的好名声——她的名字此前一度代表一种恶毒的称呼。日后，她的两个儿子成为牧师，她的一个外孙——其母正是她的那个私生女——后来当上了美国总统。他的名字就是亚伯拉罕·林肯。

这就是有关林肯直系祖先的全部故事。林肯的这位外公，很有修养，林肯对他敬重有加。

威廉·H.荷恩敦是林肯律师事务所的合伙人，二人共事二十一载。也许他要比其他任何人都更为了解林肯。所幸他曾写过三卷本的

《林肯传》，并于1888年出版。在有关林肯种类繁多的作品中，这是最为重要的著作之一。我现在把第一卷中第三页到第四页的文字引述如下：

> 有关林肯先生祖辈的故事，我仅有一次听他说起过，那是在1880年我们驾着他那辆单骑小马车去往伊利诺伊州梅纳德郡地方法庭的途中。那次的案情与性格遗传有关，这也是我们的兴趣之所在。途中我第一次听他谈起他母亲的人格气质，他还谈起他自己哪些地方遗传了他母亲。他提到他母亲是露西·汉克斯和弗吉尼亚州一个有教养的农场主的私生女。他还说自己能拥有汉克斯家族其余成员所不具备的分析能力、逻辑思维能力、精神活动、雄心壮志以及其他的能力和品质，与他这位不知名的外公的遗传密切相关。他还有一种理论，就是相比正常婚姻生活养育的子女而言，私生子女通常更强壮更聪明。因此，他认为他的卓越禀赋来自那个没心没肺的弗吉尼亚州无名氏。这些谈话让他想起了他的母亲。马车颠簸不止，继续向前行进，这时他有些后悔地说道："上帝保佑我的母亲！我现在的所有成绩，以及我日后要是还能获得什么成就，这些都要归功于我的母亲。"随后他就陷入了沉默，于是我们的讨论停止。此后在路上有相当一段时间，我们一个字也没说。他很悲伤，陷入对刚刚提起的往事的沉思，此情此景就好像他为自己筑了一圈屏障，我不敢打破它。他说过的话，他那伤感的语调，都给我留下了极深的印象。这是我永远不能忘记的一次经历。

第二章

亚伯拉罕·林肯在印第安纳州这些年所受的苦，实在要比日后他所解放的数千个奴隶的生活要严重得多。

林肯的母亲南施·汉克斯由她的叔叔和阿姨带大，她很可能一天学都没上过，这一点可从她在协约上画着的那些符号中看出来。

南施在阴暗的森林深处长大，几乎没有朋友。她在二十二岁时出嫁，丈夫应算是肯塔基州最没文化的穷鬼了。他的名字叫托马斯（汤姆）·林肯，靠打短工和猎鹿为生，反应迟钝，无聊透顶。

托马斯·林肯是个流浪汉，还是个饭桶。他四处漂泊，为了混口饭吃，什么活他都干。他修过路，砍过树，圈过熊，清理过田地，种过玉米，造过木屋。现有资料记载，他还拿着个短筒枪，在三个不同的地区看过犯人。1805年，肯塔基州的哈丁郡还以每小时六美分的价格雇他抓捕并鞭打敢于反抗的奴隶。

无论怎样说，托马斯都一文不名。他在印第安纳州的一块土地上生活过十四年，这期间通过土地的收入，他每年也就能攒下十美元。甚至有段时间，他穷到了妻子只能用野生荆棘来缝补衣服的程度。他去肯塔基州的伊丽莎白镇的一家商店买一对丝质吊裤带，也只能赊账。买完吊裤带，他又在一场拍卖会上以三美元的价钱淘到一把宝剑——他很可能是穿着丝质吊裤带，腰佩宝剑，然后光脚走回去的。

婚后不久，他就搬到镇上，当个木匠艰难度日。他接手过一个建造磨坊的活，可他没把木材加工好，长度弄错了，因此他的雇主断然拒绝为他这些愚蠢的劳作付账。尾随其后的，又有三件缠身的官司。就算汤姆再笨，现在他也明白了，自己是从森林里走出来的，自己的真正归属还是那片森林。于是他带领一家人又回到了森林里那块贫瘠多石的田地上，从此再也没离开这块土地一步。

离伊丽莎白镇不远，有一片广阔的田地，树木稀少，人称“贫瘠之地”。世世代代的印第安人在此放火，把森林和灌木丛烧得一干二净。于是野草在太阳底下恣意生长，野牛群聚于此，吞食野草。

1808年12月，汤姆·林肯以每公顷六十六又三分之二美元的价钱买下了这块贫瘠之地。这块土地上有一座猎人的小木屋，建造粗糙，周围都是野生山楂树。半英里外就是诺林河的南支流，那里春天会有盛开的山茱萸花。每到夏日，山鹰在头顶的蓝天上懒散地翱翔，高高的草儿在风中摇曳，就像一片广阔无垠的绿色海洋。没人会有定居在此的馊主意，所以到了冬季，这里就成了肯塔基州最荒凉萧索的地方。

1809年的严冬，就在这块贫瘠之地边上的一座猎户小屋中，亚伯拉罕·林肯降生到这个世界。那是个星期天的早上，他出生在一张铺满了谷壳的圆柱床上。屋外狂风怒号，2月的冷风把雪花顺着木板缝吹到母子二人盖着的熊皮被上。九年后，母亲在拓荒生活的重压和艰辛中积劳去世，享年三十五岁。她这辈子没享过什么福，不论到哪都有一堆谈论她私生女身份的闲言碎语紧随其后。可惜那天早上，她没有洞察未来的能力，她不知道自己费尽艰辛养育的这个孩子，日后将有人为他在此建起一座大理石纪念堂。

在那时的荒郊野岭，人们不太使用纸币，多数纸币毫无价值，因此猪、鹿肉火腿、威士忌、树狸皮、熊皮以及其他农产品经常用作交换媒介。就连牧师也经常拿到威士忌作为他们的部分报酬。1816年秋天，亚伯拉罕·林肯七岁了，老汤姆·林肯把他肯塔基州的农田卖出了四百加仑威士忌的价钱，然后举家迁往印第安纳州荒凉清冷、孤寂阴暗的森林中。这座林中居所的四周布满了树林、灌木丛和葡萄藤，那些灌木又厚又硬，以致人们不得不连劈带砍才能弄出条路来。他家唯一的近邻是一户猎熊人。传记作家丹尼斯·汉克斯说过，林肯从少年到青年的整整十四载春秋就是在这里度过的，因此这就是他的“丛林成人礼”。

冬天的第一场雪恰逢他们到达此地之时，飘然降临。于是老汤姆加快速度盖了一座房子。这座房子只有三堵墙，房屋的第四面完全经受着风雪霜雹的袭击。它有一个圆柱支撑的草屋顶，没有地板，没有门。要放在今天，这种建筑只能称作遮风棚罢了，印第安纳州的农民都不会用这样的房屋去养猪养牛。然而汤姆·林肯觉得，一家几口能住在这种房子里，已经够好的了——要知道1816年至1817年的漫漫寒冬可是历史上最凛冽最残酷的冬季之一。

南施·汉克斯和她的孩子们在那个冬天，像狗一样蜷在屋棚角落的一堆树叶上，还有几张熊皮盖在他们身上。他们的伙食没有黄油，没有牛奶，没有鸡蛋，也没有水果和蔬菜，甚至连土豆也吃不上。他们赖以为生的主要是猎物和坚果。汤姆·林肯想要养猪，可是野熊饥肠辘辘，它们会把猪生吞下肚。

亚伯拉罕·林肯在印第安纳州这些年所受的苦，实在要比日后他所解放的数千个奴隶的生活要严重得多。

那里的人们几乎都没听说过牙医，且最近的医生离这里也有三十五英里远。所以，每当南施·汉克斯牙疼时，老汤姆·林肯很可能采取其他拓荒者的做法：削尖一个胡桃木楔子，一端顶住痛牙，再用石头狠狠地砸。

在美国西部的中央地带，很早以来就有一种名叫“牛乳症”的神秘怪病折磨着拓荒者。这种病对于牛、羊和马来说是致命的，有时它还会灭绝整片地区的百姓。谁也搞不清该病的起因，一百年来医学专家亦一直为之头疼。直到本世纪初，科学家才揭示了病因乃是动物吃了一种名叫白蛇根马兜铃的植物，其中的毒素经由牛乳进入人体。白蛇根马兜铃在林中的草场上比比皆是，山谷地带也能看到它的大片覆盖。即便在今天，它仍会让人付出生命的代价。伊利诺伊州农业部门每年都会在乡间张贴布告，警示农民如果不将这种植物清除干净，可能会有生命危险。

1818年秋，可怕的灾难来到了印第安纳州的鹿角山谷，许多家庭惨遭席卷。那个猎熊人彼得·布隆纳的家距林肯家不过半英里远，猎熊人的老婆病倒了，南施·汉克斯过去帮忙照顾。结果，布隆纳夫人去世后，南施自己也染上了病。她头晕，腹部剧痛，吐得很厉害，被抬回家中躺在那个恶劣的树叶兽皮草垫上。虽然她手脚冰凉，可身上的重要器官却像被火烧一般。她的嘴里一直说着水、水、水，再来点水……

汤姆·林肯对征兆深信不疑。在她得病的第二个夜里，当他听到屋外悠长而可怜的狗的号叫声时，他就放弃了所有希望，知道他的妻子大限不远了。后来，南施连从枕头上抬头的力气都没有了。她说不出话，挣扎着向亚伯拉罕和他的姐姐示意过来。他们把头贴近，听到了她的话：她要儿女们互相关爱，遵循她的教诲，而且要敬神。这就是她的遗言。那时她的咽喉和肠胃已经麻木。她又在昏迷中度过了几天，最终于1818年10月5日，也就是她得病的第七天头上，去世了。

为了让死者瞑目，汤姆·林肯将两枚铜币压在她的眼皮上。然后他去森林里砍了一棵大树，打出几块粗糙不平的木板，再用木钉钉起来，把露西·汉克斯的面容愁苦、终生劳累的私生女装进这副简陋的棺材中。两年前他就是用雪橇把南施拉到他的新住处的，今天，他同样用雪橇把她的尸体拉到不远处一座树林繁茂的小山顶，没有任何仪式和典礼，草草埋葬了事。

亚伯拉罕·林肯的母亲去世得太早了，我们几乎对她的相貌和为人一无所知，因为她的全部生命几乎都是在阴暗的森林中度过的，只有几个曾与她擦肩而过的人对她有那么一点点印象。

林肯去世后不久，一个传记作者曾经寻找过有关林肯亲生母亲的资料。那时她都死了差不多半个世纪了。该作家采访了几个曾见到过南施的健在者，然而南施在他们的记忆中，就像一场逝去的梦一般模糊。就连她本人的外表，他们都不能达成一致的观点。有人把她说成是一个“强壮的、矮胖的女人”，有人却说她有着“瘦弱纤细的外形”。有人说她有一双黑色的眼睛，有人又说是黄褐色的，还有人肯定地说它们是蓝绿色的。她的表兄丹尼斯·汉克斯曾与她共同生活过十五年，丹尼斯曾写过她“头发稀少”，但经过更加仔细地追忆，他又推翻了自己先前的认识，认为她的头发颜色乌黑。

在她去世后的六十年间，她的长眠之地连一块标志性的石块都没有，所以我们今天只能知道她坟墓的大概位置。她安葬于养育了她的叔叔和阿姨的坟墓边上。然而，这三个坟包，哪个是她的直到现在也说不清。

南施去世后不久，汤姆·林肯建了一个新木屋，这回它有了四面墙壁，然而依旧没有地板、窗户和门。一张肮脏的熊皮充当门帘，屋里黑暗腐臭。大部分时间中，汤姆·林肯要在森林里打猎，于是家务活就由这两个没娘的孩子来做。莎拉负责做饭，亚伯拉罕则给炉子吹风，还要到一英里外的溪中打水。他们连刀叉都没有，只能用手指吃饭。因为打水不易，又没有肥皂，所以他们的手指很少干净过。南施很可能自己做过肥皂，可她遗留下的那点肥皂早就用光了，孩子们又不会做，汤姆·林肯也不会，所以他们只能这么贫穷而肮脏地活着。

在寒冷漫长的冬季，他们谁也不想洗澡。也许他们连自己那身又脏又破的衣服都没洗过。树叶兽皮床越来越脏，这座木屋也得不到阳光的温暖和沐浴。他们能获取的唯一的光亮就是炉火或猪油灯。林肯那个缺少女人照料的家是副什么样子，我们从那些详细描述边境地区小木屋生活的文章中也能想象得出：腐臭，跳蚤遍地，臭虫到处爬。

一年以后，就连老汤姆·林肯都受不了这种肮脏了。于是他决定找个新媳妇，负责照料家庭。

十三年前，汤姆曾向肯塔基州一个名叫萨拉·布什的女人求过婚。她拒绝了汤姆，而嫁给了一个哈丁郡的狱卒。不过后来狱卒死了，给她留下三个孩子还有一些债务。汤姆·林肯认为现在再向她求婚大有希望，所以他去河边好好洗了个澡，用沙子擦擦他脏兮兮的手和脸，带上宝剑，穿过深深的黑森林，回到了肯塔基州。到伊丽莎白镇后，他又买了一对丝质吊裤带，然后在大街上边走边吹口哨。

时值1819年，大变革正在发生，进步和创新成了人人皆谈的话题。就在此时，一艘蒸汽轮船刚刚穿越了大西洋。

第三章

他的第一篇作文正是一份希望人们善待动物的呼吁书。由此可见，这个男孩已经显示出了人最珍贵的品质——那就是对苦难者的深深同情。

林肯十五岁时才开始识字。他虽能进行一点阅读，但困难重重。那时他根本不会写字。1824年秋，一个森林中的浪游教师来到白鸽河岸的居民区办了一所学校，林肯和他姐姐每天早晚要步行四英里来向这位新来的老师学习。这位老师名叫阿策尔·朵西，在他的学校里，学生们念起书来大吵大嚷。通过这种方式，他认为自己就能知道学生们是否真的在努力。他手拿教鞭，在教室里来回巡视，遇到谁不开口朗读就给他一下子。他还会给叫声最大的学生以物质奖励。为了拿这个奖励，每个学生使足力气互相叫喊。方圆四分之一英里之内，都能听得见这些叫嚷声。

林肯上学时戴着一顶松树皮做的帽子，身穿鹿皮短裤。为了让裤腿触到脚尖，短裤被有意拉长，然而不但碰不到脚，反而把几英寸尖凸而发青的脚踝骨暴露在了风雪中。

学校设立在一座简陋的木屋中，高度仅够老师在里面站着。屋子没有窗户，两边各抽走一根原木，缺口用油纸糊上以便光线能够进来。地板与桌椅都是用开裂的木头做的。

林肯的阅读课程是《圣经》中的章节。在写字课上，他以华盛顿和杰弗逊的字体作为摹本。他的字体像极了这两位，而且非常清晰，所以得到了人们的夸奖。那些不识字的邻居经常跑上好几英里的路，让亚伯拉罕帮他们写信。

现在，他在学习生活中感到了一种真正的趣味和激情。学校的时光很短暂，于是他回家继续学习。纸张稀少昂贵，他就拿一根炭条在木板上写字。有时他在木头墙壁上做算术。等到数字和笔迹把整个表面都盖满时，他就用一把刻刀将它们都刮掉然后再写。他很穷，买不起算术书，于是他就借来一本，抄在普通信封大小的纸片上，再用麻线把这些纸片缝起来，于是他就有一本自己的算术书了。到了林肯去世之后，他的继母还保存着他那本算术书的部分书页。

现在他开始表露出明显优于其他林间学生的禀赋了。他把自己对很多事情的看法写了出来，有时甚至写成了诗。他还把这些诗文给他的邻居威廉·伍德看，征求他的意见。这个邻居居然把他的诗歌背了下来。而且他的文章也引起了注意。一位律师被他关于国家政务的文章深深吸引，甚至把它们寄出发表。俄亥俄州一家报纸也曾刊登过他关于戒酒的一篇文章。

但这些都是后事。他在学校的第一篇作文的灵感，是被他的玩伴们的一种残酷的游戏方式所激发的。这些学生经常抓来乌龟，然后把燃烧的炭块放到乌龟背上。林肯请求他们别这么做，他甚至光着脚把乌龟背上的炭块踢飞。他的第一篇作文正是一份希望人们善待动物的呼吁书。由此可见，这个男孩已经显示出了人最珍贵的品质——那就是对苦难者的深深同情。五年后林肯又去了另一所学校，他的学业毫无规矩可言，用他自己的话说，“东捡一点西捡一点”。

这就是他受过的所有正式教育了，他的在校时间加起来总共不超过十二个月。

1847 年，当林肯参选国会议员填写履历表时，他遇到了这个问题：“你的受教育程度如何？”他用一个词来回答：“不全。”

在他被提名总统候选人后，他曾说道：“在我刚长大时，我一无所知。而我现在好歹能读能写，还能做三位数以内的算术了——不过也就如此。从那以后，我就再也没上过学，我现在所获得的这点进步，全部源于我的这些学力。后来我不时地学这学那，全都是现实需要所迫。”

谁是林肯的老师？难道是那些四处浪游、相信地球是平的以及教鞭的威力的愚昧自大狂？然而话说回来，正是在这段破碎的、毫无规律的求学生涯中，林肯培养起了一种人类最宝贵的优点，那就是热爱知识，渴望学习——即便大学教育的目的亦不过如此。

读书能力的获得为林肯开启了一个他从前做梦都想不到的崭新神奇的世界。读书改变了他。读书拓宽了他的眼界和胸怀，而且他在此后不到三十年的生命里，一直把阅读当作自己最主要的乐趣所在。他的继母给他带来了五本书：《圣经》《伊索寓言》《鲁滨孙漂流记》《天路历程》《辛巴达航海记》。这个男孩全神贯注于这些无价之宝。《圣经》和《伊索寓言》被他放在身边触手可及之处，经常阅读，以致它们的文风深深地影响了林肯的写作风格、谈话方式以及辩论的特色。

不过这些书太少了。他渴望更多的阅读，然而他没钱。于是他开始四处借书、借报纸、借一切可读的印刷品。当他沿着俄亥俄河步行时，一个律师借给他一本修订过的《印第安纳州法典》，他从中第一次读到了《独立宣言》和美国宪法。

他经常帮邻家一个农民挖树桩，种玉米。从这个邻居家中，他借过两三本传记，其中一本是帕森·威姆斯撰写的华盛顿的生平。这本书把林肯迷住了，他经常读到深夜实在看不见文字为止。当他睡觉时，他就把书塞到木板墙的夹缝中，以便第二天清晨阳光一照进来，他就可以起来继续阅读。一天夜里暴风雨席卷而来，书被全部打湿了，书的主人不想要这本书了，于是林肯就不得不为他加工三天饲料作为赔偿。

在他借过的所有书中，让他收获最大的是《斯考特教程》。这本书指导了林肯如何进行公开讲演，而且还向他介绍了西塞罗、德谟斯蒂尼以及莎翁笔下人物的著名讲演。一旦《斯考特教程》在手，他就会在树下踱来踱去，大声朗诵《哈姆雷特》中演员的对白，还会反复背诵安东尼在恺撒遗体前的演讲：“朋友们，罗马公民们，兄弟们，请听我说！我是来埋葬恺撒的，而不是来赞美他。”

当他读到一段对他而言较为特殊的文字时，就算身边没带纸，他也会用粉笔抄在木板上。后来他做了个简陋的便笺本。他把一根秃鹰的羽毛用作钢笔，把美洲商陆果汁用作墨水，在便笺本上记下所有的笔记。他随身携带这个便笺本，以便自己能把很多长诗和演讲记到心里。

他到田间干活，便笺本也不离身。马儿在玉米地的一边休息时，他就坐在栅栏顶上学习。到了中午，他不是坐下来陪家人吃饭，而是左手一个玉米饼，右手一本书，把脚抬过头顶，全神贯注于字里行间。

每当法庭开庭时，林肯经常要步行十五英里，去镇上聆听律师辩论。尔后当他与其他男人在田间耕作时，他就会不时扔掉锄头和草叉，登上一个栅栏，重复他刚从洛克港和布恩维尔的律师处听到的演讲。有时他还会模仿那些固执的浸信会牧师布道——他们每到周日会在小白鸽河教堂里长篇大论地喊着话。

亚伯经常把《奎因笑话集》带到田间。每当他骑在一根原木上大声朗读这本书时，林中就回荡起他的听众爽朗的大笑声。然而，玉米地里长满了杂草，田间的小麦也发黄了。雇用林肯的农民抱怨说林肯太懒。林肯也承认自己“懒得不像话”，他说：“我父亲教我干活，可他没能让我热爱干活。”

老汤姆·林肯终于下达了严酷指令：这些愚蠢行径必须全部终止。不过亚伯没有听令，他依旧讲他的笑话，做他的演说。有一天，老人当着大家的面打了他一个耳光，并把他揍倒在地。男孩哭了，可他什么也没说。父子间的情感疏远此时已经播下种子，并将伴随着他们的一生。尽管林肯在他父亲晚年时担负了金钱上的赡养，然而在1851年老父亲去世时，林肯根本没去见他。“如果我们现在见面，”林肯说道，“不见得欢乐会代替痛苦。”

1830年牛乳症再度侵袭，死亡的阴影又一次笼罩了印第安纳州的鹿角山谷地区。由于恐惧和沮丧，惯于漂泊的汤姆·林肯在把自己的木材和谷物处理干净之后，以八十美元的价格卖掉了那块尽是树桩和虫子的农田，然后做了一驾笨重的马车——这可是他这辈子第一次有了马车。他把家人和行李统统装在马车里，把鞭子塞给亚伯，冲着拉车的牛大吼一声，举家迁往伊利诺伊州的桑加蒙河谷——印第安人说那里“遍地都是粮食”。

老牛拉着这辆沉重的马车，步伐缓慢地蹒跚了两个星期，车子吱吱嘎嘎的呻吟声回荡在山间。他们穿过印第安纳州深深的森林，来到伊利诺伊州荒无人烟的草原。那时的草原阳光温暖，到处都覆盖着六英尺高的枯黄草。在文生尼斯，二十一岁的林肯第一次看到了印刷厂。到了狄卡特后，他们露宿在法院旁边的广场上。二十六年后，林肯曾将当时他们的马车所停下的地点准确地指了出来。

“那时我还不知道我拥有成为律师的足够素质。”他说道。

《林肯传》的作者荷恩敦写道：

> 林肯先生曾将他的这次旅行跟我讲过。他说那时地面的霜冻尚未散掉，白天地面会融化，到了晚上又重新冻上，这令牛车的行驶异常缓慢、费力。路上自然没有桥，遇到河流，一大家人总是要涉水而过，除非有时找到可以绕行的通道。如果是一日之晨，连这些绕行路都会轻微地上冻，于是牛就得一步步地把薄冰打破。在一家人携带的东西中还有一条小狗，它就在马车后面跟着走。有一天，这家人直到涉过一条小河之后，才发现小家伙没跟上。大家回过头，发现小家伙在河对岸极其忧伤地哀号、乱蹦。河水滚涌在碎冰上，可怜的动物不敢涉过来。我们可没有力气再让老牛掉转头，驾着马车穿过河水来救小狗，于是大家把它抛弃了，焦躁不安地继续向前走。“可我连遗弃一条小狗的想法都受不了，”林肯说道，“我脱下鞋袜，越过河流，最后成功地把瑟瑟发抖的小家伙捧在了怀里。它那狂喜般的蹦跳，以及以一条狗所能做出的其他各种方式向我表达的感激，对我的回报远远超出了我遭受的苦头。”

当老牛拉着林肯一家穿过大草原时，美国国会正激烈地进行一场不祥的辩论，论题是州是否有权脱离联邦。在辩论过程中，参议员丹尼尔·韦伯斯特以其深沉华丽、有如洪钟般的声音进行了一场讲演，这次讲演日后被林肯称作“美国讲演史上最亮丽的典范”，这就是《韦伯斯特答哈涅书》。这篇讲演的结尾，后来林肯曾以之作为自己的参政信条，那就是：“自由和联邦，无论从前还是将来，都是一个整体，不可分离！”

这场飓风般的辩论所延及的后续问题，在三十多年后，不是由强硬的韦伯斯特，也不是由天才般的克雷，亦非由著名的卡豪恩，而是由一个笨手笨脚、身无分文、前途不明的牛车车夫来解决的。此时这个车夫戴着熊皮帽，穿着鹿皮裤子，正赶车前往伊利诺伊州，嘴里热情地哼着一首通俗小调：

哥伦比亚，快乐的土地，万岁！
如果大家没喝痛快，那我可就该死了。

第四章

他所阅读的莎翁的作品，比他阅读的其他人的作品加起来还要多，而且莎翁的作品也影响了林肯的演讲风格。即便在他入主白宫之后，当内战所带来的重负与忧虑在他的脸上刻下痛苦的皱纹时，他依然挪出大量时间阅读莎士比亚。

林肯一家安顿在伊利诺伊州狄卡特的一片林地中，那里有一处断崖，崖下就是桑加蒙河。亚伯帮着干活。他要砍树，造房子，粉刷，清理土地，赶着一头上轭的牛来清理十五英亩农田，种玉米，还要砍柴和修篱笆。第二年林肯被邻居雇用了，他什么活都得干：犁地，打场，劈木条，杀猪……

林肯一家在伊利诺伊州度过的第一个冬季，是该州历史上最冷的一次。草地上积雪有十五英尺深，牛全被冻死，野鹿和野鸡几近灭绝，甚至还发生了冻死人的事情。就在这个冬季，为了换来一条棕色细斜纹布、用白胡桃树皮染色的裤子，林肯不得不劈上一千根木条。每天他要步行三英里去往工作地点。有一次在他横穿桑加蒙河时，他的小舟翻了，他掉进满是冰块的河中。后来他挣扎着游到附近最近的瓦尼克上校家时，他的双脚已经冻伤了。结果他一个月都不能走路。在这期间，他就靠在瓦尼克上校家的壁炉前侃大山，并且阅读了《伊利诺伊州法典》。

不仅如此，林肯还向上校的女儿求过婚。不过上校没同意。他的女儿作为瓦尼克家族的成员，居然要嫁给这个笨拙的、没受过教育的劈柴人？这个青年既没土地又没钱，甚至也没前途可言。所以休想！

林肯确实一点土地都没有。更糟糕的是，他从没有过拥有土地的想法。他在农田里干了二十二年的活，拓荒经验可说十分充足了，然而他讨厌拿锄头，他讨厌这种隐居般的孤独生活。他想出人头地，也渴望和社会接触。他想要一个能在身边聚起一大堆人的工作，他们可以被他讲的故事逗得哈哈大笑。

在印第安纳州的日子里，林肯曾做过划一艘平底船去往新奥尔良的工作。他做得很开心，工作新鲜刺激，又比较冒险。一天夜里，当船停靠在杜奇斯尼夫人的农场旁边时，一群手持棍棒的黑人闯入船内。他们打算杀掉船员，把尸体抛到河中，然后把整船的货物运到他们新奥尔良的贼窝。林肯抄起一根棍子，用他那长而有力的胳膊把三个强盗揍到河里，然后又把其他人赶到岸上。不过在战斗中，一个黑人把林肯前额砍出一道疤，这道疤在他的右眼左方留了一辈子。

就连汤姆·林肯也没法说服他儿子做一个垦荒农。

新奥尔良让他开了眼界，于是他又找了一份河上的工作。他和他的继母以及他的二哥砍倒一些大树，把原木顺流漂到锯木厂，造了一艘八十英尺长的平底船。他用这条船把咸肉、谷物和猪沿着密西西比河下游运走，每天可赚五十美分——奖金除外。

林肯负责给船员做饭，掌舵，讲故事，弹七弦琴，一边弹琴一边大声歌唱：

> 裹着头巾的土耳其人，蔑视世间。
> 昂首阔步，鬓须卷卷。
> 可除了自己，没人看他一眼。

这次的沿河旅行给林肯留下了深刻的印象，经久不灭。荷恩敦写道：

> 在新奥尔良，林肯第一次看到了真实的奴隶制度的恐怖。他看到“被铁链锁着的黑人遭受着鞭打”。在权利观念和良知感的驱使下，他产生了对这种不人道行为的反抗意识，这一刻他意识到了自己经常阅读的文字的意义。毫无疑问，正如他的一个朋友所言：“就在此时，奴隶制在他心中打下了烙印。”一天早晨，林肯与两个伙伴在城里漫游，他们路过一处奴隶拍卖会，一个强壮而美丽的黑白混血女孩正被拍卖。买主用他们的

> 双手对这个女孩进行从头到脚的检查，他们捏她的肉，赶着她在屋中像马一般跑来跑去以检查她的活动能力。正如拍卖人所说，这是为了“让买家可以确认”他们买的东西到底值不值。场面令人无比厌恶，林肯出于一种“无法自制的憎恶感”而跑开了。他对跟着他的伙伴们说：“天哪！咱们赶紧离开这儿吧。如果我有机会揍它（指奴隶制），我会狠狠地把它击倒。”

雇用林肯去往新奥尔良的主人丹顿·奥福特，与林肯处得很好。奥福特喜欢他讲的笑话和故事，也喜欢他的诚实。后来奥福特又雇他回到伊利诺伊州，让他在纽沙勒自己伐木，盖一座仓库。纽沙勒是一个有着不到二十座木屋的小村落，这些木屋位于一座断崖旁边，断崖下就是蜿蜒流淌的桑加蒙河。林肯在那里当上了职员，他还负责经营一座磨坊和一个锯木厂。就在此地，他度过了对他的未来有着巨大影响的六年岁月。

这个村里有一伙野蛮喧嚣、无法无天的暴徒，自封为“克拉瑞丛林男孩”。他们吹牛说自己是整个伊利诺伊州最能喝酒、最不敬神、骂人最绝、打仗也最厉害的一伙。他们的品性其实不太坏，他们忠诚、坦率、慷慨而富有同情心。不过他们喜欢炫耀。因此，当“大话先生”丹顿·奥福特来到镇上宣扬他的新职员亚伯拉罕·林肯体力过人时，“丛林男孩”可就受刺激了。他们决定给这个“新贵”来两手。

不过这两手的结果可并非他们所预料的样子。这个年轻的巨人在赛跑和跳高比赛中都赢了他们，而且他有一双长手臂，他能把橄榄球和铅球扔得比谁都远。另外，他能讲出他们都懂的幽默故事，而他讲的林中笑话能让他们连笑好几个小时。

有一天，全镇的人都集中到白橡树下，观看林肯与“丛林男孩”的头子杰克·阿姆斯特朗的摔跤比赛。当林肯打败阿姆斯特朗时，他达到了他在纽沙勒声望的顶峰。从此以后，“克拉瑞丛林男孩”和他成了朋友，并且尊他为上。他们让林肯做他们赛马和斗鸡的裁判。当林肯丢了工作无家可归时，他们就把他带回家里，供吃供喝。

林肯终于在纽沙勒找到了数年以来一直渴求的机遇，那就是在公众面前战胜自己的恐惧、学习演讲的机会。从前在印第安纳州，这种机会只能是在田间的几个农民面前才有。而到了纽沙勒，有一个名叫“文学会”的组织，每周六晚都在鲁勒吉旅馆的餐厅中聚会。林肯热情无比地参与其中，而且还成了灵魂人物。他会讲故事，朗诵自己写作的诗歌，还会针对一些论题，比如桑加蒙河的航运问题做即兴发言，或者针对当下的一些问题进行辩论。这个活动意义非常，它拓展了林肯的视野，唤醒了他的雄心。他发现自己拥有一种通过演说影响他人的非凡能力。这一发现前所未有地增加了他的勇气和自信。

奥福特的商店有个把月停业了，林肯也就失去了工作。正巧一场大选在即，整个州都在为政治而狂热。于是林肯打算以他的讲演才能在其中闯荡一番。在当地教师曼托·格林汉姆的帮助下，林肯用几个星期的时间努力准备了他的第一次公开演说。演说中他宣布自己要竞选州议会议员。他宣布他的政纲侧重“内在水平的提高……提升桑加蒙河的航运水平……更好的教育……公正”等。

在演讲的结束处，他说：

“从我出生起直到现在，我的生活一直很卑微。我没钱，也没有路子发达的亲戚，更没有能推举我的朋友。”然后是一句容易唤起同情的话语：“如果诸位好公民以你们的智慧认为让我仍旧处在我当下的社会地位较为合适的话，这个结果带给我的懊恼失望情绪，我也早已习惯了。”

几天后，有人骑马风风火火地闯入纽沙勒，带来了令人震惊的消息：印第安萨克族首领“黑鹰”带着他手下的勇士即将开战。他们焚烧房屋，强奸民女，屠杀平民，洛克河附近被一片血腥的恐怖所笼罩。处于恐慌之中的雷诺将军开始召集志愿军，“无业而且身无分文的政界候选人”林肯加入了志愿军。他在军中服务了三十天，并被升为队长。他曾尽力唤起“克拉瑞丛林男孩”的抗敌激情，然而他们大声答复道：“见你的鬼去吧！”

荷恩敦说林肯一直把自己投身抵抗“黑鹰”战争的经历看成是“一次假日旅行，一场偷鸡般的远征”。事实也是如此。后来林肯在一次国会演讲中说道，他在这次战斗中连印第安人的皮毛都没碰到过，他碰到的都是“野洋葱皮”；甚至他连印第安人的人影都没见到，不过倒是“和蚊子进行了多次血战”。

从战斗中归来的“林肯队长”，再度投身于政治角逐中。他挨家挨户地游走，跟每一个人握手，讲故事，点头致敬。无论何时何地，只要有人群，他就进行讲演。

大选来临了，林肯失败了。在纽沙勒的二百零八张选票中，林肯只获得了三票。

两年后他又参加竞选，这次他当选了。他不得不借钱买了一套衣服以便衣着得体地进入议会。

林肯分别于1836年、1838年和1840年三度当选。

当时在纽沙勒有一个游手好闲的家伙名叫杰克·凯索。他的老婆为了生计不得不租房搭伙，而他却成天钓鱼，玩字谜，背诵诗歌。镇上的多数人瞧不起杰克·凯索，认为他活得很失败，唯独林肯喜欢他，与他交友，而他也深深地影响了林肯。在认识凯索之前，莎士比亚和彭斯①对于林肯而言不过就是模模糊糊听说过的名字而已。然而此刻，当他坐在杰克·凯索身旁，听他朗读《哈姆雷特》、背诵《麦克白》的时候，他才第一次认识到英语可以演奏出多么美妙的乐章啊！一场旋风席卷了他的情感与理性。

莎士比亚让他肃然起敬，彭斯则激起了他的热爱与同情。他甚

① 罗伯特·彭斯(1759—1796)：苏格兰诗人。

至感到自己与彭斯血肉相连。彭斯与林肯一样贫穷，彭斯出生的木屋不见得比林肯的诞生处好多少，而且彭斯也是个锄地的男孩。不过对于彭斯而言，锄到一只田鼠的窝可是一场小小的悲剧呢，这场悲剧是值得在诗中捕捉下来并使之得以永恒的。彭斯和莎士比亚的诗歌为亚伯拉罕·林肯开启了一个充满意义、情感与爱的崭新的世界。

而且最让他惊讶的是：莎士比亚和彭斯都没上过大学。他们接受的教育并不比他多多少。有时他也会想，作为目不识丁的汤姆·林肯的儿子，没接受过正统教育的自己也许以后也能胜任一些卓越的事业。自己未必一辈子一直当个售货员或者铁匠——也许。

此后，彭斯和莎士比亚就成了他最喜欢的作家。他所阅读的莎翁的作品，比他阅读的其他人的作品加起来还要多，而且莎翁的作品也影响了林肯的演讲风格。即便在他入主白宫之后，当内战所带来的重负与忧虑在他的脸上刻下痛苦的皱纹时，他依然挪出大量时间阅读莎士比亚。虽然公务繁忙，可他还会与莎翁的研究权威探讨莎翁戏剧，或者就某些章节与他们通信讨论。即便在他遇刺的那个星期，他也曾为一圈朋友大声朗诵过《麦克白》。

那个纽沙勒吊儿郎当的渔人杰克·凯索带来的影响，最终进入了白宫。

纽沙勒的缔造者，也就是那家旅店的主人，是一个名叫詹姆士·鲁勒吉的南方人。他有个极为迷人的女儿名叫安妮。当林肯认识安妮时，安妮不过十九岁，她是一个有着蓝色的双眸与褐色长发的漂亮女孩。尽管林肯知道安妮已与镇上最有钱的商人订了婚，然而，他还是爱上了她。

安妮已经答应嫁给约翰·麦克奈尔，不过出于可以理解的原因，要等到她读完两年大学两人才可以结婚。

麦克奈尔卖掉了他的商店，然后宣称自己要回到纽约，去把他的父母接回伊利诺伊州。然而在他离开之前，他向安妮·鲁勒吉说了一件差点把她彻底击溃的事情。不过由于她还年轻，由于她对他的爱，她相信了麦克奈尔的故事。这件事发生时，林肯不在纽沙勒。几天后麦克奈尔离开了纽沙勒，他向着安妮一边挥手告别，一边保证时常通信。

那时林肯是这个村的邮递员。邮车每周来两次。因为依据邮程长短，每封信的邮资要花上六又四分之一美分到二十五美分不等，所以信件很少。林肯把信件装在他的帽子里。人们遇见他，就问他是否有自己的信件，然后他把帽子摘下，查找一番。

安妮·鲁勒吉每周都要询问两次她的信件，然而三个月后，她的第一封信才到。麦克奈尔解释说因为他病了——穿越俄亥俄州时发了烧，卧床三星期，其中多数时间处于昏迷状态——所以没能及时写信。又等了三个多月，第二封信姗姗来迟。这封信对于鲁勒吉来说，还不如不写的好：文字冰冷而含糊。他说他父亲病得厉害，而且他正被他父亲的一群债主骚扰，所以归期未定。此后安妮又等了好几个月，然而再也没来哪怕是一封信。这时她开始怀疑起来：他真的爱她吗？

林肯发现了她的悲伤，于是，他自愿帮安妮寻找麦克奈尔的下落。

“不用了，”安妮说，“他知道我在哪。如果他不愿费心给我写信，那我肯定也不愿费心让你去找他。”

然后安妮就把麦克奈尔临别时所讲的精彩故事告诉了她父亲：麦克奈尔承认自己这些年来一直使用一个假名，他的真名并非纽沙勒人人皆知的“麦克奈尔”，而是“麦克纳玛”。

他为何要骗人呢？他解释道，他父亲经商失败，回到了纽约州，而且卷入了一堆沉重的债务中。作为长子的他，在没有宣告其目的地的情况下，就来到了西部挣钱。他害怕一旦他使用真名，他家人就有可能知道他的所在，然后找上门来强迫自己养活他们。在创业之初，他可不想被这种负担所妨碍，这可能耽搁他好几年的发展。所以他就用了个假名。不过现在他已经把财产积累起来了，于是他打算把双亲接到伊利诺伊州，让他们分享自己的荣耀。

当这个故事在村中传开后，人们的反应很激烈。大家都说这是一堆该死的谎言，还骂麦克奈尔是个骗子。情况看来不妙，闲言碎语把它弄得更糟了。他的真实情况没人知道，也许他已经结婚了，甚至他都可能有两三个老婆了——谁知道呢！也许他抢过银行，也许他还杀死过谁，也许他这样也许他那样——不过他现在抛弃了安妮·鲁勒吉。安妮实在应该为之感谢上帝。

这些就是纽沙勒人的意见。林肯没说什么，然而，他想了很多。

最后，林肯梦寐以求的机遇，终于来到了。

第五章

从安妮离去那天开始，林肯就变了一个人。尽管他有时也能摆脱这种伤悼情绪，但是哀伤与日俱增，最后林肯成了整个伊利诺伊州最悲伤的人。

鲁勒吉旅馆与该地上千座其他的木屋没什么两样，都是做工粗糙，常年经受着风吹雨打。一个陌生人都不会去看它第二眼。然而现在林肯的双眼，还有他那颗心，则一刻都离不开它了。对于林肯而言，这座小木屋充盈了整个大地，甚至高耸入云。每次他踏入旅馆的门槛，心跳就会加快。

他从杰克·凯索处借了一本莎翁的剧本，在商店柜台上拉长身子，翻开书页，一遍又一遍地朗诵着：

从那远方的窗中，闪出何等温柔的光芒！
那就是东方，朱丽叶就是太阳。

他合上书，无法阅读，无法思考。他倚在那里，做梦般度过了一个小时，重温记忆中的安妮在昨晚给他讲过的所有趣事。现在他的生活只剩下一件事情——他与安妮共度的时光。

在那个时代，女孩子经常会举行缝被聚会，安妮总会受到邀请。聚会上，缝衣针在她纤细的手指下，总能飞速地缝出不寻常的艺术品。在早上，林肯总会和安妮一起骑马去往聚会地点；到了晚上，他也会来接安妮。有一次，他竟然厚着脸皮走了进去——可很少有胆敢闯入这种场合的男人——坐在了安妮身旁。安妮心跳加快，一缕绯红绽放于她的双颊。由于兴奋过度，她的针脚也变乱了。那些年长而镇静的女人看了出来，她们笑了。缝被聚会在这户人家举行了很多年。在林肯当上总统后，女主人还为宾客骄傲地展示总统当年的心上人缝出的这件针脚凌乱的作品。

夏日的夜晚，林肯与安妮漫步于桑加蒙河畔，夜鹰在树上鸣叫，萤火虫在夜空中编织着金色的针线。到了秋天，他们会在林中游荡。橡子闪耀着五颜六色的光点，胡桃噼噼啪啪地掉在地上。如果到了冬季，刚刚下过雪，他们就会步行穿越森林，途中看到：

每一棵松树、冷杉和铁杉
都披着伯爵也买不起的貂皮
就连榆树最瘦小的枝丫
也缀满了珍珠点点

他们两人的生命，现在融入了一股神圣的温柔，一种崭新而美丽的意义。每当林肯低头注视着安妮的双眸时，安妮内心就会荡起歌声。林肯哪怕只是握住安妮的双手，也会惊讶地发现世间竟有这么多幸福……

不久之前，林肯决定和一个名叫贝利的牧师的儿子合伙做买卖，贝利是个酒鬼。纽沙勒小村人烟日渐稀少，所有的商店似乎都萎靡不振，林肯和贝利也都不知道原因何在。于是他们买下三家残破的木屋商店，重新整修加固，开始了他们自己的生意。

一天，一个正要举家迁往艾奥瓦州的路人，把盖着苫布的马车停在林肯和贝利的店门口。路面泥水颇多，马也疲惫不堪，这个路人想减轻马车的重量，因此他想把一桶家用物品卖给林肯。林肯根本不想要这堆废物，不过他同情那几匹马，于是他就给路人五十美分，然后看也不看就把大桶扔到商店的后屋。

两个星期后，他把这桶东西倒在地上，懒散而好奇地看看里面到底都是什么。在这堆垃圾的底部，他竟发现了一套足本的《布莱克斯通法律评注》，于是他开始读起来。由于农民都在地里干活，顾客稀少，所以他有很多闲暇时间。他越读越来劲，从来没有哪本书能让他这么全神贯注。他一口气把洋洋四卷都读完了。

然后他做出了一项重大决定：当一名律师。如果安妮·鲁勒吉能嫁给一名律师，那她会很骄傲的。安妮也同意林肯的打算。一俟他的法学课程结束并开始执业，他们就马上结婚。

读完《布莱克斯通法律评注》后，他出发去往二十英里以外的春田镇，那个镇上有一个他在抵抗“黑鹰”战斗中认识的律师，林肯从他那借了一堆法律书籍。在回来的路上，他把一本书摊在手中，边走边读。一旦遇到难以理解之处，他的脚步就会变慢，最终停下来，全神贯注于问题，直到弄清楚了再继续赶路。他读啊读啊，一直读了二三十页，直到黄昏降临、光线模糊为止。星星出现了，他也饿了，于是他加快脚步。

现在他开始马不停蹄地学习了，心无旁骛。白天他就在店旁的榆树下靠着读书，把一双光脚支在树干上。到了晚上，他会去制桶工人的作坊里学习，而且用周围的边角料做了一个简易灯具。他经常大声地背诵，还不时合上书本，把刚才所读的要点写下来，然后不断地复习、复述，直到其含意已经非常清楚为止。不管在河边漫步还是在林中走路，或者去种田的途中，他的胳膊下总要夹着一本法律书籍。有一天下午，雇用林肯砍柴的农民来到仓库的一个角落，竟发现他正坐在一堆木柴顶上学习法律。

教师曼托·葛拉罕对林肯说，如果他想在政法界赶超同行，那就必须掌握文法。林肯问道：“哪里能借到文法书呢？”葛拉罕说在六英里以外的村子里，住着一个名叫约翰·凡斯的农民，他倒是有一本《科克翰文法》。林肯立刻起身，戴上帽子就去借书。

林肯掌握《科克翰文法》的速度令葛拉罕大吃一惊。三十年后，已是校长的葛拉罕说他教过五千多名学生，唯独林肯是他所遇见的“最好学最勤奋，对知识与文学的求索欲最强烈的年轻人”。“我了解林肯，”曼托·葛拉罕说道，“为了在三种表意方式中选出最佳的一种，他会琢磨好几个小时。”

掌握了《科克翰文法》后，林肯又开始钻研吉本的《罗马帝国衰亡史》，还有一卷本的《美国军队史》，杰弗逊、克雷以及韦伯斯特的生平，还有汤姆·潘恩的《理性时代》。

穿着“一件蓝色棉上衣，一双厚重的靴子，还有一条与上衣相距三英寸而且与袜子相距两英寸的淡蓝色斜纹马裤”的杰出青年林肯，在纽沙勒四处游荡，四处读书学习，四处做梦，四处讲故事，而且“到哪都有一群朋友”。

日后，杰出的林肯研究专家阿尔伯特·J.毕佛瑞在他那本里程碑般的传记中写道：

> 林肯吸引民众之处，不光是他的机智、善良与广博的知识，还有他的奇异装束，以及他的粗笨，这些都成了他的招牌。尤其是他那条过短的裤子，是他最幽默的标志。很快，“亚伯·林肯”这一名字就变得妇孺皆知了。

林肯与贝利的商店最终倒闭。这一结果早可料到：林肯把心思成天都花在书本上，而贝利则成天醉得东倒西歪，所以商店倒闭不可避免。现在林肯连一分食宿费用都没有了，于是他又得四处找体力活干：砍灌木，扬干草，修篱笆，脱粒，在锯木工厂劳动，还当过几天铁匠。

与此同时，鲁勒吉的旅馆也倒闭了，于是林肯的心肝宝贝就不得不在一户农家的厨房里当仆人。很快，林肯也在这家农户处找到一个种玉米的活。到了晚上，安妮在厨房洗碗，林肯就在旁边负责擦拭。一想到可以走近她，林肯心中就升起无限的幸福感。在林肯此后的整个生命历程中，他再也未能体验到如此狂热的幸福感和满足感。就在他去世前不久，他曾向一个朋友说，他在伊利诺伊州当赤脚农民的岁月，要比他在白宫的任何一天都快乐。

然而，这对恋人之间的极乐状态十分短暂。1835年8月，安妮病倒了。起初她没感到什么疼痛，只是极度疲劳虚弱。她很想像往常一样工作，然而一天早晨，她连床都起不来了。就在这一天她发起高烧。她的哥哥骑马去找艾伦医生，医生检查结果是伤寒。她的身体像是在燃烧，不过她的双脚冰凉，看护人不得不用烫石头去为她暖脚。她总是要喝水。现代的医学已经懂得，应该用冰块去为安妮退烧，还要给她喝很多水，可艾伦医生不知道应该这么做。

几个星期就这样死气沉沉地过去了。最后，安妮连从被单上举起手的力气都没有了。艾伦医生嘱咐她必须静休，因此，所有的访客一律被禁止，就连林肯那晚前去探望都未被允许。然而接下来的几天，安妮嘴里一直含糊不清地叫着他的名字。看她叫得这么可怜，家人就把林肯叫了过来。林肯立即来到安妮的床前，这时门已经关上，只有他们两个，这就是两个情侣度过的最后时光。

第二天，安妮就失去了知觉，在昏迷一段时间后，她去了。

接下来的几个星期，是林肯一生中最悲惨的一段日子。他吃不下饭睡不着觉，不断地说他也不想活了，甚至几度想要自杀。朋友们警觉起来，他们把他的便刀拿走，而且时刻警惕他跳河。他变得不愿见人，即便见人也不愿说话，甚至看都不看对方。他似乎总是在凝视着另一个世界，而几乎忘记了现实世界的存在。

他每天都要步行五英里，去往安妮所葬的“协和公墓”。有时他在公墓耽搁的时间太长了，朋友们有些担心，就去把他接回来。一旦暴风雨来临，他就哭喊着说他无法忍受倾盆大雨浇到安妮的坟上。一次人们发现林肯在桑加蒙河边跌跌绊绊地走着，嘴里含含糊糊地说着断断续续的词语。人们害怕他精神失常。于是有人把艾伦医生请来看看林肯。艾伦医生说林肯必须做些工作，以便分散一些注意力。

镇上北面一英里远，住着一位林肯最亲近的朋友，他的名字叫宝林·格林。他把林肯接到自己家中，对林肯进行了无微不至的关怀。此地很安静，远离喧嚣。房子后面的一列断崖上长满了橡树，向着西部一路延伸。房前的土地低平，在桑加蒙河畔铺展开来，四周种满了树木。他的夫人南希·格林一边纺纱，一边让林肯帮忙着砍柴，挖土豆，摘苹果，挤牛奶，整理庭院。

日子一天天地过去，然而林肯的悲伤依旧未去。在1837年，也就是安妮去世两年后，他曾对州议会的一个同僚说道："尽管我看起来和其他人一样快乐地活着，然而，每当我一人独处时，其实是非常低落的。我甚至都不敢带着便刀。"

从安妮离去那天开始，林肯就变了一个人。尽管他有时也能摆脱这种伤悼情绪，但是哀伤与日俱增，最后林肯成了整个伊利诺伊州最悲伤的人。

日后成为他的法律业务合伙人的荷恩敦说过：

"在这二十年间，我实在没看到过林肯有哪一天是快乐的。……在林肯走路的过程中，似乎那悲伤就从他身上一滴一滴淌下来。"

在此后的一生中，林肯都对那些充满伤痛与死亡气息的诗歌情有独钟。他经常会连坐几个小时，一言不发，陷入冥思，那是一幅标准的忧郁景象。尔后，他会突然背起《最后的叶子》中的几句诗歌：

长满苔藓的石板
盖在他曾热吻的芳唇上
令他欣喜的名字
刻在墓碑上，经历了岁月长久的风霜

在安妮死后不久，林肯记起一首诗，名字叫作《人终有一死》，诗的开头两句是："人类啊，你的内心有什么值得骄傲的呢？"这首诗成了他的最爱。没人时他会背给自己听，在伊利诺伊的乡村饭店里，他会背给人们听。在公开演讲中，在白宫会客时，在写给朋友的信中，他都会引用这首诗，然后说：

"如果老天也给我写出此等诗作的能力，我宁可献出所有的财产，债务缠身，也在所不惜。"

他最欣赏这首诗的最后两节：

是啊！希望与失望，欢乐与痛苦
都和阳光与雨水交织在一起
笑声与泪水，欢歌与挽歌
两相随生，一如浪花前后相逐

眨眼吐息之间
健康勃发的身体就成了苍白的死尸
金光闪耀的厅堂换作了棺材与坟墓
人类啊，你的内心究竟有什么值得骄傲的呢？

安妮·鲁勒吉所安葬的古老的“协和公墓”，位于一处安静的农田中央，四周平静，公墓的三面都是小麦田，最后一边则是一片绿色的草场，牛羊漫步其上。现在公墓四周长满了灌木和藤条，几乎无人问津。每到春天，鹌鹑会在里面筑巢，唯有绵羊和白鸽的叫声能打破此地的寂静。

安妮·鲁勒吉在此处平静地安息了半个多世纪。1890年，本地的一个殡葬业人士在四英里外的匹兹堡投资了一座新公墓。由于匹兹堡已经有一处漂亮而广阔的“玫瑰山墓园”，所以新公墓的销售量增长得很慢。结果，这个贪婪的殡葬商在某个恶毒的时刻，竟然想到了一个邪恶的点子——毁掉林肯心上人的墓地。他把安妮的遗骨迁到了他的新公墓，从而安妮的新坟就成了他刺激销量的广告。

依照这个殡葬商令人震惊的供述原话，“大约在1890年5月15日”，他挖开了安妮的坟墓。他究竟找到了什么呢？多亏现在仍住在匹兹堡的一位神态平和的老妇人，我们才得以知晓。她是安妮·鲁勒吉的表兄麦克格拉迪·鲁勒吉的女儿，她将真相告诉了本书作者，并以书面方式保证了她的诚实。麦克格拉迪经常与林肯一同在田间干活，帮着林肯丈量土地，与林肯同吃同住过，有关林肯对安妮的感情，她很可能比其他任何人都更为了解。

在一个安静的夏日夜晚，这位老妇人坐在门廊的摇椅上，将整个故事讲给笔者："我经常听父亲说起，安妮去世后，林肯先生总要去往五英里外的墓地，待上好久。有时父亲担心起来，害怕他出事，于是就过去把林肯先生接回来。……没错，当那个殡葬商挖掘安妮的坟时，父亲也在场。不过我经常听他谈起，他们在其中所找到的唯一遗骨，竟然只是安妮衣服上的四颗珍珠纽扣。"

于是这个殡葬商就带走了这四颗珍珠纽扣以及几捧灰土，把它们埋在他在匹兹堡的"奥克兰公墓"中，然后打出"安妮·鲁勒吉长眠于此"的广告。

因此现在每到夏季，数以千计的"朝圣者"就会驱车前来此处，瞻仰所谓安妮的墓地。我就曾看到他们在这四颗珍珠纽扣前面低下头来，流下热泪。一座漂亮的花岗岩纪念碑伫立于这四颗纽扣之上，上面刻有几句摘自埃德加·李·玛斯特的《汤匀河诗集》的诗文：

从我这个微不足道、默默无名的女子口中
荡起了一首永恒的乐曲：
"对谁都勿有恶意，悲悯一切。"
宽恕众生，慈悲的脸庞照耀着整个国家
我歌唱正义和真理
我就是安妮·鲁勒吉，长眠于青草之下
我是亚伯拉罕·林肯生命中的至爱
并非通过结合，而是通过分离
我和林肯永远结为了夫妻
透过胸前的尘埃，我为合众国祝福
繁荣昌盛，永佑吾土！

然而，安妮神圣的遗骨以及她的回忆，依旧在那古老的“协和公墓”中，贪婪的殡葬商人无法将它们带走。在那里，洁白的鸽子咕咕叫着，野玫瑰随风舞动。在那里，亚伯拉罕·林肯用自己的泪水成就了此地的圣洁。林肯曾说，自己的心埋在那里——这亦是安妮·鲁勒吉的心愿。

第六章

出于极度的失望，玛丽决定想方设法激起道格拉斯的嫉妒心，于是她向他的政治宿敌——亚伯拉罕·林肯——表达了强烈的感情。然而这并未能刺激道格拉斯回心转意。于是，她的猎捕目标，最终朝向了林肯。

在安妮去世两年后，1837年3月，林肯又回到纽沙勒。他借了一匹马，骑往春田镇，开始了律师生涯。

他把行李装在一个马鞍袋中。他的全部家当除了几本法律书籍，就是几件衬衫和内衣了。他还带了一个装了些硬币的蓝色旧短袜，这些钱是他做邮递员时代收的邮资。林肯在春田镇的第一年，手头非常紧，他本可以先花这笔钱，等过后再还给政府，可他觉得这样做不诚实。最后，当邮局会计过来拿钱时，林肯还给他的钱，不仅数目没少，甚至完完全全就是一两年前林肯拿走的硬币。

林肯骑马进春田镇的那个早上，不仅自己的积蓄分文没有，更糟的是，他还负着一千一百美元的债务。他和贝利在纽沙勒倒霉的开店经历，让他损失殆尽。然后贝利又酗酒致死，结果只剩林肯一人来承担债务。

其实林肯本可以不用还债。他完全可以向法院请求分摊责任，然后以经营失败为由钻个空子逃过一劫。不过这可不是林肯的行事风格。他反而挨个登债主门拜访，向他们保证只要给他时间，他定会连本带利还清的。债主们都同意了，除了一个名叫彼得·凡·柏金的家伙。柏金把林肯告上法庭，判决结果就是把林肯的马和测绘工具全部拍卖。其他债主倒是一直等了下去。于是林肯为了恪守诚信，省吃俭用十四载，直到1848年他入选国会议员后，他才把他的部分薪水寄回老家，还掉了这笔旧账。

那天早上，林肯到达春田镇后，把自己的马拴在了约书亚·F.史匹德日用品商店的门口。这家店位于公共广场的西北角。史匹德曾描述过当时的情形：

他骑着一匹借来的马进了镇上，他想弄一张单人床。他进来后，把马鞍袋放在柜台上，然后问我一张单人床架多少钱。我用石板和铅笔算了一下，告诉他总共要花十七美元。他说："确实挺便宜，但我必须说，尽管很便宜，可我还是付不起。不过，如果你能宽限我在圣诞节前把钱给你，而且如果我的律师事业做得不错的话，我到时会付钱的。如果我失败了，很可能你就什么也得不到了。"他的声音如此悲哀，倒弄得我挺同情他。我对他说："这么一点债务看来就对你影响很深啊。我倒有个主意，让你分文债务不担。我有一间很大的屋子，里面有一张很大的双人床，如果你愿意，欢迎过来住。""屋子在哪?"他问道。"在楼上。"我边说边指着上去的楼梯。他二话没说，拎着行李就上去了，他把行李放在屋中又下来，脸上闪耀着欢乐与微笑，大声说道："史匹德，我很感激。"

于是接下来的五年半，林肯就一直和史匹德住在商店楼上。他一分房租都没付。

林肯另外一个朋友威廉·伯特勒，不仅让林肯在自家住了五年，而且还把自己的很多衣服给了他。林肯在经济条件许可的时候，很可能给过伯特勒一些东西，不过伯特勒从未向林肯正式要求过租金。这不过是出于友情而已。林肯很感激上帝的安排。如果不是伯特勒和史匹德的帮助，他根本不能在法律领域前进一步。

他开始和一个叫斯图亚特的律师合伙。斯图亚特把大部分时间花在了政治上，于是事务所的日常事务就落到林肯肩头。好在事务所事情不多，它的规模也不大。其中的全部家当，不过就是"一张又小又脏的床，一块野牛皮毯，一套桌椅"以及一个放着几本法律书的书架而已。

这个事务所现存的记录显示，在它成立最初的六个月中，只有五笔收入：一笔是两美元半，两笔各五美元，还有一笔本是十美元。

另外还有一个案子，当事人给他们一件外套作为费用。

林肯自然很沮丧，有一天他停在一个木匠铺子门前，说自己很有放弃法律去当木匠的想法。一两年前他在纽沙勒学习法律时，他就曾认真考虑过是否应当放弃读书而去当个铁匠。

他在春田镇的第一年很孤单。他唯一混入的圈子，里面就是那几个晚上常来史匹德商店后院谈论政治消磨时间的人。周日他也不去教堂，他说这是因为他不懂在像春田镇上这么高档的教堂里，举止应该如何。

头一年曾和他说过话的女性，仅有一位。尽管如此，他在给友人的信中还说这位女士本来不会和他交谈，“要不是那会儿她躲不过去的话”。

然而到了1839年，一个来到镇上的女人不仅和他说话了，而且还追求过他，最后嫁给了他，这位女士就是玛丽·陶德。

有人问过林肯，陶德的名字是怎么来的。林肯回答道，他觉得上帝（God）只需要一个d，而陶德（Todd）一家恐怕需要两个d吧。

陶德一家吹嘘道，自己的族谱可以上溯至公元6世纪。玛丽·陶德的祖父母一辈都是将军和殖民地长官，其中一位还是海军大臣。玛丽本人就是从肯塔基州列克星敦一所法国贵族学校毕业的。负责教授玛丽的是两个从法国大革命中逃到美国的学者——他们是一对夫妇，为了保住脑袋不上断头台，流亡到此。他们训练玛丽用一口巴黎腔调说法语，还教会她跳八人舞和赛加西亚圆圈舞，这都是那些丝绸缠身的贵族在凡尔赛宫跳的舞蹈。

玛丽举止高傲，对自己的高贵出身得意扬扬，她一直坚信自己要嫁的男人总有一天会当美国总统。更令人难以置信的是，她不仅相信这点，而且还到处公然吹嘘。人们被她天真愚蠢的想法逗得哈哈大笑，或者对她指指点点，然而谁都动摇不了她的念头，也没法让她闭嘴。玛丽的亲姐姐说她这个人“喜欢荣耀、炫耀和权力”，“是我见到的最有野心的女人”。

不幸的是，玛丽经常大发脾气。1839年的一天，她和她的继母吵了一架。她异常愤怒，甩门而去，住到春田镇她的姐姐家中。如果她下定决心要嫁给未来的总统，那伊利诺伊州的春田镇可真是“选对了”地方，满世界也没有一处如此这般“大有希望”了：那时这里不过是个肮脏的边境小村，坐落于光秃秃的草原上，没有公路和路灯，也没有人行道，甚至连排水沟都没有。牛群恣意地游荡其中，猪在主干道上的泥坑中打滚，一堆堆粪便臭气熏天。全镇人口不过一千五百人，然而其中居然包括1839年同在此地的两个年轻人——他们注定要在1860年成为总统候选人。其中一个是左翼民主党的斯蒂芬·A.道格拉斯，另一个就是共和党的林肯。

两个都认识了玛丽·陶德，两个都同时追求过她，两个都曾拥她入怀，甚至她曾说过，两个都曾被她考虑过。按照她姐姐的说法，每当别人问她会嫁给两个中的谁时，她总是说：“最有希望成为总统的那个。”

这就等于说是道格拉斯。因为那时道格拉斯的政治前景，似乎要比林肯光明一百倍。虽然道格拉斯不过二十六岁，然而他已经有了一个“小巨人”的绰号。而且，那时他已经是州议员了。而林肯不过是个奔波生计的律师——寄居在史匹德商店的阁楼，且连住宿费都付不起。

早在林肯得以扬名州外的多年之前，道格拉斯就显示出了成为美国最强大的政治实力派的希望。事实上，即便到了林肯当选总统的两年之前，美国普通百姓对林肯的认识也就是他曾与聪明强大的斯蒂芬·道格拉斯辩论过。

玛丽的亲戚全都认为她更倾心道格拉斯，她很可能的确如此。道格拉斯更能吸引女人：他的个人魅力更迷人，前途更远大，举止更得体，而且社会地位更高。同时，他还有一副沉厚响亮的嗓音，一头黑色波浪发。他的华尔兹舞技一流，而且他还会对玛丽施以可人的小小赞美。

他就是玛丽的梦中情人。每当玛丽照镜子时，她就会小声地自言自语：“玛丽·陶德·道格拉斯。”多美妙的一个名字！她还经常梦见自己与道格拉斯在白宫里跳起华尔兹……

就在道格拉斯追求玛丽的日子里，有一天，道格拉斯在春田镇的公共广场上和人打了起来。对手是一个报纸编辑——此公乃玛丽最要好的一个朋友的丈夫。也许玛丽把自己对此事的看法告诉了道格拉斯——这很有可能。

再有一种可能，就是玛丽同时也把自己对他在公共宴会上酗酒的看法告诉了他：他喝醉了就会爬上桌子跳起华尔兹，大喊大唱，把酒瓶子和烤鸡踢翻在地，杯碗菜羹满地乱滚。

另外，如果他和其他女孩跳舞时恰被玛丽发现，玛丽也会回以一种不满的眼神。

结果他们两人的关系不了了之。参议员毕佛瑞说道：

“尽管日后传出来的说法是，道格拉斯确实向玛丽求过婚，而玛丽最终拒绝的原因是道格拉斯的德行太差，然而，这种说法很显然是玛丽的自我保护式宣传。因为道格拉斯是一个非常精明敏感而且享有盛名的人，他压根儿就没向玛丽求过婚。”

出于极度的失望，玛丽决定想方设法激起道格拉斯的嫉妒心，于是她向他的政治宿敌——亚伯拉罕·林肯——表达了强烈的感情。然而这并未能刺激道格拉斯回心转意。于是，她的猎捕目标，最终朝向了林肯。

玛丽的姐姐爱德华夫人日后讲述了这场情事的情形：

“玛丽与林肯先生共处时，我恰好经常在场。玛丽总是不可避免地引导着谈话内容。林肯先生只是坐在旁边静静聆听。他很少说话，不过总是凝视着玛丽，似乎无法抵抗她身上那股强势但又看不到的权力气息。林肯先生被她的聪明与敏锐的判断力所倾倒，不过与玛丽这样的女子共处，林肯总显得有点笨拙。”

那年7月，众人议论数月之久的共和党大会在春田镇召开了，场面万人空巷。很多人从几百英里以外赶来，他们挥舞着旗帜，吹吹打打。芝加哥代表团坐着政府派出的一艘双桅船，横穿了半个州，船上乐声飘扬，姑娘们翩翩起舞，礼炮声响彻天空。

民主党人讽刺共和党候选人威廉·亨利·哈里森，说他就像一个住在小木屋里喝烈性苹果酒的老太太。于是共和党人真的就造了一座有轱辘的小木屋，然后让三十头牛拉着它在春田镇的街道上游行。木屋旁边还栽了一棵胡桃树，迎风微微摆动着，浣熊在树上玩耍。木屋的门边，是一桶带龙头的烈性苹果酒。

到了晚上，林肯在无数支火把的照耀下，发表了一场政治演说。

在一次集会中，林肯所在的共和党曾被指责过于贵族化：他们穿着精致的衣服，同时向普通百姓争取选票。林肯辩解道："当我刚到伊利诺伊州时，我只是个贫穷而古怪的、无亲无故又没什么学历的小子。我在平底船上干着每月八美元薪水的活。那时我只有一条短裤，还是鹿皮的。鹿皮一旦潮湿后再晾干，就会萎缩。由于我的短裤一直在缩短，所以我的裤底与袜子之间的腿部就渐渐裸露在外几英寸。随着我逐渐长高，短裤也总是变湿然后变短变紧，于是我的大腿上就逐渐形成了一圈蓝纹，今天你们还能看到。因此，如果你们出奇地把这条短裤称作贵族服装的话，那么我必须向大家道歉。"

民众一边吹口哨一边尖叫着表示赞同。

当林肯与玛丽抵达爱德华家时，玛丽说她很为林肯骄傲，还说林肯口才出众，总有一天会当总统的。月光下，林肯站在玛丽身边，俯视着玛丽。玛丽的反应令林肯心领神会。于是，林肯将她拥入怀中，温柔地亲吻着……

他们的婚礼定于1841年1月1日举行。也就是说，再有六个月他们就要结婚了。然而，在他们的婚礼前，有一场风波正在酝酿着降临。

第七章

从前山盟海誓的情事，现在变成了矛盾、争吵和挑毛病。林肯终于发现，其实他和玛丽在经历、背景、性格、品位和精神世界等方面，完全不同。他们总是互相激怒。林肯觉得这样的婚约应该结束，否则婚姻生活将是灾难性的。

玛丽与林肯订婚不久，就开始对林肯不满起来。她不喜欢林肯的衣着打扮。她经常拿她父亲的例子教育林肯。这些年来，每天早上玛丽都能看见罗伯特·陶德手持金头手杖，身穿蓝色大外套，白色的亚麻裤，裤腿盖在他的靴子上，行走在列克星敦的街道中。然而林肯则不然。天气太热，他就不穿大衣，甚至有时还光膀子。他经常就用一条吊带拴着他的裤子。如果吊带扣掉了，他就削一根小钉，把下身的所有裤子用钉子钉起来。

如此粗鲁的衣着惹怒了玛丽。她对林肯表达了不满。然而不幸的是，她的表达方式丝毫没有技巧和温柔可言。

玛丽尽管在列克星敦的法国人的课堂上学过宫廷舞，可他们没有教她掌控他人的艺术。于是她选择了一条毁掉男人感情的万无一失的捷径：没完没了地唠叨。它让林肯难受到想方设法避开她的程度。从前林肯每周要来陪她两三个晚上，然而现在，他经常十天八天不来个信。而玛丽还在继续给他写抱怨信，信中谴责他的冷淡。

后来，一个金发碧眼的女人马蒂尔德·爱德华来到了镇上。马蒂尔德身材高挑稳重，她是玛丽的表兄尼尼安·W.爱德华的堂妹。她同样下榻于爱德华家宽敞的宅邸。当林肯来看玛丽时，马蒂尔德非常惹人注目。尽管她不会说巴黎腔的法语，也不会跳圆圈舞，然而她知道如何掌控男人。林肯变得很喜欢她。当她拖着长裙走进屋中时，林肯目不转睛地盯着她，有时甚至都没听玛丽在说什么。这下玛丽生气了。有一次他和玛丽共赴一个舞会，可他压根儿不喜欢跳舞。于是他让玛丽和其他男人去跳，然后自己就在角落里和马蒂尔德聊天。

玛丽谴责林肯，说他爱上马蒂尔德了，林肯也没否认。于是玛丽爆发了，她边哭边要求林肯今后连看马蒂尔德一眼都不行。

从前山盟海誓的情事，现在变成了矛盾、争吵和挑毛病。林肯终于发现，其实他和玛丽在经历、背景、性格、品位和精神世界等方面，完全不同。他们总是互相激怒。林肯觉得这样的婚约应该结束，否则婚姻生活将是灾难性的。

玛丽的姐姐和表兄观点一致，他们极力劝说玛丽解除与林肯的婚约。他们一而再、再而三地警告玛丽，他们彼此非常不合适，婚后一定不会幸福。然而，玛丽没有听劝。

林肯用了好几个星期的时间鼓足勇气，来与玛丽进行这个痛苦的了结。一天晚上，他走进史匹德的商店。他走到壁炉前，从口袋里拿出一封信，让史匹德读给他听。史匹德曾谈起过此事：

“这封信是寄给玛丽·陶德的。信中他清晰地表明了自己的想法，他对她说自己经过了冷静的深思熟虑，最终觉得，自己对她的爱还没有达到结婚的程度。他想让我帮他送出这封信。当我拒绝送信时，他说他想过让别人送，但他不信任别人。我提醒他说陶德小姐要是拿到这封信，她可就占了上风了。‘在私人谈话中，’我说，‘任何词语都可以被遗忘、误解或者不被注意。然而一旦你把它们弄到书面，这可就成了你永远抹不掉的证据了。’说完这番话，我就把这封不祥的信丢进了壁炉。”

因此，我们就永远也不会知道林肯曾对玛丽说过些什么。不过依照毕佛瑞议员所言，“我们可以从他给欧文小姐的最后一封信中，推测出他对玛丽写过的话。”

让我们简短说一下林肯与欧文小姐的故事吧——这大概是四年前的事情了。欧文小姐是林肯在纽沙勒结识的一个朋友伯奈特·阿贝尔夫人的妹妹。1836年秋季，阿贝尔夫人在回肯塔基州探亲时曾说，要是当初林肯同意娶她妹妹的话，这次都可以把她带回来了。

林肯三年前曾看到过她。她有一副漂亮脸蛋，举止得体，受过教育，而且有钱。不过林肯并不想娶她，他认为“欧文小姐有点太百依百顺了”。而且，她比林肯年长一岁，身材又矮又胖——林肯说她

“和福斯塔夫[①]倒是天生一对”。

“我一点也不喜欢她，”林肯说，“可我又能怎样？”

阿贝尔夫人“非常急切地”希望林肯不要毁掉两人的婚约。但林肯实在不想订婚。他承认自己对于同意订婚的“轻率举动一直非常懊悔”。和她结婚的想法对林肯所造成的恐惧，就如同“爱尔兰人上绞架”。所以他只好给欧文小姐写信，坦率同时又富有技巧地告诉她自己的想法，并且尽力解除婚约。

这里有一封林肯于1837年5月7日在春田镇写的信。通过这封信，我们也可大致推断出他会以何种方式向玛丽·陶德进行说明了。

玛丽吾友：

在写这封信之前，我已经写了两次，可每次写不到一半就让我撕掉了，因为我不满意。第一次写的，我认为不够严肃；第二次所写的，又过于严肃了。于是最后，就是你所看到的这封信了。

毕竟，我在春田镇的生活实在太无聊了。我从未感到如此的孤独。第一年的日子里，我只和一个女人说过话，那次还是她不得不和我说罢了。我还没去过教堂，近期也不打算去。我不去，是因为我不知道在那里举止应该如何。我经常考虑到你要来春田镇生活的想法，我恐怕这里的生活不会令你满意。这里车水马龙，一个坐不起马车的人天天生活在一堆马车中间，可有你受的。没有能遮掩你贫穷状况的手段，你就是一贫如洗。你觉得自己能受得了吗？如果有哪个女人可以抛弃一切和我生活在一起，那么我就要尽自己的最大努力让她满意、让她快乐。一旦想到我的一切努力都将白费，世上没有什么事带给我的沮丧感会大于此了。我知道和你在一起会比我孤单一人要

① 福斯塔夫：莎士比亚戏剧中一个肥胖、机智、乐观、爱吹牛的武士。

快乐，然而，这种快乐的前提是，你必须也有满足感。

你对我说过的话，也许只是说笑，也许我理解有误。如果是这样，那么让我们忘掉它吧；如果不是这样，那么我非常希望你在做出选择以前，能再认真考虑一下。我会一直忠于你所做出的选择的。但我的意见是你最好别过来。你未曾适应过艰苦的生活，而这里的状况比你想象的还要严酷。我很清楚，什么事情你都能做出正确的考虑，所以如果你能经由成熟而审慎的考虑做出选择，那么我一定会按你的决定行事。

读过这封信后，务必回我一封长信。你也无事可做。尽管在你写了一封信后继续写一封可能没什么意思，然而在这个繁忙的荒郊，读读你的信也是一个很好的陪伴了。告诉你姐姐别再跟我提什么把房子卖掉然后搬家的事了，一想起来我就心烦。

你真诚的朋友

林肯

这就是玛丽·欧文和林肯的故事。我们回到玛丽·陶德的故事：史匹德把林肯写给陶德小姐的信扔进火堆后，对他的室友说道："现在如果你还有点男子汉气概，就去和玛丽当面说明：不想和她结婚——如果你真的不爱她。注意别说太多，一旦有那么一点儿成功的迹象，就赶紧走人。"

史匹德回忆道："我劝他一番之后，他系上大衣扣子，神情坚定地按照我刚刚给他详细指明的方向去完成任务了。"

荷恩敦说：

那天夜里史匹德没和我们一起上楼睡觉，他借口要看书，在楼下等着林肯回来。十点多了，他和玛丽的交谈还没结束。等到十一点刚过，他悄悄地回来了。从林肯的逗留时间可以看出，他没按史匹德的招数行事，这让史匹德很不满意。

史匹德劈头就问："兄弟，按我说的做了吗?"

"是的，"林肯沉思着说，"当我告诉玛丽我不爱她时，她大哭起来，几乎从椅子上弹起，双手扭作一团，似乎痛苦万分。她的嘴里还说着什么骗人的反把自己骗了之类的话。"然后林肯就不说话了。

"你还说什么了?"史匹德一边询问一边在心里做着分析。

"说实话，史匹德，我对她说的够多了。我的眼泪也流了下来。我一把将她抱住，开始吻她。"

"这就是你如何解除婚约的啊，"史匹德讥讽道，"你不光当了一回傻子，而且你等于又和她重新订了一次婚。按照正常行事逻辑，你现在可就再也不能往回走了!"

"好吧，"林肯拖着长音说，"如果我又陷进去了，就随它去吧。结婚的事就这么定了。我可以忍受。"

结婚的日期越来越近了。裁缝们正准备着玛丽的结婚礼服。爱德华家粉刷一新，起居室重新装修，地毯换成了新的，家具也被磨光并重新摆放了位置。

然而与此同时，一件可怕的事情在林肯身上渐渐产生。这件事很难用语言来描述。精神上的深度抑郁可不是那种普通的悲伤，这是一种同时侵蚀着肉体和精神的危险疾病。

现在，林肯一天天地接近这种状态。他的精神几近失衡，后来他是否完全从这些承受着无法言说的折磨的可怕日子中彻底复原，也很难说。尽管他已明确同意这门婚事，然而他的整个灵魂是反对的。因为他意识不到这一点，所以他就找寻一种逃避的方式。他会在卧室的炉边一连坐上好几个小时，而根本不想去他的办公室或者去参加他所隶属的立法会的会议。有时他在凌晨三点起来，下楼点燃壁炉，然后坐在那里盯着炉火直到天亮。他饭量减少，身体变瘦，脾气变躁，不愿见人，并且不愿说话。

婚礼越来越近，这吓得他越来越往回缩。他的精神仿佛在一个黑暗的深渊中急速旋转，他害怕自己会失去理智。丹尼尔·德雷克医生是辛辛那提大学医学系的领军人物，林肯曾给这位西部最著名的医生写过一封长信，描述了自己的情况并希望得到治疗。不过德雷克医生说，如果没有一个亲身检查，他也无能为力。

婚礼定于1841年1月1日举行。那天清晨，天空清澈透明，春田镇的很多有钱人坐着雪橇，探亲访友。马儿的鼻孔冒出白色的哈气，铃儿的叮当声回荡在空气中。

爱德华家的所有人都在拼命忙着最后的准备工作。送货的孩子把这样那样的直到最后一刻才想起来买的东西送到后门。他们还为宴会专门雇了一位厨师长。烹饪工作不是在壁炉边的那座老炉子上进行的，他们特地为这顿饭修了一座新式厨灶。

新年的夜晚早早降临到了镇上。温柔的烛光摇曳着，神圣的花环挂在每家窗边。爱德华一家人兴奋地屏息静待，充满了希望的生机。

六点半，欢乐的宾客开始陆续来到。六点五十五分牧师到场，胳膊底下例行公事地夹着一本《圣经》。屋子的四周摆满了五颜六色的花朵，壁炉中大团的火焰烧得正旺，噼啪作响。到处都是愉快友好的谈话声。

大钟敲响了七下……然后是七点半，然而林肯还没有来。他迟到了。

时间一分一秒地缓缓流逝，门厅中祖父的大钟无情地走过一刻钟，然后是半小时，然而新郎连个影都没有。爱德华夫人走到前门，焦急地向外张望。出什么事了？难道他……不可能！这不可思议！

家人悄悄躲到一个角落小声嘟囔起来，他们开了一个紧急商讨会。

另一间屋子里，玛丽戴着遮脸的礼帽，穿着婚纱，等啊等啊，边等边不耐烦地玩弄着头上的花儿。她走到窗边，凝视着街道，然后眼睛一刻不离地瞅着钟表。她的掌心变湿，眉间渗出汗水。又过了可怕的一个钟头，“他可是保证过的啊……”

九点半，客人们带着疑惑和尴尬，陆陆续续彬彬有礼地走掉了。

最后一个客人离开后，这位准新娘撕掉面纱，拽下头上的花朵，哭着跑上楼梯，一头栽到床上，悲痛欲绝。天哪！人们会怎么议论？她将成为嘲笑的对象。可怜、耻辱、丢人，她将没脸走到大街上了。一股股强烈的辛酸感和怒火流遍了她的全身。一会儿她希望林肯能在身边抱抱她，一会儿想到林肯对她如此残酷的伤害与羞辱，她又想杀了林肯。

可林肯到底哪去了呢？他出意外了吗？他逃跑了吗？他自杀了吗？没人知道。

到了子夜时分，一支搜寻队打着灯笼，开始寻找林肯。一部分人在镇上他常去的一些地方搜寻，还有些人搜查到那些通往乡下的路上。

第八章

现在我成了世界上最悲惨的生命了。如果全世界的人都来平分我的感情，那么世上将不会有一张笑脸。我不知道我还能不能好转，可怕的预感告诉我，这不可能。我再也不能像先前一样了。我觉得如果死掉会好些。

通过一整夜的搜寻，到了天亮，林肯找到了。他正坐在他的办公室里，疯言疯语。他的朋友怕他疯掉。玛丽的亲戚对外宣称林肯已经精神失常，这是他们对婚礼上的尴尬所进行的解释。

亨利医生来了。林肯有倾向自杀的危险，所以医生嘱咐史匹德和伯特勒随时看着他点。和安妮·鲁勒吉刚刚去世时一样，现在他的便刀又被拿走了。

亨利医生为了让他做些事情以便分心，就敦促他参加州议会的聚会。作为自由党的基层领导人，他本应经常参加聚会的。不过现有记录表明，在三周之内，他才参加了四次，甚至每次都只是一两个小时。1月19日，约翰·J.哈丁向议会宣布，林肯病了。

就在林肯逃婚事件发生的三星期后，他给他的法律合伙人写了封他一生中最悲哀的信：

> 现在我成了世界上最悲惨的生命了。如果全世界的人都来平分我的感情，那么世上将不会有一张笑脸。我不知道我还能不能好转，可怕的预感告诉我，这不可能。我再也不能像先前一样了。我觉得如果死掉会好些。

正如威廉·E.巴顿博士后来在他著名的林肯传记中所说的，这封信“最能表现出亚伯拉罕·林肯精神上的动荡不安……他对自己的健全理智，总是有一种严重的恐惧”。

现在他总想到死亡。他渴求死亡，甚至还在《桑加蒙通讯》上发表过一首关于自杀的诗歌。史匹德害怕他会寻死，于是他把林肯带到路易斯维尔附近的他母亲家中。在那里，他拿到一本《圣经》，还有一个为他准备的安静的卧室。卧室正对着一条小溪，小溪蜿蜒淌过一片草原，流入一英里以外的森林中。每天早上，一个黑奴会把咖啡送到他的床边。

爱德华夫人后来回忆说，玛丽“为了自我解脱，也为了缓解林肯先生的精神压力，给林肯先生写了一封长信，信中表明她同意解除婚约”。不过根据爱德华夫人所言，“如果林肯同意恢复婚约，她也给他这个权利”。

其实除了这封信，林肯在这个世界上已别无所求。他再也不想见到玛丽了。甚至都到了逃婚事件的一年之后，林肯的好友詹姆士·马森尼依然“认为林肯会自杀的”。

在“1月1日致命打击”都过去了几乎两年后，林肯已经彻底不再去想玛丽了。他只是希望玛丽能忘掉他，默祷她能在其他男人身上得到幸福。不过玛丽可不是这种人。她极度的高傲气，还有那超强的自尊心始终在作祟。她已下定决心，要对自己、也要对那些蔑视和同情她的人证明，她能够且必将成为玛丽·亚伯拉罕·林肯。

不过林肯也同样下定决心，就是不娶她。

林肯的决心非常坚定：事发后不到一年，他就与另一个女孩交往上了。其时他的年龄是三十二岁，那个女孩不过十六岁。她是伯特勒夫人——也就是林肯曾寄居四年的那家人——的妹妹，名叫莎拉·理查德。林肯对女孩说，既然自己的名字是亚伯拉罕，你的名字是莎拉，就像《旧约》里的故事一样，我们还真是天造一对。

不过她把林肯拒绝了。她后来在一封给朋友的信中说明了原因：

> 我还年轻，不过十六岁，我从没想过多少婚姻生活……我一直把他当成朋友看。他古怪的行为方式，还有他的风度仪态，都不是那种能吸引想要跻身社交圈的女孩的类型，这一点你也清楚。……他看起来就像是来自我姐姐家的一个大兄长。

林肯经常给当地的自由党报纸《春田镇通讯》写评论文章。该报的编辑西蒙·弗朗西斯是林肯的密友。不幸的是，弗朗西斯的老婆太爱管别人的事了。她已经四十多岁了，没有孩子，是春田镇上最能自作主张的媒婆。

1842年10月初，她给林肯写了张便条，让林肯在次日下午来她家一趟。这个邀请很奇怪，他尽管怀疑其意味，但还是前去赴约。他一到就被领入客厅。在客厅里，他着实吃了一惊——坐在他前面的，竟然是玛丽·陶德。

林肯和玛丽究竟说了什么，做了什么，没留下书面记录。不过这个可怜的软心肠的家伙，这次自然没能逃掉。如果玛丽哭了——她肯定哭了——那么他很可能就握住了玛丽的双手，然后为自己的行为道歉，内心无比痛苦。

从这以后他们就经常见面。不过他们的见面总是在弗朗西斯家中秘密进行。大门紧闭。

开始时，玛丽又与林肯交好的事情，她连自己姐姐都没告诉。最后当她姐姐知道真相后，责问玛丽“为何如此秘密行事”，玛丽的托词是：“糗事毕竟发生了，所以最好让我们俩的关系脱离公众的视听。世界上的男男女女嘴上都没个定数，滑头滑脑。如果不幸再度降临到我们的关系上，那么还是别让他人知道为好。”

说白了，就是玛丽毕竟已经受过教训了。所以这次，就连他俩的关系，她都当作秘密予以保守，直到林肯同意娶她这一结果甚为明朗为止。

这回陶德小姐又会使出什么伎俩呢？

詹姆士·马森尼曾说，林肯经常跟他说“自己是被迫结婚的”，“陶德小姐对林肯说，从道义上讲，他必须得娶她”。

荷恩敦应该比任何人都清楚内情。他说：

“在我眼中，事实永远确凿无疑：林肯先生与玛丽·陶德结婚，完全出于道义角度。林肯这么做的代价就是牺牲了自己内在的和谐。

他曾彻底地扪心自问，他知道自己并不爱她，不过自己已经答应娶她了。隐藏的想法一旦浮现，就犹如噩梦。……最后，他必须直面恐怖的婚姻与内在和谐之间的巨大冲突。他选择了前者，代价便是接连数年的自我折磨，痛苦的牺牲，还有家庭不幸的永恒损失。”

林肯在向前走这一步之前，还写了信给刚回肯塔基州的史匹德，问他是否在婚姻生活中得到了幸福。

“请快些回复，”林肯敦促道，“我急切地想要知道。”

史匹德说自己的婚姻生活比之前期望的还要幸福。

于是第二天下午，也就是1842年11月4日，林肯带着一颗疼痛的心，不情愿地向玛丽·陶德求了婚。

玛丽甚至当天晚上就想举行婚礼。林肯对事情进展的速度大吃一惊，同时有些胆怯。他深知玛丽迷信，于是说今天是周五，不吉利。然而玛丽亦深知上一次的教训，她一天都不能多等，何况今天还是她二十四岁的生日。于是他们匆忙赶到夏特敦珠宝商店，买了一枚结婚戒指，上面刻着：“爱是永恒”。

那天下午晚些时候，林肯就去找詹姆士·马森尼，说：“吉姆，我就要和这个女孩结婚了。”并让他做婚礼的伴郎。

那天晚上，林肯在伯特勒家中穿上了他最好的衣服，还给靴子打了油。伯特勒的小儿子冲了进来，问林肯这是要去哪。

林肯回答：“去地狱，我估计。”

因为上次的婚礼时，玛丽·陶德出于绝望，已经扔掉了婚礼礼服，所以她现在就只能穿着一件简朴的平纹细布装来当新娘。

爱德华一家人说，准备婚宴的时间只有两个小时，结果婚宴蛋糕端上桌时，由于上面的糖浆还没冷却，所以都不好切。

牧师查尔斯·德雷瑟身着圣衣，在婚礼上朗诵着令人印象深刻的圣公会赞美诗。林肯脸上看不出一点笑容，他最好的朋友日后证实，他的面容和举止就像要被宰掉似的。

林肯对他的婚姻做过的唯一评论，是在一星期后他写给萨缪尔·马歇尔的一封商务信件的“副启”当中。它后来被芝加哥社会历史博物馆收藏。

“这里没什么新鲜事，”林肯写道，“除了我的婚姻。对我而言，婚姻是一件古怪而令人惊叹的事情。”

第九章

“亚伯除了做梦，什么活也不擅长。”玛丽·林肯同意此言。林肯总是处于走神状态，他经常陷入抽象的冥想当中，而看似对周遭的一切具体事物毫无察觉。

当我正在伊利诺伊州的纽沙勒写作本书时，当地的一位律师也是我的好友亨利·庞德屡次对我说："你应该去见一见我的叔叔吉米·米尔斯，他的舅舅荷恩敦正是林肯的合伙律师。而且他的阿姨曾经营过一家旅店，林肯夫妇就在那里住过一段时间。"

这条线索听起来不错，因此7月的一个星期天下午，我和庞德先生就开车前往纽沙勒附近米尔斯的农场。当年林肯步行前往春田镇借阅法律书籍的途中，就曾在这里稍事歇息，并用自己生动的故事换了几口苹果汁喝。

吉米大叔看到我们来了，就把三把摇椅放到院中一棵枫树的树荫下。小火鸡和小鸭子在我们前面的草地上吵吵闹闹。我们聊了好几个小时。吉米大叔讲了一个关于林肯的发人深省又令人悲哀的小故事，这个故事从未见于任何文字。

米尔斯先生的阿姨凯瑟琳，嫁给了一个名叫雅各布·M.尔莱的医生。就在林肯来到春田镇的一年后，准确地说是1838年3月11日的夜里，一个陌生男子骑着马来到尔莱医生家门口，敲了敲门。在尔莱医生开门之后，他开枪打死了医生，然后跳上马逃跑了。虽然那时的春田镇地小人少，可这件凶杀案却没人来管。凶手直至今日还是个谜。尔莱医生只留下了很少的遗产，所以他的遗孀不得不经营寄宿公寓维持生计。林肯夫妇完婚不久，就来到这里居住了。

吉米叔叔告诉我，他的阿姨，也就是尔莱医生的遗孀，经常会讲到这么一件事：一天早上，就在林肯夫妇吃早饭过程中，不知林肯说了什么话激怒了他脾气暴躁的妻子，林肯夫人一气之下，当着众人的面，把一杯热咖啡泼到她丈夫的脸上。

林肯什么也没说，蒙着羞辱静静地坐着。尔莱夫人拿过一块湿毛巾，擦了擦他的脸和衣服。很有可能，这个小事件正是林肯夫妇接下来十多年生活的一个缩影。

春田镇共有十一名律师，他们单单靠着镇上的收入生活是很困难的，所以他们就学习法官大卫·戴维斯。这名法官在第八司法管辖区内，进行流动法庭的服务。这些律师也经常骑着马，在不同的村庄之间走动。他们每周六回到春田镇，与家人共度周末。

不过林肯不然。他害怕回家。每年春秋各三个月，他都要在外面巡回办案，连春田镇的外延都从不接近。

年复一年，他坚持这样过。乡下旅店的生活条件非常不好，可尽管如此，相比自己家中林肯夫人喋喋不休的唠叨以及经常爆发的脾气，他还是喜欢乡下。“玛丽的烦人劲儿和骚扰功夫，能让林肯灵魂出窍。”——这是他们邻居的原话。这些邻居听到玛丽的叫喊，也受不了。

议员毕佛瑞说：“林肯夫人又大又尖的嗓音，街道对面都能听得到。她那不断爆发的脾气，住在这幢房子附近的人都能感受得到。她的怒火经常要通过言辞以外的方式发泄出来。她所干过的那些粗暴的事情，确凿无疑，数不胜数。”

“这场粗暴的狂欢舞会，完全由林肯夫人来引导。”荷恩敦说。

荷恩敦同时认为自己明白，为何“她的消极情绪和暴怒性格从未改变过”。她的复仇欲很强。“林肯碾碎了她的纯属妇人式的高傲，”荷恩敦认为，“她认为自己在周遭人的眼中地位下降。于是，爱情就成了一条复仇之路。”

她总是不断地抱怨，不断地批评她丈夫。她丈夫就没有做对的时候：总是夹肩，走路笨拙，两只脚一上一下就像个印第安人。她说林肯步伐僵硬，毫无美感。她还故意学林肯走路的样子，并且按照她的法国老师所教，唠唠叨叨地让林肯走路时一定要保持脚趾朝下。

她不喜欢林肯一双硕大的耳朵与他的脑袋所呈的垂直角度；她还告诉林肯他的鼻子不够直，下嘴唇突出，看起来像个肺病患者；她还说林肯的手脚过大，脑袋太小。

林肯对自身的举止穿着带有一种令人吃惊的冷漠，这更激怒了玛丽敏感的性格，令她极度不高兴。荷恩敦说："林肯夫人的怒火也并非毫无理由。"有时她的丈夫在街上走路，一条裤腿在靴子外，另一条在靴子里。他的靴子也很少打油。他的衣领也很脏，大衣经常需要洗刷。

林肯一家多年的老邻居詹姆士·高莱曾写道："林肯先生经常到我这儿来，脚上套着一双松大的拖鞋，一条旧得褪了色的裤子上面，只系了一根吊裤带。"用林肯自己的话说，这叫"灯笼裤带"。如果天气暖和，他在出门长途旅行时，"会穿一件脏兮兮的亚麻防尘长衣充当外套。后背的汗水印在衣服上的污渍，使得他从背后看起来就像一张大陆地图"。有一次一个年轻的律师在乡下旅店里见到了林肯。那时林肯正要上床睡觉，他身穿"一件能到他膝盖与脚踝之间的自制黄色法兰绒睡衣"。这个律师心想："这是我见过的最不敬神的一个人。"

他一辈子连个刮胡刀都没有。他也不按玛丽的吩咐常去理发店。他的头发乱七八糟长在脑袋上，就像马的鬃毛。这令玛丽怒不可遏。每次玛丽给他梳好后，不一会儿就又被弄乱了，因为他经常把存折、信件或法律文书放到帽子里。

有一天，他在芝加哥请画家为他画肖像。当画家让他打扮得漂亮一点时，他回答说："一幅打扮得漂漂亮亮的林肯肖像，可不太能被春田镇的人认出来啊。"

他在餐桌上也很不讲规矩。他的握叉方式不正确，他连把叉子放在盘中的正确方法都不注意。他根本掌握不了用叉子和一块面包皮享受鱼肉的艺术。有时他就直接端起盘子，把肉块倒在自己的碟中。他总是用自己的餐刀去切黄油，因为这个，每次玛丽都得和他小吵几句。有一次看到林肯把鸡骨头直接吐到旁边的一盘生菜中时，玛丽简直快要昏厥了。

有女士来访时，林肯经常站都不肯站起来，也不会主动为女士拎包。当她们离开时，甚至连到门口送一下都不会，所以玛丽抱怨责备个不停。

他喜欢躺着看书。每次他一从办公室回来，就马上把大衣、皮鞋、领结以及他的那条“灯笼裤带”脱掉，然后把过道里的一张椅子翻个身，拿过一个枕头，把他的脑袋和那副驼背靠在枕头上，就这么在地上半躺着看书。他用这种姿势能一连读上好几个小时。他所读的经常是报纸，有时是一些幽默故事，比如《亚拉巴马的高潮期》一书中的地震逸事之类。不过他最常读的是诗歌。而且，不管他读什么，他都喜欢大声朗诵出来——这还是他在印第安纳州“吵嚷”学校养成的习惯。另外他也觉得，大声朗诵在人心中留下的印象，要比默读深刻得多。所以这也是一种长久记忆方法。

有时，他会躺在地板上，双眼闭合，背出莎士比亚、拜伦或者爱伦·坡的诗歌。比如：

每当月光流入
我就会梦见美丽的安娜贝尔·李
就算天空没有繁星升起
我也能感到安娜贝尔·李的双眸在闪耀

有一名女士是林肯家的亲戚，她与林肯一家同住了两年。她说有一天晚上，正当林肯躺在客厅当中读书时，有人前来探访。林肯没有等到仆人去开门，一个人穿上衬衫就去把客人领到了客厅。他还说这是“要给那些来访的女人们看看”。

林肯夫人在隔壁屋中看到了这名女士的来访，碰巧也听到了她丈夫幽默的表达。于是，她的怒火瞬间爆发，局面对于林肯而言相当尴尬。因此林肯很识相地离开家。直到半夜，他才悄悄从房子的后门溜进来。

林肯夫人的嫉妒心非常强烈。她和约书亚·史匹德有一点小过节儿。史匹德一直都是林肯的亲密朋友，所以她怀疑就是这个史匹德当年曾说服林肯逃婚。从前，林肯在给史匹德的信中，落款总是写“把我的爱告诉芬尼”；不过在结婚之后，林肯夫人要求落款的语气要变轻，于是就变成了“向史匹德夫人致敬”。

林肯从来不忘旧恩，这正是他的杰出品质之一。他曾保证说要把自己的第一个男孩起名叫约书亚·史匹德·林肯，以示答谢史匹德的帮助。不过当玛丽·陶德听说这件事时，狂发脾气。这可是她的孩子啊！要起名也得是她来起！而且名字根本不能叫什么约书亚·史匹德！这个男孩要用她父亲的姓，要叫罗伯特·陶德之类。

最后给他起名叫罗伯特·陶德，这个孩子是林肯的四个孩子中唯一活到成年的。艾迪四岁时死在春田镇，威利十二岁时死在白宫，泰德在1871年，也就是十八岁时死在了芝加哥，唯独罗伯特·陶德·林肯，于1926年7月26日在佛蒙特州的曼彻斯特去世，享年八十三岁。

林肯夫人抱怨说庭院没有五颜六色的花朵或灌木，所以林肯种了几株玫瑰。可他对栽花毫无兴趣，不管不问，于是它们很快就死了。林肯夫人又强迫他弄一个小花园，有一年春天他真搞了一个，不过很快就杂草丛生。

尽管林肯不太喜欢体力活动，不过他要亲自喂养他的宠驹“老雄鹿”，还给它洗澡。他也“亲自喂牛，给牛挤奶，甚至亲自给牛切割草料”。即便在他当选总统以后，他也一直这么做，直到离开春田镇为止。

然而林肯的二表哥约翰·汉克斯有一次说道：“亚伯除了做梦，什么活也不擅长。”玛丽·林肯同意此言。林肯总是处于走神状态，他经常陷入抽象的冥想当中，而看似对周遭的一切具体事物毫无察觉。每到周日，他会把婴儿放到小车里，然后拉着小车在房前坎坷不平的路上漫步。有时小孩被震得滚了出去，可是林肯双眼凝视地面，一点也没听到身后的阵阵哭号，继续拉车往前走。直到林肯夫人从窗中探出头来，冲着他生气地尖叫之后，他才会回过神来。

有时，在办公室忙了一天晚上回来之后，林肯瞧瞧夫人，不过很显然他压根儿没怎么注意她，然后就一言不发。林肯对美食基本没兴趣。她在做好饭后，总是要千呼万唤才能把林肯叫进餐厅。她叫了一声，林肯好像没听见。林肯坐在桌旁，目光梦游般悬在空中，也不知道饿，最后她就得亲自过来提醒林肯。

晚饭后，他有时会一言不发地凝视壁炉半个钟头。孩子们围着他爬来爬去，拽他的头发，和他套近乎，可他好像无视他们的存在。然后他好像突然醒了过来，于是就讲一个笑话或者背几句他喜欢的诗歌，比如：

> 唉，人类有什么值得骄傲的呢？
> 就像流星划过空中，云朵一飘而过
> 就像闪电转瞬即逝，波浪迅即退去
> 生命匆匆，墓中长眠方为永恒

林肯夫人责备林肯从不管孩子。不过林肯反倒羡慕“孩子们的过错从不被大人注意”的状态。“如果哪里他们表现好，林肯倒是从不忘记表扬一番的，”林肯夫人说，“林肯说过，‘看到我的孩子没有受到家长的管制约束，自由快乐地成长，我很高兴。如果把孩子和父母绑在一起，这时爱就成了枷锁’。”

他给孩子们的自由，有时显得非常大度。比如有一次，当他和一个法官下棋正酣时，罗伯特进来告诉他该吃晚饭了，林肯嘴上说“好的好的”，不过因为他很喜欢下棋，所以转身就把晚饭给忘了，继续下棋。

然后罗伯特又进来催了一次，林肯嘴上又表示同意，然后又忘了。

第三次，罗伯特又进来催促，林肯第三次表示同意，然后又是第三次忘掉。于是，这个男孩突然转过身来，一脚把棋盘踢到两个棋手的脑袋上，棋子撒得到处都是。

“好吧，法官先生，”林肯微笑着说，“我想我们不得不改日再杀完这盘棋了。”

对于管教子女，林肯好像连想都没想过。

到了晚上，林肯家的孩子们经常藏在篱笆后面，然后把一根木条支在篱笆外面。外面没有路灯，行人碰到木条，帽子就被撞掉。有一次，孩子们在黑暗中误撞了他们父亲的帽子。林肯没责备他们，只是告诉他们要小心点，因为这可能会把哪个路人气疯。

林肯不属于任何教会，他也避免谈论宗教话题，即便和最好的朋友在一起也是如此。不过，有一次他跟荷恩敦说，他的宗教信条有点像他在印第安纳州见过的一个老头。老头名叫葛伦，林肯在一次教会聚会上听他说过：“我做好事时就感觉良好，做坏事时就感觉不好，这就是我的信仰。”

等到孩子们长大些后，林肯经常会在星期天早上带他们出去散步。但有一次，林肯把他们留在家中，而与夫人一同去了第一长老会教堂。半小时后，泰德回到屋中，却发现爸爸不见了。于是他顺着大街一路跑到教堂，然后闯入了正在布道的会场。他的头发打着卷，鞋带没系，袜子下垂着，脸上和手上都是伊利诺伊的脏泥土。打扮得典雅得体的林肯夫人吃了一惊，非常尴尬，可林肯却镇定地伸出他长长的手臂，把泰德亲切地拉了过来，将孩子的脑袋拥在胸前。

在周日早上，林肯有时把孩子们带到他的办公室。林肯允许他们在这里疯闹。“很快，他们就毁坏了书架上的书籍，”荷恩敦说，“他们翻箱倒柜，用我的金笔笔尖乱戳，把铅笔扔进痰盂，把墨水瓶打翻在文件上，把信件扔得到处都是，然后在满地的信纸上跳起舞来。”

林肯“从来不会责备他们，也不会给他们来一下严父般的皱眉。他是我所知道的最能惯孩子的家长”，荷恩敦说。

林肯夫人很少去他的办公室，不过有一次她过来后，着实吃了一惊：这里毫无秩序可言，乱七八糟。到处都堆满了东西。有一捆文件被林肯捆上后，还在外面贴了个标签，上面写着：“当你四处找不到它时，瞧瞧这里。”

正如史匹德所说，在林肯的生活习惯里，毫无规律是他最大的规律。

办公室的一面墙上隐约有一块很大的黑渍，这是一个学法律的学生向另一个学生扔墨水瓶，而另一个成功躲开后留下的印迹。办公室很少被打扫，而且几乎从未被仔细擦洗过。一些落在书架顶部的草籽，在日积月累的灰尘中，已经开始发芽生长了。

第十章

他的律师事务的收入本来就不多，为了付清账单，他经常得东拼西凑。如今他一进家门，就有一张数额巨大又毫无必要的账单来加重他的负担。他说这次他很悲伤。

在生活的许多方面，如果说玛丽·林肯勤俭持家，那春田镇简直就没有第二个节俭的主妇了。尤其在那些炫耀性的消费上，她更是大手大脚。她买了一辆林肯很难承受得起的高价马车，而且还用一下午二十五美分的价格雇了一个邻家男孩驾车拉着她去访亲探友。春田镇不过是个小村，步行或者租一辆小车足矣。然而她可不干，这样有损身价。不管他们日子多穷，她总要去买那些价格贵得非他们所能承受的衣服。

1844 年，林肯花一千五百美元买下了两年前曾为他们证婚的查尔斯·德雷瑟牧师的房子。这幢房子内设卧室、厨房、客厅以及起居室，而且在后院还有一个木柴堆和一个厕所，以及一个仓库——林肯可以在这里饲养他的牛和马。

一开始，玛丽·林肯简直就当它是天堂了。与他们刚刚离开的那个灰暗简陋的寄宿公寓相比，这里的确犹如天堂。而且这座房子是属于她的，这使她感到非常快乐和骄傲。不过满足感很快就开始消退，她又开始喋喋不休地挑起房子的毛病。她姐姐住的是双层大房子，可这座房子也就一层半高。有一次她对林肯说，一个成功男士不应该住一层半高的房子。

每当玛丽和林肯商量什么事时，林肯通常不会质疑其必要性。“你知道我们需要什么，”林肯会说，“去买就行了。”不过这次林肯不同意了：家庭人口本来不多，这么大的房子足够了。而且自己又没多少钱。刚结婚时，自己只有五百美元，到了现在存款也没添多少。玛丽也知道装修房子的费用他们承担不起，不过她就这么不停地抱怨唠叨。最终，为了让她安静下来，林肯让建筑承包商估了个价，他暗中让承包商把价格说高些，承包商同意了。当他把价格给她看时，她倒吸一口冷气。于是林肯猜想这事已经解决了。

然而林肯太天真了。等到玛丽再次有装修的想法时，这回她另找了一个木匠。木匠的估价低了一些，于是她让木匠马上开工。

当林肯回到春田镇，走到第八大街上时，他简直都认不出自己的家了。在朋友面前，他故意装出一脸严肃，问道："陌生的朋友，你能告诉我林肯先生住哪里吗?"

他的律师事务的收入本来就不多，为了付清账单，他经常得东拼西凑。如今他一进家门，就有一张数额巨大又毫无必要的账单来加重他的负担。他说这次他很悲伤。

面对批评，林肯夫人只用一种方式作答——就是言辞攻击。她会举例证明林肯是如何没有金钱观念，会说林肯根本不会经营，还有他向当事人收取的费用过低，等等。其中最后一条是林肯夫人最常有的不满，而且许多人在这一点上都倾向她的立场。其他律师总是被林肯收取的微薄律师费弄得不悦，他们说林肯让整个律师界都变穷了。

1853年距林肯入主白宫不过区区八年。这一年他在迈克里兰巡回法庭所经手的四起官司的费用总和不过三十美元——然而他都四十四岁了。

林肯说他的许多当事人也和他一样贫穷，所以他不忍收费过高。

有一次当事人给了林肯二十五美元，林肯又还回十美元，还说他这样太破费了。还有一次，他挽救了一个疯女孩的一万美元财产，使得这笔钱没被骗子骗走。只用了十五分钟，林肯就赢了这场官司。一小时后，他的合伙人华德·拉蒙来和他分二百五十美元的律师费。林肯严厉地责备了他。拉蒙说费用可是事先商量好的，这个女孩的哥哥可是完全同意付这么多的。"虽然如此，"林肯反驳说，"不过我不满意。这钱可是来自一个又穷又疯的女孩的口袋，与其用这种方式把这笔钱骗到手，那我不如挨饿。你至少得把这笔钱的一半还回去，否则我一分也不拿。"

还有一起官司：一个内战老兵的遗孀为了拿到抚恤金，曾委托一个代理人。后来代理人征得了她的口头同意后，竟从她的四百美元抚恤金中提走一半。这个老妇人老境颓唐，而且很穷。林肯帮她起诉了代理人，最后赢了，但他分文未收。不仅如此，这个老妇人住旅馆的费用还有车票钱，都是林肯付的。

有一天，寡妇阿姆斯特朗遇到了大麻烦，于是来找林肯。她儿子杜夫被指控在一次酒后闹事中杀了人，她恳求林肯救救她儿子。在纽沙勒时，林肯就认识阿姆斯特朗一家人，而且，杜夫是个婴儿时，他还哄过杜夫睡觉呢。阿姆斯特朗一家人粗鲁狂野，不过林肯喜欢他们。杜夫的爸爸杰克·阿姆斯特朗就是上文提到过的“克拉瑞丛林男孩”的头子。在林肯和他们进行的那场角逐中，林肯声名大振的事情，可都是有历史记录的。

老杰克已经去世了。林肯欣然提供帮助。他在陪审团面前进行了一次他的律师生涯中最动人的辩护，最后把这个孩子从绞架上救了下来。

这个寡母的全部财产就是她的四十英亩农田，她要把这些全部送给林肯。

“汉娜大婶，”林肯说，“从前在我贫穷而又无家可归时，是你帮了我很多年。你既给我饭吃，又给我缝衣服，所以我现在怎么能收你一分钱呢?”

有时候，他极力敦促双方当事人庭外和解，并且不收一分钱。有一次，他拒绝对一个人提出控告，他说“对于他这么一个既穷又腿脚不好的人，我很同情他”。

尽管这种心肠很美好，可它挣不来钱。所以玛丽很烦躁地责备他。其他律师靠律师费或者进一步的投资越来越富，比如大卫·戴维斯法官，还有洛根，当然也包括那个斯蒂芬·A.道格拉斯，可她丈夫连过日子都困难。道格拉斯通过在芝加哥投资房地产，积累了一大笔财富，甚至都开始从事慈善事业了——他捐给芝加哥大学十英亩可供建造楼房的珍贵土地。而且，现在他已经成了国内最有名气的政治领袖之一。

玛丽·林肯总会惦记起他：她是多么希望自己所嫁的是道格拉斯啊！如果她是道格拉斯夫人，那她现在就是华盛顿社交界的焦点了。穿着巴黎的服装，去欧洲旅游，和女王共同进餐，然后有朝一日入主白宫，她每天都在自己的白日梦里画着这些美丽的图案。

可做林肯的夫人又有什么前途可言？也许直到生命结束就这样度过了：每年六个月丈夫都要在外面，于是自己独守空房；丈夫毫无感情；从不关注自己……所以，在当年的林肯夫人的幻想中，两种生活是有着多么辛酸的不同啊！

第十一章

随着时间向前推进，林肯夫人发脾气的次数越来越频繁，也越来越剧烈。林肯的朋友们深深地同情林肯。他没有家庭生活可言，他也从不邀请哪怕是最亲密的朋友像荷恩敦或者大卫法官等来家里吃饭，他害怕会出事。

正如上文所述，在很多方面，林肯夫人都是“节俭的”，甚至她还以此自豪。她买东西“精打细算”，家中饭桌上也是非常简朴。每顿饭也就只能剩下一点面包屑，仅够喂猫的——当然，林肯家里不养狗。

她一瓶瓶地购买香水，开封闻了闻，又去退货，推说它们质量低劣，名不副实。她总是这么做，以至当地药店的药剂师都拒绝为她多次退货了。如果这个药剂师的账本现在还在春田镇的话，那我们可能还会看到上面用铅笔写着：“被林肯夫人退回的香水。”

她总是和商家吵架。比如她感觉卖冰商迈耶缺斤短两，对她欺骗，于是她尖厉的骂人声足能引得半条街的人都走到门口开门观望。这已经是迈耶第二次挨林肯夫人的骂了。他发誓等到他看见林肯夫人在地狱里噝啦啦地受到烧烤之后，再卖给她第二块冰。

迈耶果真停止了供应冰块。这下糟了，她需要冰块，并且迈耶是镇上唯一卖冰块的人。于是，林肯夫人这辈子第一次屈尊服软。不过她不会亲自去道歉的。她给邻人两角五分钱，让他去给迈耶抚平伤口，恳请他再来送冰。

林肯的一个朋友创办了一份报纸：《春田共和主义者报》。这个人在镇上到处宣传自己的报纸，于是林肯订了一份。当第一期报纸送到家门口时，玛丽恼火了。什么！又是一张没用的废纸！自己每天都在一分一分地攒钱，可又有一堆钱打水漂了！她又开始唠唠叨叨个没完没了。为了让她安静下来，林肯就说自己根本没有真的去订。千真万确！他只是说“他会去订”。这可是一种律师的手腕！

那天晚上，玛丽在没告诉林肯的情况下，给主编写了一封措辞激烈的信，告诉主编自己对他的报纸的看法，然后要求退订。玛丽的信太有侮辱性了，这名编辑不得不在报纸上公开答复，然后他写信给林肯，叫他给个解释。这件事把林肯的脸丢尽了，林肯为此病了一场。林肯很委屈地给编辑写信说，这完全是误会，然后又千方百计地解释起来。

林肯有一次想把他的继母接到自己家中共度圣诞，不过玛丽不同意。她讨厌乡下人，极为瞧不起汤姆·林肯以及汉克斯一家人。恐怕就算林肯能把他们请来，玛丽也不会认他们的。这二十三年来，林肯的继母就住在春田镇以外七十英里处，每次都是林肯去看她，玛丽连瞧都没瞧过她家一眼。

在他们婚后唯一来过林肯家的亲戚，是他的一个远房表妹，名叫哈利特·汉克斯。她是一个性情温柔的女孩，又很懂事。林肯很喜欢她，她在春田镇上学期间，就让她住在自己家中。然而，林肯夫人不光把她当成仆人使唤，后来简直真就让她充当一个家务苦工了。林肯不高兴了，他强烈反对用这种不公正的地位对待她。整个局面无比烦人。

玛丽和她雇来的女仆之间麻烦不断。通常在玛丽的冲天怒火爆发一两次以后，她们就收拾行李走人了，不管谁来都是如此。这些女仆憎恨玛丽，并且将之告诉她们的朋友，于是，林肯家很快就上了这些待雇女仆的黑名单。

她对这些不得不雇来的“爱尔兰野人”大发怒火，并且发泄在信中。不过，不管哪个爱尔兰人，只要一给玛丽干活，一定会变成“野人”。她曾公开吹嘘说，如果自己比丈夫长寿，那她就去南方度过余生。在列克星敦养育她长大的那些人，是不会容忍仆人的任何粗鲁放肆的。如果一个黑人不讲规矩，那他就会立即被送往公共广场的鞭笞台上挨鞭打。陶德家有一个邻居，他曾经把六个奴隶一直鞭打到死。

“长个子雅各”是那时春田镇上一个很有名的人。他的身子像骡子那么长。他有一辆快报废了的老式马车。马车跑起来时，他还吹牛说自己在做“快递工作”。他的一个侄女很不幸，成了林肯夫人的女仆。没过几天，主仆之间就吵了起来。女孩扔下围裙，打好行李，把门重重一甩就离开了。

当天下午“长个子雅各”驾着他的破马车来到林肯家，对林肯夫人说自己来取他侄女的行李。林肯夫人正满腔怒火，她用恶毒的语言狠狠骂了雅各和他侄女，还威胁说如果雅各进来就揍他。雅各自尊心大伤，他随后跑到林肯的办公室，要求这个可怜的丈夫让他的妻子向自己道歉。

林肯听完他的讲述后，伤心地说：

“听到这件事我很遗憾。不过坦率地跟你讲，我都忍了十五年了，而且天天都在忍，你就连这一小会儿都忍不了吗？”

他们的谈话以雅各表示对林肯的同情、并向林肯道歉打扰了他而结束。

不过曾有一个女仆在林肯夫人手下干了两年多的活，这可让邻居们大吃一惊，他们都无法理解。原因很简单：林肯私下里和该女仆有个约定。当她第一次来到林肯家时，林肯把她拉到一边，很坦诚地告诉她接下来她要忍受些什么。林肯表示很同情她，不过光同情是没用的，女孩还是会走人的。于是林肯向她保证，只要她能一直忍下去，每个星期自己额外给她一美元。

玛丽的脾气依旧像平常一样爆发着。不过看在林肯秘密的鼓励和金钱支持上，女孩忍了。每次玛丽大骂过她之后，林肯就趁女仆单独在厨房时，找个机会溜进来，拍拍她的肩膀，劝她说：

“你做得对。鼓足勇气，留在她身边，留在她身边。”

后来这个女仆结婚了，在内战中，她丈夫在格兰特手下打仗。当李将军投降后，她匆匆赶往华盛顿，想让她丈夫快些回家，因为妻儿都很想念他。林肯见到她很高兴，和她坐在一起，谈起了往日的岁月。他想留她共进晚餐，不过玛丽听都不想听这个提议。于是他给了她一篮水果和金钱，叫她买点新衣裳，然后让她第二天再过来，到时会给她一张特殊遣返令。不过她再也没来，因为第二天林肯遇刺了。

林肯夫人的脾气许多年来一直没变。有时她的举止就像个疯子。这使很多人受到了伤害，于是她也树敌不少。对于玛丽的举止，一些人——包括玛丽的私人医生——认为是早期精神病。另外，陶德一家奇怪的家庭结构，也就是玛丽的父母是表兄妹这一点，也许更凸显了这些人认为玛丽的病因是近亲结婚造成的这一观点。

面对这些心烦的言论，林肯表现出了基督般的耐性。他从不曾责备玛丽。不过林肯的朋友们可没这么温顺。

荷恩敦公开说玛丽就像一只“野猫”“母狼”。

林肯最热情的支持者之一特纳·金把她形容为“惹是生非者，女恶魔”，还说自己亲眼看到林肯被她一次又一次地赶出家门。

华盛顿的总统府秘书约翰·海给她起的绰号更难听，还是不说为好。

春田镇的卫理公会牧师住在林肯家附近。他和林肯是好朋友，他的妻子证实，林肯的“家庭生活非常不幸福。林肯夫人经常用扫帚把林肯赶出家门”。

詹姆士·高莱在林肯家隔壁住了十六年。他说林肯夫人“心里有魔鬼”。她幻视幻听，表现得像个疯婆子，一直要哭闹到所有邻居全都听见为止。她还要有人过来守着她的房子，坚持说有某个粗鲁的人要来袭击她。

随着时间向前推进，林肯夫人发脾气的次数越来越频繁，也越来越剧烈。林肯的朋友们深深地同情林肯。他没有家庭生活可言，他也从不邀请哪怕是最亲密的朋友像荷恩敦或者大卫法官等来家里吃饭，他害怕会出事。他尽可能地回避着玛丽，晚上要么在图书馆里和其他律师聊天，要么在迪勒的药房里给大家讲故事。偶尔有人会发现林肯在深夜里孤独地走过人迹罕至的街道。他的头垂到胸部，神情阴郁伤悼。有时他会说：“我讨厌回家。”于是就会有某个知情的朋友晚上留他过夜。

对于林肯夫妇的家庭悲剧，没人会比荷恩敦更了解了。以下的文字就摘自荷恩敦所著《林肯传》第三卷四百三十至四百三十四页：

林肯先生从未有过知己，因此他也从未把全部心事向别人倾诉过。他的烦心事没和我说过，据我所知，也没和别的朋友说过。这样的负担很沉重，不过他悲壮地扛着这一切，一个字也不说。用不着他说话，我就总能感觉出他什么时候又闹心了。他并不是一个早起的人，通常每天上午九点左右，他才来到办公室。我一般都比他提前一小时到。然而有时他七点钟就到了，在我记忆中，有一次他甚至天没亮就过来了。如果我一进办公室，看到他已经在了，那么即刻我便清楚了，他家中的海洋一定遭到了风浪。他不是躺在沙发上望着窗外，就是躺在合起来的两张椅子上，把脚靠在后窗台上。他瞧都不瞧一眼我，只是嘴里咕哝一声“早上好”。我马上就会忙着撰写一些东西，或者在书中来回查找，不过他的悲伤、痛苦和沉默是如此真切和凝重，以致我坐立不安。于是我就会找个借口离开房间，去法院或者别的地方。

办公室的门是半玻璃的，它朝向一条窄门廊开着，上面有一块帘子，用铜圈串起来挂在一根铁丝上。每当我遇到这种情况出门时，我总会拉上帘子。在我下楼后，我就会听到门锁响了一下，于是林肯就这样与他的忧郁形影相吊。我在法院职员的办公室待上一小时，再到邻近的商店逛个一小时后回来。那时沮丧的气氛早已烟消云散，林肯要么在为客户解释法律问题，要么在朗诵一篇《印第安故事集》来彻底扫掉早上的阴郁。到了中午，我会回家吃午饭。我在一小时内回来后，发现他还在办公室里，嚼着从楼下商店里买来的一片奶酪和一把饼干——尽管从这里穿过几个广场就能到他家了。晚五点下班后，他依旧落在我后面，要么坐在楼梯下的箱子上，要么坐在法院台阶上，和几个流浪汉说笑以消磨时间。天黑以后，办公室亮着的一盏灯证明他还在那里。直到夜半时分，整个世界都已入睡之时，这个日后命定是国家总统的高个子会在一棵棵树木和一座座房屋之间孑然独行，然后悄悄地溜进一幢高矮适中的房子里——姑且称之为“家”。

有人也许会说，这幅画面过于夸张了。如果有人如此，那我会回答说，你们并不了解实情。

有一次林肯夫人对她丈夫的攻击是如此野蛮而无休止，以致就连这个“对人毫无恶意，唯以怜悯对待众生”的林肯，也失去了自控。他抓住她的胳膊，把她拉过厨房，推到门口，说：“你毁了我的一生！你把这个家变成了地狱！现在，你他妈的给我滚出去！”

第十二章

在从 1849 年直到遇刺时的这段生命历程中，林肯的性格特质中最主要的，就是他那深不可测的忧伤。正常人是无论如何也不能感知或者估算出他那忧伤的深度的。

如果林肯娶的是安妮·鲁勒吉，那么无论如何，他都会幸福得多。不过他就成不了总统了。他的思想和行动都很迟缓，而且安妮也不是那种驱使林肯去获取政治名望的女人。不过玛丽·陶德进入白宫的决心一直未灭，从她嫁给林肯那天起，她就一直让林肯为着共和党的国会议员提名而奋斗。

竞争很激烈，而且他的政敌们对他的指控令人难以置信：他们说他是异教徒，因为他不属于任何一个教会；他们还说他就是一个财富与贵族的工具，因为他通过与高傲的玛丽的婚姻，从属于爱德华家族。尽管这些指责很荒谬，可林肯还是认为这在政治上有损自己，于是他对这些批评答复道："在我来到春田镇后，前来看过我的亲戚只有一个。在她离开镇子前，还被指控偷了一架风琴。所以，如果这就是我来自贵族家庭的证据的话，那么我将坦然接受。"

结果，林肯在选举中失败了。这是他政治生涯中第一个挫折。

两年后林肯又一次参加竞选，这次他胜利了。玛丽惊喜万分，她相信林肯的政治成功才刚刚开始，于是她赶忙订了一套新的晚礼服，并努力练习法语。等她丈夫一到华盛顿，她的信封上的收信人马上就成了"可亲可敬的亚伯·林肯"。不过，她随即就不这么做了。

玛丽也想住到华盛顿，她十分渴望得到社会威望的恩泽，并且她认为社会威望一定在等着她。不过当她来到林肯身旁时，她发现事情和她预期的大不一样。林肯很穷，在他从政府拿到第一笔薪水之前，不得不向斯蒂芬·道格拉斯借钱度日。所以林肯夫妇就只能住在道夫·格林街史布里格太太的寄宿公寓中。史布里格太太的寄宿公寓前面的道路没有修过，两边尽是灰土和沙砾。屋子阴冷，没有水管。史布里格太太在后院有一个厕所，还有一个鹅圈和一块园子。因为邻居的猪总是闯进园子啃蔬菜，所以她的小儿子不得不拿根棍子，时不时地过来把猪赶出去。

那时的华盛顿还没专人收拾垃圾，所以史布里格太太就把垃圾都扔到后面的巷子里，靠那些走在巷中的牛、猪、鹅狼吞虎咽地吃掉。

林肯夫人觉得华盛顿的社交圈的大门对她紧闭。没人知道她，她就被孤零零地抛弃在阴冷的公寓中，和她那些宠坏了的孩子们在一起，耳边还有史布里格太太的儿子在菜地里大叫着赶猪的声音，听得她一阵阵头疼。

然而这对围绕在这个角落的政治灾难而言，其失落性是微不足道的。当林肯进入国会时，美国正与墨西哥打得火热。这场战争持续了二十个月。它是一场耻辱的侵略战争，是国会中支持奴隶制的势力引发的一场别有用心的战争。他们的目的是让美国获得更多的领土，从而使奴隶制得以蔓延其上。这样一来，支持奴隶制的议员，当选总统的几率就会大大上升。

在这场战争中，美国有两大收获。田纳西州原属墨西哥，这次我们迫使墨西哥将其主权让给了我们。而且，我们还有意掠夺了墨西哥一半的领土，将它们划入新墨西哥州、亚利桑那州、内华达州以及加利福尼亚州的辖区内。

格兰特将军说，这是历史上最邪恶的战争之一，他因为曾经参战，所以永远无法饶恕自己。很多美国士兵在战争中造了反，逃到敌人那边了。桑塔·安娜部队里面就有一个著名的营队，全部由美国逃兵组成。

林肯在国会中挺身而出，做了许多自由党人已经做过的事：他强烈谴责总统，因为他打了一场“充满了劫掠、屠杀、抢夺和耻辱的战争”。他还宣称上帝“忘记了保护弱小无辜，而允许一群地狱里来的杀人犯和恶魔去杀戮男人、女人以及小孩，夺走了这块土地的公正，使其满目疮痍”。

华盛顿方面没有注意林肯的演讲，因为林肯默默无闻。不过这场演讲在春田镇可引起了轩然大波。伊利诺伊州派遣了六千名士兵参战，他们相信这是为了自由的神圣战争，可是现在他们的代表站在国会里，竟说他们是一群地狱里的恶魔，还说他们是谋杀犯。群情激愤、怒气冲冲的党徒们公开集会，骂林肯“卑贱”“懦夫”“恬不知耻”“叛国的游击队员”“第二个班迪克特·阿诺德[①]”，等等。

在一次自由党的集会上，大家一致认为从没看见哪个党员“如此丢人”……“这么恶劣的口头表达置于那些勇敢的、杰出的生者和逝者身上，只会激起每一个真正的伊利诺伊人的无比愤慨。”

公众的憎恶极其强烈，在此后的十二年里，残余的硝烟一直未散。即便到了十三年后他竞选总统时，这些辱骂又来烦扰他的大脑了。

“我的举动无异于政治自杀。”林肯向他的合伙人承认道。

现在他害怕回到家乡面对那些对自己恨之入骨的选民，所以他竭力想获得“土地局委员”的职位，好留在华盛顿，但他没有成功。

然后他又竭力去获取“俄勒冈州州长”的头衔，他指望一旦该州加入联邦，那他就会是国会议员。不过这一次他又失败了。

于是他只好又回到春田镇肮脏的律师事务所里，再次把他的“老雄鹿”套在他破旧不堪的马车前，在第八司法区巡回服务。他成了整个伊利诺伊州最沮丧的人。

现在他决定忘掉所有的政治念头，把全部精力投入到工作中。他意识到自己欠缺工作方法，同时也欠缺思维的缜密度，于是为了训练自己的逻辑论证和理性思维，他买了一本几何书，在司法区里边行走边阅读。

荷恩敦在传记中说道：

① 班迪克特·阿诺德（1741—1769）：美国独立战争时美方的一个将军，为了获得去剑桥大学读书的机会，把马萨诸塞州委会的领袖出卖给了英军。多年后事情败露，被处死。

> 在乡下的小旅馆中，我们经常睡在一张床上。多数情况下床对林肯来说太小了，于是他就会在床外露出一小截胫骨。他总是在床头的椅子上点一支蜡烛，然后读上几小时的书。我知道他用这种姿势能一连读到后半夜两点。此时，同屋的几个人包括我自己，早已酣然入睡。就这样，在巡回办案的途中，他最后达到了能轻松证明出六卷欧几里得几何学中的全部定理的程度。

掌握了几何学后，他又学习代数学，然后是天文学，后来他又准备了一场关于语言的起源与演变的讲演。不过最能引起他学习兴趣的，还是莎士比亚。杰克·凯索在纽沙勒给他培养起来的文学偏好，仍旧在继续。

当耶西·维克帮助荷恩敦整理那本不朽传记的资料时，他觉得有关林肯的悲伤情绪的报告，肯定过于夸大了。所以他就这一点曾与很多与林肯共事多年的友人进行探讨，其中包括斯图亚特·惠特尼、马森尼、史维特以及戴维斯法官。后来维克对于“从未见过林肯的人，肯定很少会了解他那哀愁的气质”这一点深信不疑了。荷恩敦也同意他的看法，而且他更进一步地做出了上文已述的表达：“林肯如果在这二十年中还有一天愉快的日子，那是我从不知道的。一张充满永恒忧愁的脸庞，是他不变的特点。在他走路的时候，悲伤似乎从他身上一滴一滴地淌下来。”

林肯在巡回办案途中，经常会与两三个律师同住一间屋子。他们早上总会被林肯的声音弄醒，然后看见他坐在床沿上，嘴里嘟囔着含混不清的话。等到他起床后，就会点燃炉火，然后坐在旁边盯着火苗。每当这样的情况下，他经常会背起那句诗：“人类啊，你的内心有什么值得骄傲的呢？”

他走在大街上时，有时深深地陷入绝望，以至都没看到向他致礼和讲话的熟人。偶尔，他和对方握手时，竟浑然不知自己在干什么。

约纳森·伯区是林肯的崇拜者，他说：

> 每当林肯来到布鲁明顿的法院时，法庭上或者办公室里的人，要么被他逗得连着一个小时浑身发颤地大笑，要么看着他陷入深思，没人敢打搅他。……他坐在靠墙的一张椅子上，把脚放在最低的台阶上，一条腿横搭在另一条腿的膝盖上，帽子的前檐朝上，双手环握在膝盖周围，眼中是无边无际的忧愁。这是一幅绝对的沮丧忧郁的图景。有一次我看见他就这样一动不动坐了好几个小时，就连他最好的朋友的呼唤，他都无动于衷。

参议员毕佛瑞可以说是对林肯的事业生涯研究得最彻底的人。他总结道："在从1849年直到遇刺时的这段生命历程中，林肯的性格特质中最主要的，就是他那深不可测的忧伤。正常人是无论如何也不能感知或者估算出他那忧伤的深度的。"

当然，林肯那种不知疲倦的幽默感，他那种引人入胜的讲故事的能力，冲击力也很大，这是与他独具个性的感伤不可分割的另一面。

有时就连戴维斯法官都忍不住暂时休庭，以便聆听林肯的令人狂笑不止的笑话。

荷恩敦说，"经常会有两三百人围在林肯周围"，几个小时狂笑不止，不忍离开。

一个目击者说，每当林肯讲到故事的"包袱"时，人们就会笑得大叫起来，甚至滚下椅子。

那些熟悉林肯的人一致认为，"他的深不可测的忧愁"源于两件事情：一是他的政治失意，一是他的悲惨婚姻。

林肯就这样度过了六个惨淡的年头，其间他的政治理想已经永远地抛掉了。之后，突然发生了一件扭转林肯整个人生方向的大事，这件事开启了他走向白宫的道路。

这个事件的引发者和推动者，正是玛丽·林肯的老情人——斯蒂芬·A.道格拉斯。

第十三章

那天下午，林肯进行了生平的第一次伟大演说。在这一天进行演说的林肯，已经是一个崭新的林肯了——一个面对着强大的恶势力敢于悍然动容的林肯，一个为劣势种族请命的林肯，一个能被一种庄严的道德律令所感染并付诸行动的林肯。

1854年，一件大事降临到林肯头上。事情源于《密苏里协议》的废除。《密苏里协议》的概况是：1819年，密苏里州想以一个蓄奴州的身份加入联邦。北部联邦反对它加入，于是事态变得紧张起来。最终，那个时代最杰出的一批政治家签订了《密苏里协议》。南方得到了有权蓄奴的资格，北方亦得其所愿：密苏里州边境以北的任何地区都不得蓄奴。

人们认为这样就可以使关于奴隶制的争吵得以平息，确实如此——不过只是暂时。到了三十多年后的今日，斯蒂芬·道格拉斯却把这份协议废除了，而且他使得密西西比河以西的大片地区——面积相当于美国最初的十三个州——全部蒙上了奴隶制的阴影。为了争取到这项协约的废除令，他经历了数月之久的艰苦运作。在一次议会的辩论中，议员们甚至跳上桌子，刀光剑影，拔出手枪。最后在1854年3月4日，在道格拉斯进行了一场激动人心的演讲后，国会经过从午夜直到黎明的长时间讨论，终于通过了这项法案。这可是一个特大事件。信差们在华盛顿的大街小巷四处呼喊，吵醒了还在沉睡中的民众。军队总部礼炮轰鸣，庆祝这一日后终会浸满鲜血的新纪元的开始。

道格拉斯为什么要这样做？没人知道。历史学家们直到现在还存争议。不过有一点倒是明确的：道格拉斯希望在1856年的总统大选中获胜，而他认为这一项废止令会使他得到南方的支持。

不过北方呢？

“凭良心说，我知道这将会给北方带来一场凶恶的风暴。”他说。

他说得没错。确实如此。此后若干年间，这一举措所引发的飓风将会屡次出现，两大党派都要受到严重的打击，最终把整个国家卷入内战。

抗议和表达愤慨的集会瞬间燃遍了数百座城市和乡村。斯蒂芬·道格拉斯被贬为卖国贼。这时人们也把他称作“班迪克特·阿诺德第二”了。他被骂成是当代的犹大，人们说应该给他十三块银币。大家寄给他一根绳子，叫他自己上吊算了。①

大小教会也投身于这场狂热而神圣的抗议。新英格兰的三千零五十名牧师“以万能的上帝和圣灵之名”，联名向国会写了一封抗议信。愤怒的新闻界为这场民众抗议的烈火添柴浇油。在芝加哥，就连民主党的报纸也以无比恶毒的文字来形容道格拉斯了。

国会在8月休会，于是道格拉斯回到家乡。眼前的景象使他吃惊。后来他说，他的纸制肖像先被套上绞绳，然后用火焚烧，这些火光足以照亮他从波士顿走到伊利诺伊的路途了。

然而他居然宣布，要回他的故乡芝加哥发表演说，这无异于是对抗议声浪的公然蔑视。芝加哥民众对他的仇恨可谓疯狂至极。报纸对他进行攻击，愤怒的牧师群体声称绝不允许他“嘴里恶臭的呼吸污染伊利诺伊州的空气”。男人们蜂拥着去往五金商店，到太阳下山时，全城的五金店中的左轮手枪已经全部售罄。他的敌人们发誓，不能让他再活下去，否则他还要去捍卫他那臭名昭著的事业。

道格拉斯走进芝加哥的那一刻，港口的轮船全都降了半旗，许多教堂敲响了丧钟，哀悼自由的死亡。

他进行演说的那一晚，是芝加哥有史以来最热的一天。男人们在椅子上坐立不安，汗水顺着他们的脸颊淌下来。女人们拼命想要挤出人群，好到湖边凉爽的沙滩上小憩片刻，拥挤的过程中有不少人晕了过去。就连马匹也在车轭中热晕过去，甚至倒毙街头。

尽管天气酷热，可数以千计的人们还是把枪揣在怀中，蜂拥着

① 《圣经·新约》记载，犹大向古罗马政府出卖耶稣基督，得到当局的奖赏便是十三块银币。耶稣基督被捕后，犹大出于羞愧，上吊自尽。

去聆听道格拉斯的演说。芝加哥也确实没有一个礼堂能装得下这么多人。公共广场已被人群挤满了，还有数百观众站在附近房子的阳台上，甚至还有人双腿跨在房顶上听这场演讲。

道格拉斯刚说第一句话，民众就报之以一片牢骚和咝咝声。他竭尽全力继续演讲，然而民众大喊大叫，嘘声一片，他们甚至还唱出侮辱他的歌曲，并且用不堪入耳的绰号骂他。

道格拉斯的党徒们想和这些民众打上一仗，不过他请求他们安静下来。他努力安慰民众的情绪，不过总是以失败告终。当他贬低《芝加哥论坛报》时，人们就欢呼着赞扬该报；当他威胁说如果不让自己讲话，自己这一宿就一直站在这里不走时，底下的八千民众就大声吼道："我们也一直待到天亮！我们也一直待到天亮！"

此时正值星期六晚上。经过了四个小时的白费精力和侮辱攻击后，道格拉斯最终掏出怀表看了看，然后对着台下狂乱的民众吼道："现在天快亮了，已经是星期天了。我要去教堂，你们都去地狱吧！"

道格拉斯精疲力竭，只好离开演讲台，彻底放弃。这是这个"小巨人"生平第一次遭受羞辱与挫折。

第二天早上，各大报纸全部报道了事件的完整经过。远在春田镇上，一个高傲的、丰满的中年妇女读过报纸后，倒是尤为高兴。十五年前她就梦想做道格拉斯夫人，这些年来，道格拉斯在党内一路升至最受欢迎并且最强硬的国家政治领导者的整个过程，还有她丈夫林肯仕途上一路受辱受挫的整个过程，她都看在眼里。在她的心灵深处，她对道格拉斯存有嫉恨。不过现在，谢天谢地，傲慢的道格拉斯受诅咒了。他在自己的州内分裂了自己的党派，而且正值大选之前！这可是林肯的好机会！玛丽深知，现在是林肯赢回他在1848年失去的民众支持的最佳时机。无论重新树立起政治地位，还是当选国会议员，时机都对林肯有利。尽管道格拉斯的任期还有四年，不过他的同伙几个月内就要改选。

道格拉斯的同伙是一个傲慢自大又好勇斗狠的爱尔兰人，他的名字叫希尔斯。而且，玛丽·林肯与他还有一笔旧账要算。早在1842年，很大程度上是由于玛丽写给他的一封攻击性的信件，结果希尔斯要与林肯决斗。他们腰佩骑兵的剑，在助手的陪伴下相聚于密西西比河畔的一个沙洲上，准备决一死战。不过到了最后一刻，朋友们过来竭力斡旋，于是双方避免了流血冲突。此后希尔斯的仕途一路向上，而林肯则走了下坡路。

不过一落到底的林肯现在开始反弹了。林肯说，《密苏里协议》的废止，把他给“刺激了”。他再也无法保持平静。现在他已决定竭尽自己全身的能量，为信仰而决战了。

于是他开始准备自己的演讲。他在州图书馆准备了好几个星期，其间查阅了无数历史资料，寻找了很多论据，分门别类，严密论证。而且他还研究了国会为了通过这一法案而进行的无数狂风暴雨似的辩论。

10月3日，伊利诺伊州的博览会在春田镇举行。数以千计的农民拥进镇子，男人们把他们上等的猪、马、牛和谷物拿来，女人们拿来了果子冻、果酱、夹心蛋糕还有蜜饯。不过这次博览会对于大众的吸引力，远不及另一场活动——那就是道格拉斯的演讲会。道格拉斯要在博览会开幕当天进行演讲的通告已经公布了好几个星期，因此这里聚集了来自全州的前来聆听演讲的政客。

那天下午他的演讲时间长达三个多小时，这超出了他的历史纪录。其中既有辩解，也有攻击。他说自己“既不想把哪个地区的奴隶制普遍化，又不想将奴隶制度驱赶出去”。他只是让当地的民众自己选择是否采用奴隶制。他大声喊道：“如果堪萨斯州和内布拉斯加州的人民有能力实现自我治理，那么他们也一定有能力治理几个悲惨的黑人。”

林肯坐在前排，聆听了他说的每一个字，仔细考虑了他的每一个立场观点。当道格拉斯结束演讲时，林肯宣布：“明天我将指出他的谬误。”

第二天早上，宣传林肯将要答复道格拉斯的传单撒遍了镇上的每个角落，市集中更是俯拾即是。民众的兴趣非常强烈，下午两点前，演讲大厅的座位就已经满了。道格拉斯在人们的期待中登上了讲台，和平常一样，他依旧衣着光鲜，打扮得非常漂亮。

玛丽此时早已到场。在林肯早上离开家门之前，她卖力地刷了一遍林肯的外套，还给林肯穿上一件新衬衫，并把他最好的领带精心熨烫过。不过今天天气炎热，林肯清楚演讲厅肯定非常窒闷。所以他脱了外套和汗衫，扯掉领带，大步走上讲台。他的衬衣松松垮垮地套在他那憔悴的身板上，一根瘦长的棕色脖子从衬衣顶部伸出来。他的头发乱糟糟的，皮鞋又脏又粗野，还有那条单根的“灯笼裤带”，吊着他的那条又短又不合身的裤子。

玛丽第一眼看到他，就又气又尴尬，以致满脸通红。失落感和绝望的情绪瞬时袭来，弄得玛丽差点掉下眼泪。

那时没人能够预见到这次演讲的重要性。不过现在我们已然知道，正是这个连自己老婆都为他感到羞耻的普通男士，在这个10月份的酷热的下午，开启了一项日后能够进入史上不朽业绩名录的事业。

那天下午，林肯进行了生平的第一次伟大演说。如果这天之前他的所有故事，都被收集整理成一本书的话，那么从这天下午以后他的所有故事，就是另一本新书了，而且你肯定很难相信，这两本书的作者居然是同一个人。在这一天进行演说的林肯，已经是一个崭新的林肯了——一个面对着强大的恶势力敢于悍然动容的林肯，一个为劣势种族请命的林肯，一个能被一种庄严的道德律令所感染并付诸行动的林肯。

他回顾了奴隶制的历史，然后列举出五种憎恶它的充分理由。不过在一种尽可能的容忍度之下，他宣称：“我对南方人民并无偏见。如果我们处于他们的状况，我们同样会选择奴隶制。如果奴隶制没有存在的基础的话，他们也不会将之引进。如果奴隶制的存在基础不是非常稳固的话，我们也不必一直在这里喊着将之废除。”

“如果南方人民对我说，对于奴隶制度的产生，我们所负的责任并不比你们北方人少，那么我的确同意这个观点。如果有人说他们的情势如此，从而使他们很难以一种稳妥的方式摒弃奴隶制的话，那我会对他的话表示理解和赞同。如果换成是你，你也同样不知如何是好，那你还有什么理由去苛责南方的人民呢？所以，就算赋予我现世的所有特权，那我也不知如何对付目前的奴隶制状况。”

三个多小时过去了，汗水顺着林肯的脸颊淌下，然而他没有间断对道格拉斯的答复。他揭穿了这个议员的诡辩，并且把他的立场中的明显错误之处一一指出。这是一场相当精彩的演说，林肯也给大家留下了相当精彩的印象。道格拉斯一次又一次地起身打断林肯的发言，可他依然节节后退，最终败下阵来。

新的选举马上就要到了。年轻一辈的民主党人已经为了拉选票而四处奔走，他们对道格拉斯进行攻击。当伊利诺伊州的选举结果出来后，道格拉斯一派几乎全军覆没。

那个时候，国会的参议员是由各州议会选举出来的。1855年2月8日，伊利诺伊州议会在春田镇开了一次碰头会，目的就是商讨国会议员选举事宜。林肯夫人的表哥尼尼安·W.爱德华忙得不亦乐乎，林肯夫人也买了一套新衣帽，大家都在为着当晚以未来的“国会议员林肯”的名义举行的招待会进行准备。

在第一轮投票中，林肯领先了，他和别的候选人相差在六票之内。不过这之后他每轮必输。等到了第十轮投票，他被彻底击败，黎曼·W.楚门布尔当选参议员。

黎曼·楚门布尔的妻子名叫茱莉亚·珍妮，她还年轻，曾在玛丽的婚礼上做过玛丽的伴娘。她很可能是林肯夫人曾经最亲密的朋友。那天下午，她们一同坐在选举大厅的长廊里，看着选举的整个过程。当茱莉亚丈夫获胜的结果公布之时，林肯夫人大发脾气，疾步走出大楼。她的火气非常之大，她的嫉妒心也非常之强，从这一天开始直到她的生命结束，她再也没和茱莉亚说过一句话。

林肯哀伤万分，垂头丧气地回到了他那间死气沉沉的办公室。墙上墨水瓶的痕迹犹在，书架上的灰土里依旧长满杂草。

一周之后，他又骑上他的“老雄鹿”，再一次行走在未被开垦的草原上巡回办案。不过现在他的心思不在法律上了。他张口闭口总是政治以及奴隶制。他说一想到数十万人民仍受着奴役，自己就会悲伤万分。现在他的悲伤周期来得更为频繁，持续时间更长也更深沉了。

一天夜里，林肯和另一个律师一起睡在乡下旅馆的一张床上。破晓时分，林肯的同事睁开眼睛，看见林肯穿着睡衣坐在床沿，陷入沉思，神情沮丧，而且嘟嘟囔囔。他整个人都陷入了一种不可名状的抽象状态中。最后他开始说话，第一句就是：

“我要告诉你，这个国家无法在一种一半奴隶制一半自由的状态下，长治久安。”

之后不久，春田镇的一个黑人妇女来找林肯，她的状况值得同情。她儿子去了圣路易斯，后来在密西西比河上的一艘蒸汽轮船上找了份工作。当他到达新奥尔良后，他却被投进监狱。他本是个自由人，不过没有文书可以证明这一点，所以他就一直被关押到他所在的那艘轮船离开时为止。现在为了偿付他在监狱里的费用，当局准备把他当作奴隶拍卖。

林肯带着此案去找伊利诺伊州政府，不过政府当局回答说他无权对此干涉。在对林肯的答复信中，路易斯安那州的政府官员说自己同样无能为力。于是，林肯回头再次去找伊利诺伊州政府官员，敦促他们关注此事，不过他们全都摇头。

林肯拍案而起，愤然说道：“以上帝的名义，官员们，你们也许真的没有拯救这个可怜的男孩的权力，不过我已下定决心，要让这个国家的每一寸土地变得滚烫，烫得那些奴隶主无法立足！”

到了第二年，林肯年满四十六岁。他向好友惠特尼承认说，他

“确实需要”一副老花镜了。于是他在一家珠宝店以三十七美元零半分的价格，购买了生平第一副眼镜。

第十四章

最终，林肯缓缓地站起身，对这群谨小慎微的人说，自己主意已定，就以“一幢内部分裂的房子，绝不可能长久屹立”这句话结束讲演，还说这是被全人类的实践所检验了的真理。

现在让我们来到1858年的夏天，亚伯拉罕·林肯即将打响他人生中第一场伟大的斗争。大家将会看到，林肯是如何从一个偏远低微的省份中浮出水面，参与到美国历史上一场极其著名的政治战役之中的。

林肯今年已经四十九岁了。经过了这些年头的苦苦挣扎之后，现在他走到了哪一步呢？

论经商，他是个失败者。

论婚姻，他的生活刻板而阴冷。

论法律事务，他倒是非常成功，年收入达到了三千美元。不过要论到他的政治理想，论到他内心最宝贵的希望，他遭遇的还是打击和沮丧。

“对我而言，”他承认说，“雄心勃勃的奋斗所带来的，最终是一场失败，一场彻底的失败。”

不过从现在开始，情况有了微妙而令人炫目的转机。七年以后他将离开人世。不过在这七年之内，他所成就的名望与光辉，将会照耀到最为遥远的后世。

在接下来的这场角逐中，他的对手就是斯蒂芬·A.道格拉斯。目前，道格拉斯是全国民众的政治偶像，他的名声甚至远播海外。《密苏里协议》废除后的四年之内，道格拉斯实现了生命中最为炫目的一次翻身。他在一场很特别的、戏剧性的政治战役中，挽回了自己的声誉。事情经过如下：

堪萨斯州如今要求以一个蓄奴州的名义加入联邦。能否准许呢？道格拉斯答道：“不可以。”因为那里并非真正意义上的法制社会。那里的议会议员都是通过强词夺理和手枪威逼当上的。当地的居民有一半人口没有注册登记，所以无权选举。住在密苏里西部的五千名支持奴隶制的民主党人，同样一点也享受不到堪萨斯州的选举权，然而他们可不是好惹的。到了选举日那天，他们去往一家兵工厂，全部武装起来，一路旗帜招展、锣鼓喧天地进入堪萨斯州，为奴隶制投票。整个事件非常滑稽，简直是对正义的莫大讽刺。

“自由之邦”的这些公民接下来要做什么呢？他们开始行动起来。他们把手枪擦亮，毛瑟枪注满油，为了提高枪技，开始向树上和谷仓门上的靶子射击起来。他们一边行军，一边胡吃海喝，胡作非为。他们挖起战壕、修建工事，把旅馆全都变成了堡垒。如果不能用选票取胜，那么他们准备用子弹取胜。

在北方的几乎每个城镇和乡村，都会有职业演说家面对公众发表长篇大论。他们传递着帽子，为堪萨斯州募集加强武装的捐款。牧师亨利·华德·比彻在布鲁克林的布道台上，激动地喊道，对于拯救堪萨斯州来说，枪支比《圣经》更有用。从此以后人们就把毛瑟枪称作“比彻的《圣经》”。这些“圣经”（或者叫作“陶器”或“修订法”）一箱接一箱、一桶接一桶地从东部航运到堪萨斯州。

在接连五名当地居民被暗杀之后，一个狂热的宗教信徒坐不住了。他靠饲养绵羊、种植葡萄和酿酒为生。他说：“我别无选择。目前的局面全是万能的上帝所赐，所以我也要给那些支持蓄奴者一点颜色瞧瞧。”

他的名字就是约翰·布朗。

5月的一天晚上，他打开《圣经》，为家人读了大卫颂歌，然后跪下祈祷。唱过几首赞美诗之后，他和他的四个儿子，以及一个侄子，骑马穿过草原，来到一户支持奴隶制的人家。他们把这家主人及其两个儿子拖下床，用斧子砍掉他们的胳膊，劈开他们的脑袋。天亮之前下了一场雨，雨水冲散了尸体脑壳中流出的脑浆。

从此以后，双方开始互相中伤，互相枪击。“血腥堪萨斯”一词就这样进入了史书。

现在道格拉斯明白了，在这片充满了欺诈与邪恶的中部地区，由其虚假的立法机构创立的这个州宪法体制，其分量连干燥这份宪法文件的吸水纸都不如。所以道格拉斯公开表示，针对堪萨斯州能否作为蓄奴州加入联邦的问题，应该让堪萨斯人民举行一次诚实而和平的选举来解决。

他的看法既正确又适宜。不过美国总统詹姆士·布坎南以及华盛顿的那一批高傲的支持奴隶制的政客，不能容忍这个安排。于是，布坎南和道格拉斯吵了起来。总统威胁道格拉斯，说要中断他的政治前途。道格拉斯回敬道："凭着上帝的名义，先生，是我把布坎南推上宝座的；同样凭借上帝的名义，先生，我也能把他弄下来。"

道格拉斯的话不仅是一种威胁，他同样预言了历史。彼时奴隶制的政治势力和高傲姿态，已然达到顶点。从此以后，这股力量突然开始了迅速而戏剧性的下降。

接下来的一场斗争，就是奴隶制走向终结的开始。因为在这场斗争中，道格拉斯严重分裂了自己的政党，从而为1860年民主党的灭顶之灾种下祸根，同样也使得林肯的当选不光是一种可能，而且是一种必然。

道格拉斯把自己的政治前途完全押在了这场为了一个辉煌的原则而进行的无私战斗上。这个原则为他自己所信奉，同样几乎为北方每一个人所信奉。于是，伊利诺伊州因此而拥护他。现在他回到了自己的家乡，人们将他视作全国上下最受仰慕和崇拜的人。

曾经在1854年驱赶过他，为他降半旗和鸣丧钟的芝加哥，现在特派了一列专车护送他回故乡，车上还有铜管乐队和接待组织。当他到达这座城市时，公园里一百五十尊礼炮齐鸣，几百个男人过来和他握手，几千个女人把花朵扔在他的脚面上。甚至可以毫不夸张地说，他的一些狂热支持者都可以为他而上绞架。在他去世五十年后，还有人吹嘘自己是"道格拉斯的民主党人"。

就在道格拉斯光荣返乡的几个月后，伊利诺伊州的民众就该选举国会议员了。民主党人自然提名道格拉斯，共和党人将会提名谁呢？他就是默默无闻的林肯。

在接下来的这场战役中，林肯与道格拉斯进行了一系列火力凶猛的辩论，这些辩论让林肯声名大振。他们尽围绕着那些充满张力的问题进行争辩，于是公众的激情也白热化了。美国历史上从未有过这么多人来听他们的辩论。没有哪个礼堂能容纳这么多听众，所以辩论经常在午后的树林中或草地上进行。辩论之后是记者在报纸上撰写的添油加醋的动人报道，于是两人的听众遍布了整个国家。

两年之后，林肯入主白宫。

正是这些辩论为他做了宣传，铺好了通往白宫的路。

在这一系列辩论开始之前的几个月内，林肯就做了不少准备。只要他的大脑有了一些想法、观念和语词，他就记在各种各样的纸片上：信封背面，报纸边上，纸袋上面等。他把这些纸片装在他那高高的丝帽里面，随身携带。最后，他把这些随笔抄在纸上，每句话还要大声朗读出来，并且一再地修订、推翻重写、改进。

在他完成他的第一次演讲的草稿后，他在一天晚上把几个好友叫到州议会图书馆里。他把门锁上，开始阅读他的讲稿，每段读完都要停顿一下，以求得大家的建议和批评。这些文字里面有一些话，此后变得极其出名。比如：

“一幢内部分裂的房子，绝不可能长久屹立。”

“我深信，政府不能永远忍受一半奴隶一半自由的状态。”

“联邦是一座房子，我不希望它倒掉，不过我希望这幢房子能够停止分裂。”

“事情要么全部如此，要么就会彻底变成另一个样子。”

读到这里，他的朋友们吃了一惊，警觉起来。这样说太激进了。他们劝道，这简直是“一个该死的傻瓜的表达方式”，这会把投票人吓跑的。

最终，林肯缓缓地站起身，对这群谨小慎微的人说，自己主意已定，就以“一幢内部分裂的房子，绝不可能长久屹立”这句话结束讲演，还说这是被全人类的实践所检验了的真理。

林肯说：“六千年来，这一直是条真理。我希望这个放之四海而皆准的道理，能以一种简单的表达方式激起人们对我们现时的危险的认识。说出这条真理的时候已经到了，所以对于我这句断言，我既不想换成别的，也不想修改。如果有必要的话，我甚至愿意为之牺牲。如果上天注定我会因为这篇演说而失败，那么就让我背负着真理失败吧，让我在为正义与真理的辩护中死去吧。”

8月21日，第一场大型辩论在芝加哥以外七十五英里处的一个小村镇里举行。头一天晚上大批人马就赶到了这里。很快，所有的旅馆、私人住宅甚至马厩全部人满为患。周围一英里之内的山谷里，无论山崖上还是低地里都是灯火通明，好像侵略部队围攻了这里一样。

即将破晓时，人潮又出现了。清晨，太阳照在伊利诺伊州的大草原上，村庄大道上挤满了马车、步行者以及骑在马背上的男男女女。天气炎热，空气数周以来一直很干燥。玉米田和草场的上方，尘土飞扬。

中午时分，一列由十七节车厢组成的专用火车由芝加哥方向驶来。车厢里挤满了人，连过道中都人满为患，急不可耐的旅客们甚至爬到了车厢顶上。

周围四十英里之内的所有城镇，都是带着乐队前来的。锣鼓喧天，号角吹响，民兵列队游行的脚步踏过土地。江湖医生卖弄着耍蛇表演，吸引观众买他的“神药”。流浪艺人也在酒馆前卖起艺来。男女乞丐也开始活动起来。鞭炮噼啪响，礼炮齐鸣，吓退了马儿。

在一些城镇中，声名卓著的道格拉斯坐在一驾由六匹白马拉着的豪华马车里，穿越大街。民众的欢呼声响彻云霄，绵延不绝。

林肯的支持者为了表达对这种豪华排场的蔑视，把林肯放在了一驾老旧的干草车上，由一群驴拉着走在大街中。林肯身旁还有另外一驾干草车，车上载着三十二个女孩，每个女孩身上都有美国一个州的名字，在她们的上方还有一张大条幅，上面写着：

帝国的西部有明星升起
女孩与林肯心连着心
就像她们的母亲不能离开土地

两个演讲人还有他们的同党，以及一些记者，在密密的人群中挤了半个小时才爬上讲台。为了给演讲人遮挡住毒辣的太阳，场地有一个用木头支起来的大毡篷。不过有些人爬到了毡篷上。毡篷承受不住压力，倒了下来，砸在道格拉斯一伙人的头上。

这两个演讲人，几乎没有一点共同之处。道格拉斯身高五英尺四英寸，而林肯身高六英尺四英寸。高个子的声音也很高，矮个子则中气十足。道格拉斯举止典雅温和，林肯则是样子丑陋、行动笨拙。道格拉斯拥有一种政治偶像所独有的个性魅力。然而林肯那张写满皱纹的脸，露出菜色，充满悲伤。在形体上，林肯一点吸引力都没有。

道格拉斯身穿花边衬衫，深蓝色的外套，白色的裤子，头戴一顶宽边礼帽，活像一个富裕的南部种植园主。而林肯则不修边幅，装束奇异：那件仿佛生了锈的黑色外套的袖子过短，过分下垂的裤子同样很短，头上那顶高高的大礼帽，又黑又脏，看得出经历了长期的风雨侵蚀。

道格拉斯从来都不具备幽默的本领，然而林肯可是历史上极为优秀的故事大王。道格拉斯不管在哪，总是不断重复他的老一套话语。不过林肯对于自己的论题，事先都会不停地仔细思考，直到他可以达到每天都有新的演说内容而非老是重复一套的程度。

道格拉斯很自恋，他追求浮华与炫耀。他总是乘坐一列挂满旗帜的专车。火车后面的货车厢中还有一尊黄铜礼炮。每当接近一座城镇时，他就一响接一响地鸣放礼炮，向当地百姓宣布一个重要人物已经到了大门口。林肯很讨厌这些“烟火炮竹”。他要么乘长途马车，要么乘坐货运火车。无论到哪，他总是带着一个用旧的扁皮箱，还有一把绿色的棉布伞，伞的中央系着一根绳子，以免它张开。

道格拉斯是一个机会主义者。正如林肯所说，他没有“确定的政治信仰”。他的唯一目标就是获得胜利。然而林肯则是为了一个伟大的原则而斗争，输赢在谁对他而言并不重要，他唯愿最后取得胜利的，是正义与忠恕。

“我曾经有过政治野心，”他说，“然而上帝知道，在这次竞选之前，我是多么真诚地祈祷过野心不要降临于我。我对于政治名誉没有感觉。如果现在《密苏里协议》能被恢复起来，奴隶制的存在能够保持在一种可以容忍的限度内，即需要奴隶制之处允许保留该制度，但要以毫不妥协的警惕态度防止它的传播的话，那我很情愿道格拉斯法官获胜，哪怕我会退出。

“至于我和道格拉斯法官谁会当选国会议员，这无关紧要——实在无关紧要。我们今天在你们面前所探讨的重要议题，是要远远超出任何个人趣味与政治利益之上的。即便到了道格拉斯法官与我自己的那些贫乏、微弱而结结巴巴的言辞静默入土以后，这个议题仍将存在，并且掀起波澜，熊熊燃烧。”

在每一次的辩论中，道格拉斯都要坚持说，无论何时何地的政府，只要当地公民投票支持，都有权采取奴隶制度。他不管这种支持是进步的还是退步的。他的宣传口号是：“让每个州管理自己的内政，别的地方少管闲事。”

林肯与他的立场截然相反。

“道格拉斯法官认为奴隶制是正确的，”林肯说，“而我认为它不对，这就是我们的真正分歧所在。”

“他认为无论哪个地方，只要奴隶制是该地所需，那么当地就有权采用。他们当然有权这样做——前提是奴隶制本身并非错误。然而，如果该制度本身就不合理，那他就不能说人们有权去做错事。”

“在道格拉斯眼中，一个州是否采取奴隶制的问题，就好像他的邻居应该在农场里种植烟草还是饲养公牛一样无足轻重。然而人类当中的绝大多数与道格拉斯法官看法不同。他们认为奴隶制度在道德上是一个严重的错误。”

道格拉斯在州内四处游说，一次次地大声喊着说，林肯倾向于赋予黑人平等的社会地位。

“并非如此，”林肯反驳说，“如果你不喜欢黑人，那就叫他们自行其是好了——这就是我要为黑人争取到的状况。如果上帝所给予黑人的恩惠实在可怜，那就让他们自由享受这点恩惠去吧。在很多方面他们确实无法与我们平等，然而，他们必然平等地与我们分享‘生命权以及获取自由与幸福的权利’，他们必须有权把双手劳动挣来的面包塞到自己的嘴里。在这一点上，黑人与我，与道格拉斯法官，与我们每一个人，都享有平等的权利。”

在很多场辩论中，道格拉斯都要指责林肯简直是想让白人“拥抱黑人，并和他们通婚”。

林肯不得不一次次地否认这一指责：“有人说如果我不想让一个黑人妇女成为奴隶，那我就是想让她成为一个妻子，我反对这种二选一式的说法。我已经五十多岁了，这些年来，我未曾有过任何黑人女奴，更没有过黑人老婆。可供白人妇女挑选的白种男人已经够多了，可供黑人妇女挑选的黑种男人也为数不少，看在上帝的分上，让他们各自选择自己的肤色吧。”

道格拉斯竭力回避论题，并使之朦胧化。林肯说他的辩词薄弱到了一定程度，就好比“用一只饿死的鸽子的羽毛做成的一碗汤一样淡而无味”。他所使用的无非是“一大堆装帧精美、华丽奇异的词语，比如把‘马蹄栗子’说成是‘一匹栗色的马’之类”。

林肯说：“在回答这些根本称不上论争的‘论争’的过程中，我实在是禁不住地感到愚蠢。”

道格拉斯净说那些并不真实的事情。他自己也知道这些事情都是假的，林肯当然也知道。

林肯对此的反应是："如果一个人站起身来断言二加二不等于四，然后不断重复，坚持断言二加二不等于四，那你说又有什么办法不让他说呢？在辩论过程中，我总不能用自己的意念给你嘴里填个塞子，然后永远闭上你的嘴。我也不想把道格拉斯法官称作骗子，可每当我直面他时，我实在想不出其他的称呼。"

于是这场斗争一连燃烧了好几个星期。林肯日复一日地进行他的攻讦，而其他不少人则直接卷入了吵架和冲突。黎曼·楚门布尔把道格拉斯称作骗子，还说自己都为这种"人类历史上空前恶劣的厚颜无耻"而感到惭愧。著名的黑人演说家弗雷德里克·道格拉斯也来到伊利诺伊州，加入到冲突的队伍中。民主党的布坎南派成员也对道格拉斯进行了极其恶毒的指责。激进的德裔美国改革家卡尔·舒尔茨也在外国选民面前指责他。共和党的报纸更在头版头条惊声尖叫，说他是"伪造犯"。在自己的政党被分裂的情况下，道格拉斯腹背受敌，不堪其扰。他要独自面对无数巨大的关坎。出于绝望，他给他的朋友伍秀·F.琳达发电报说："到处都是追我的恶鬼。看在上帝分上，琳达，过来帮我击退他们吧。"

报务员把这份电报的内容告诉了共和党人，于是，它就上了很多报纸的头条。

道格拉斯的敌人们高兴得连声尖叫。从这天开始，这份电报的接收者就被称作"看在上帝分上的琳达"，一直到他死去为止。

到了选举那天晚上，林肯留在电报局里等结果。当他看到自己输掉的结果后，就起身回家。外面下着雨，又黑又冷。通往家里的路上全是泥水，很滑。突然，他的一只脚滑了一下，撞到另一只脚上。很快，他就站稳了。"就是滑了一下，"他说，"没有跌倒。"

不久之后，他在伊利诺伊州的一份报纸上看到一篇有关自己的评论，上面写道：

怎么说呢？在伊利诺伊州所有艰难崛起的政治家中，亚伯·林肯无疑是最不幸的一位。他在政治的道路上，承受了一切艰难，可命运似乎注定他失败。他在政治生涯中被击倒的次数，如果放到任何一个普通人身上，生命恐怕都难保了。

前来聆听他与道格拉斯辩论的广大群众鼓励林肯，他们认为林肯现在可以靠演讲来挣点钱了。于是他在布鲁门顿租了一个演讲厅，并且安排一个年轻女士在门口卖票，准备了一场名为“发现与发明”的演讲。可惜一个来听的人都没有。

于是，他又一次回到他那间昏暗的办公室。墙上墨水的痕迹犹在，书架顶部的灰尘里依旧杂草遍布。

他回来的正是时候。因为他已经六个月没办案了，所以分文没挣。现在他已经彻底赤字，手头连付清肉铺和杂货铺账单的钱都没有。于是他再次套上“老雄鹿”，坐上那驾摇摇欲坠的马车，又一次开始在草原上巡回办案。

现在正值11月份，一股寒流突然袭来。在他头顶阴茫的天空中，野天鹅大声叫着飞向南方。一只兔子在路上迅疾跃过，树林中似有狼在嗥叫。不过马车上的这位忧郁的先生根本没看也没听四周的境况。他的下巴贴着胸脯，陷入沉思和绝望，默默地向前骑着，时间就这样静静地流逝。

第十五章

报务员冲到门外，在楼梯口大声喊道："林肯先生，你被提名了！你被提名了！"

林肯的下嘴唇微微抖动，他的脸也红了。有几秒钟他甚至都喘不上气来。

这是他一生中最激动人心的时刻。

经过了十九年悲凉的失败，他在一夜之间就登上了令人晕眩的胜利之巅。

共和党经过重组之后，于1860年春在芝加哥召开大会，会上准备提名一位总统候选人。几乎没人幻想亚伯拉罕·林肯能够被提名。结果出来之前，他本人曾给一家报纸的编辑写信说："我绝对坦诚地认为，我不适合总统职位。"

事先大家普遍认为，提名的荣誉将会归于来自纽约州的潇洒的威廉·H.西华。他们对之几乎没有疑问，因为代表们在乘火车前往芝加哥的途中，就进行了预投票。其中西华所得的票数，是其他所有候选人加起来的票数的两倍。在许多列车上，林肯甚至连一票都没得着。很可能有些代表都不知道还有林肯这么个人。

大会就在西华五十九岁生日当天召开。多巧的日子！他坚信这个提名将会是自己的生日礼物。他非常自信，对他在国会里的同事们说了告别词之后，还邀请他的好友参加纽约奥本自己家中举行的大型生日宴会。他租的那尊礼炮已经拉到了他家前院，炮口早已对准天空，就等着把好消息轰向整个城镇了。

如果投票在周三晚举行，那么那尊礼炮就会轰鸣，然后整个国家的历史将会改写。不过，只有印刷工把用于计数的足够的纸张全部拿来时，投票才能开始。而那个印刷工在前往大会的途中，可能喝了一杯啤酒或者出了其他什么事，反正他迟到了，结果大会成员除了等他整整一晚，别无他事。大厅里蚊子很多，又闷又热，代表们也是饥渴万分，所以一些人起身离开了，大会不得不延至次日上午十点继续。一步延迟，步步延迟，事情总是如此，这次也不例外。

从周三晚到周四大会继续召开之前，差不多有十七个小时的间隔。虽然不算长，不过就在这期间，西华的事业走向了毁灭，而林肯则成就了自己。

对于西华的失败，要负主要责任的人是贺瑞斯·格里莱。这是个长相奇异的人，他的脑袋像一个哈密瓜，金色的头发稀稀疏疏，像是得了白化病。他脖子上的领结总是滑向一边，甚至滑到他的左耳下方。格里莱从未支持过提名林肯，不过他和威廉·H.西华以及西华的经纪人索尔罗·韦德有着很深的宿怨。

事情的经过是这样的：这十四年来，格里莱一直与这些人并肩作战。西华能够当上纽约州州长进而当选国会议员，他都出力甚巨。韦德能够在大批对手中竞争到全国最有影响力的政界经纪人的位置，他同样帮了极大的忙。然而格里莱从中得到多少好处？几乎没有。他想当州印刷厂厂长，然而韦德自己占了这个位子。他一直渴望得到纽约邮局局长的任命，不过韦德也没发出这项任命。他想当州长，哪怕是个副手也好，可韦德不光说“不行”，而且还是以一种伤害的、侮辱的方式说出来的。最终，格里莱无法忍受下去了，他给西华写了一封措辞尖利的长信。如果将这封信抄录在本书里，那将会占据长长七页篇幅，且每一页都燃烧着极度的愤怒。

他写下这封愤怒的信件的时间是1854年11月11日晚上。现在是1860年，这六年来他一直在寻找着复仇的机会。现在机会终于来了，而且这次被他充分地利用了。共和党提名大会暂时休会的那个有着决定意义的周三晚上，他压根儿没上床睡觉，而是一个接一个地对那些代表进行游说和解释。他所掌控的《纽约论坛报》在北方传播范围极其广泛，其所具备的影响力没有第二家报纸可以匹敌。他的名气很大，人群中只要他一出现，大家就会立刻静下来，尊敬地听他发言。

他陈述出各种各样反对西华的言论。他指出西华曾多次损毁共济会的纪律，1830年他曾凭借反对共济会派的得票而当选国会议员。这种不好的结果越来越严重，且影响广泛，损毁事件时有发生。后来在西华任纽约州州长期间，他又同意废掉公立小学的基金以及专为外国人和天主教徒设立的学校。此举所招致的公众的记恨，有如捅了马蜂窝一般。

格里莱还说，那些一度组过名为“无知派”的强势政党的人们，强烈反对西华。他们就是投票给一条狗，也不会投给他的。还不止这些。格里莱还说这个“大煽动家”也是非常激进的。他提出过一项“血腥计划”，说要制定一些不受宪法约束的法律。这一举动吓坏了临近的诸州，他们全都开始反对他了。

“我会把这些州的州长候选人带过来，”他说，“他们完全可以证实我刚才的话。”

他确实带他们过来了，大家的反应很激烈。宾夕法尼亚和印第安纳等州的州长候选人，握着拳头、两眼冒火地宣称，提名西华对于他们的州来说，将会是不可避免的打击与灾难。

共和党人觉得，要想今后获胜，就必须得到这些州的支持。于是，先前涌向西华的巨浪，突然之间就退下去了。这时林肯的朋友们又开始向代表们一个接一个地游说了。他们劝说那些先前支持西华的人，现在应该支持林肯。因为民主党人肯定要提名道格拉斯，而全国上下能与道格拉斯角逐的人，没有再比林肯更适合的了。对于林肯而言，这活儿他早已非常熟练。而且林肯的祖籍在肯塔基州，因此在那些对联邦尚存疑问的边境诸州中，他更易于获得选票。最重要的是，他是一个从劈木条和锄草的生活里长大的人，西北地区就想要一个这样的候选人，因为他对普通民众非常理解。

当一种游说方式行不通时，他们就再换一种。通过保证卡勒布·B.史密斯会在以后的内阁里有一个位子，他们赢得了印第安纳州代表的支持；通过保证让西蒙·卡梅隆当上林肯的左右手，他们又赢得了宾夕法尼亚州五十六个代表的支持。

周五晚上，投票开始了。四万名兴奋等待结果的民众拥入芝加哥。其中有一万人挤进了大厅中，还有三万人堵满了大小街道，到处都是沸腾的人群。

第一轮投票西华领先。到了第二轮，宾夕法尼亚州代表们把五十二张选票投给了林肯，于是人声喧哗。等到了第三轮时，场面突然一片骚乱。大厅中的一万人，至少有一半惊声尖叫起来。他们站起身，大吼大叫，并且互相撕扯着对方头顶的帽子。屋顶突然传来一声炮响，大街上的三万人也大呼小叫起来。人们互相拥抱，疯狂地跳起舞来。大家又哭又笑，伴随着阵阵尖叫。有些地方开始鸣枪庆贺。钟声敲响了，增添了喜庆的气氛。火车、轮船和工厂也开始鸣笛庆祝这个不寻常的日子。

民众的兴奋持续燃烧了二十四小时。

《芝加哥论坛报》上写道："自从耶利哥[①]覆灭之后，世界上就再也没有过如此热烈的喧嚣了。"

在庆祝的人群中，格里莱看到昔日的"总统制造家"索尔罗·韦德恨恨地淌下泪水。格里莱终于复仇成功，他满意地笑了。

此时春田镇的情况又是如何呢？那天早上，林肯像往常一样去往他的办公室，他有一个案子要办。在办公室持续工作一段时间后，他把手头的活放到一边，出门到一家商店后面玩了几局弹子球以缓解疲劳。然后他到春田镇邮局去看看大选的结果。电报处在邮局楼上，他坐在楼下一张扶手椅上，正谈论到第二轮选票时，报务员冲到门外，在楼梯口大声喊道："林肯先生，你被提名了！你被提名了！"

林肯的下嘴唇微微抖动，他的脸也红了。有几秒钟他甚至都喘不上气来。

这是他一生中最激动人心的时刻。

经过了十九年悲凉的失败，他在一夜之间就登上了令人晕眩的胜利之巅。

人们在大街上到处呼喊这一消息，镇长下令鸣枪一百响以示庆贺。

---

① 耶利哥：巴勒斯坦古城，临近死海西北海岸，是扼守约旦河下游河谷的要塞。据《圣经·旧约》所述，它被约书亚征服并毁灭。

林肯的很多老朋友拥到他的身边，笑着叫着。有的和他握手，有的一边疯狂地叫喊，一边把帽子投向天空。

"对不起，兄弟们，"林肯说，"现在我得马上去把这一消息告诉第八街的一位妇女。"

他跑得连大衣尾部都飘了起来。

春田镇到处都是篝火，把夜空都映红了。所有的酒吧通宵营业。

不久以后，半个美国都在传唱一首歌：

老亚伯·林肯来自荒野
来自荒野，来自荒野
老亚伯·林肯从
伊利诺伊的荒野中来

第十六章

此番离去，我不知何时还能回来。前方等待我的任务，比当年华盛顿所肩负的使命还要重大。上帝曾经帮助过我，今后没有他的帮助，我是无法成功的。只要有他的帮助，我就不会失败。既然主能与我同在，那么只要你相信主，他也定会与你同在，你的一切都会好转的。让我们充满信心地希望一切终会变好吧！

斯蒂芬·A.道格拉斯对于林肯最终入主白宫，所出的力比任何人都要大。因为正是道格拉斯分裂了民主党，从而使得林肯的竞争对手不再是一个，而变成了三个。

看到对方四分五裂的状态，林肯在这场竞选的一开始就知道自己会是胜利者。不过他害怕自己故乡的选民未必会支持他。一个委员会事先挨家挨户做了一次调查，想看看春田镇选民的意向究竟怎样。当林肯看到这次调查结果时，他很吃惊：在二十三个由牧师与神学生组成的调查对象里，只有三人是支持他的。林肯最忠实的拥护者的数量可想而知。林肯对此刻薄地评价说："他们假装相信《圣经》，做令人敬畏的基督徒，不过他们的问卷表明他们根本不关心奴隶制的存废。然而我知道，这个问题上帝关心，人类也在关心，如果他们对此无视，那他们根本就没有正确领会《圣经》。"

而且，在林肯的所有亲戚里面，除了他母亲那边的一人之外，其余人无一例外，全部没投他的票。这是为什么？因为他们是民主党人。

林肯所得票数低于半数，他的两个对手得票加起来，差不多是他的一倍半。林肯的胜利其实带有地域性，因为在南方的二百万张选票中，只有二万四千张是投给他的。如果西北部的选票有二十分之一发生了变化，那么道格拉斯就会占据上风。如此一来，总统就要由众议院进行选举，这样的话南方就会获胜。

南方有九个州，一票都没有投给共和党。试想一下，亚拉巴马州、阿肯色州、佛罗里达州、佐治亚州、路易斯安那州、密西西比州、北卡罗来纳州、田纳西州以及得克萨斯州的广阔领土上，竟无一人投给亚伯拉罕·林肯。这可是个凶兆。

为了理解林肯当选后，情况在瞬间发生了怎样的变化，我们必须首先了解一下曾如飓风般席卷整个北方的一场运动。在最近三十年来，有一个充满了打碎奴隶制度的理想的激进组织，一直把这个国家向着战争的方向推进。他们源源不断地印发各种言辞刻薄的传单和小册子，并且雇用演说家前往北方的每个城镇与乡村进行鼓动宣传。他们向公众展示奴隶的褴褛衣衫、手铐脚镣、沾满鲜血的鞭子、脖钉箍以及其他刑具。逃亡出来的奴隶们亲自为该组织服务，他们到处讲述亲身所见和经历的暴行与苦难。

1839年，美国反奴隶制协会出版了一本名为《美国奴隶制的真相—— 一千名目击者的证言》的小册子，其中目击者讲述了他们亲眼看到的例子：奴隶的双手被浸入沸水中，他们被烙上红印，牙齿被打掉，身上被刀子扎刺，肉被嗜血的恶犬咬掉，被鞭打致死，被绑在树桩上活活烧死，等等。很多黑人婴孩被强迫与大声哭喊的母亲永远分开，他们被关到奴隶圈中，或者在市场上拍卖。生育能力不佳的女人经常挨鞭子。而且奴隶主经常花上二十五美元，就可以雇到骨骼强壮、肌肉强健的白种男人，让他们与黑人妇女同居，因为如果女人能生下肤色较淡的孩子——尤其是女孩，那就能卖上好价钱。

废奴主义者最常用的也是最具桃色的控诉，就是混血通奸。他们控诉南方人喜欢黑奴的原因是他们对“放荡的未婚少女”的钟爱。文戴尔·菲利普大声说道：“南方是个最大的妓院，至少有五十万女人被迫卖淫。”

那些极度刺激人的神经细胞以至无法在本书中讲述的故事，那时却在废奴主义者的宣传品上到处传播。他们指控奴隶主经常强暴自己的混血女儿，并把她们卖给其他男人做情妇。斯蒂芬·S.福斯特宣称，南方的卫理公会教堂一共藏有五万名黑人妇女。她们在皮鞭下被迫过着修道生活。他说这些卫理公会的牧师喜欢奴隶制的唯一原因，就是他们想给自己养情妇。林肯在与道格拉斯进行的若干次辩论中，也曾亲口说过，在1850年全美共有四十万五千七百五十一个混血儿。他们几乎全部来自黑奴与白人奴隶主的通奸。

因为宪法维护奴隶主的权利，所以废奴主义者咒骂宪法是一部“与死亡达成的契约，与地狱签订的协议”。

所有废奴主义文学中的巅峰之作，是由一个贫穷的几何教授的妻子所写的一本小说，名叫《汤姆叔叔的小屋》。这是一部情感非常激烈的小说，作者自己边写边流眼泪。后来她说，写就这部小说的，乃是上帝。它被改编成了戏剧，在悲剧性地表现奴隶制真实一面这一点上，没有其他作品能够超越它。小说触动了数以百万读者的感情，销量巨大，影响极其深远。

当林肯见到该书作者哈利特·贝奇·斯托后，林肯说正是这个藐小的女人，打响了一场伟大的战争。

这场由北方废奴主义者发起的意味深远却又夸大其词的运动，结果怎样呢？它能否让南方人意识到自己的错误？一点也没有。结果或许你也料到了。仇恨只能引发仇恨，废奴主义者激起的仇恨同样如此。这场运动使南方极力想要摆脱这种无理傲慢的、爱管闲事的批评。在一种政治压倒一切的氛围中，或者一种情绪化的感性之中，真理很难生长。暗中滋长的，只能是悲惨的历史误会。这个鲜血淋漓的时刻为期不远了。

1860年，在那些“爱黑奴的共和党人”选出林肯之时，南方人就已经知道奴隶制难逃此劫了。他们马上就要面临废奴还是脱离联邦的选择。那么他们为何没有立即宣布脱离呢？他们无权这样做吗？这个问题已经争论了半个世纪了。大家热火朝天，而且经常会有某个州跳出来，威胁说要退出联邦。比如在1812年战争时，新英格兰州就曾严肃讨论过独立的问题；康涅狄格州议会亦曾通过一项宣言，声称“康涅狄格州是一个自由的、主权独立的国家”。

甚至林肯本人也曾认可过脱离联邦的权利。在一次国会演说中，他说道：“任何地方的任何民众，都有权反抗或脱离现任政府，成立一个更为适合自身的新政权。这是一种最有价值也最为神圣的权利。正是我们对这一权利的信仰与渴望，整个世界才能得以自由。”

“这一神圣的权利，并非只有我们现存政体下的人民能够行使。任何地区的人民，只要他们有足够的能力，都有权进行革命，在自己定居的土地上建立起自己的政权。”

这番话是林肯在1848年所说。然而时间到了1860年，他已不再认可这番话。不过南方人倒是对之非常认可。就在林肯当选总统的六星期后，南卡罗来纳州通过了一项“分离条例”。查尔斯顿城乐舞飘飘，炮火齐鸣，庆祝这一新的“独立宣言”的诞生。很快，南方其他六个州相继走了这一步。就在林肯离开春田镇前往华盛顿赴任的前两天，杰弗逊·戴维斯当选了这个新国家的总统，他宣称本国建立在“一个伟大的真理的基础之上，即奴隶制度是黑人自然而正确的境况”。

即将离职的布坎南总统，已经无心国事，他没有做出任何阻止这一倾向的举动。于是林肯被迫在春田镇度过了无助的三个月。他眼看着联邦分崩离析，共和国正在毁灭的边缘步履蹒跚。此时南部联盟正在购买军火，修建工事，训练士兵。他意识到自己将要带领人民走过内战这一凶残而血腥的关坎了。

他承受的压力很大，夜里常常睡不着觉。由于忧虑过度，他的体重减了四十磅。

林肯很迷信，他相信即将到来的事件会反映在梦与预兆中。1860年，在他当选后的第二天下午，他回到家中，一屁股坐在沙发上。他的对面是一个衣柜，柜上有一面活动镜子。当他朝镜中看时，他发现镜中的自己虽是一个身子，但有两张脸，其中一张非常苍白。他吓了一跳，刚站起身，幻象就不见了。他再次坐下，结果第二次出现了一张鬼脸，比先前还要苍白。这件异事一直缠着他，于是他告诉了林肯夫人。她认为这一定是林肯能够连任的征兆，然而第二次的鬼脸证明他不能活过第二个任期。很快，林肯自己也坚信不疑，他这次去往华盛顿是去送死。他还收到了不少画着绞架或短剑的信件，几乎每封信都带给他死亡的气息。

大选之后，林肯对一个朋友说："我不知道如何处理我的住宅。我并不想一个人漂泊在外，无家可归。不过如果我把它租出去，那么等我回来时，这个家肯定已被消耗殆尽了。"最后他还是找到了一个答应照料这所房子并注意随时维修的人。于是林肯以每年九十美元的价格租给了他，然后，林肯在《春田镇通讯》上发表了一个公告：

> 在第八街与杰克街的转角处，有一批私人家具出卖，包括地毯、沙发、椅子、台灯、衣柜、床头柜、壁炉、瓷器、陶具、玻璃杯等。欲购者请速来面谈。

邻居们过来看货了。有人想要几张椅子和一套厨灶，还有人询问床的价格。林肯很可能回答说："想拿就拿走吧，你自己出个价就行。"于是他们只给了很少一点钱。

L.L.蒂尔敦先生是西部大型铁路公司的主管。他买下了大部分家具，后来把它们带到了芝加哥。可惜大部分毁于1871年的大火灾。有几件家具留在了春田镇，多年以后，一个书商尽可能地全部买了过来，并把它们带往华盛顿林肯去世时所在的那间房子。这间房子就在福特剧院的街对面，现在这里的产权已经属于美国政府，它成了一座展览馆，一处国宝级别的圣地。

林肯的邻人们以一点五美元买下的二手椅子，如今甚至要比同等重量的金银都值钱。林肯亲密接触过的每样东西，现在都是价值连城。布斯刺杀林肯时，林肯坐的那把胡桃木摇椅，1929年卖出了两千五百美元。林肯对波多马可河区的总司令胡克将军进行指示的手迹，最近在拍卖会上出价一万美元。内战时期林肯发出的四百八十五封电报，现由布朗大学收藏，价值二十五万美元。他的一次并不重要的演讲的未签名手稿，最近也卖出了一万八千美元。至于葛底斯堡演说的一份用林肯的字体抄写的手稿复件，也要卖上几十万美元。

1861年的春田镇，很少有人能看出林肯身上潜在的才华到底有多深，同样没人能预见他在后世的伟名。这些年来，这位未来的伟大总统几乎每天早上都要走在街道上。他的胳膊上挎个菜篮子，围巾披在他的脖子上。他要去杂货店和肉店购物。这些年来，他每晚都要去镇子附近的一片草场上放养他那头母牛，回来还要给它挤奶，还得喂马，打扫马厩，并且亲自劈柴，亲自把柴火扛回厨房，亲自把它们填进炉子。

在林肯动身去往华盛顿之前的三个星期，他开始准备自己第一次的就职演说。为了有一个属于自己的不受干扰的环境，他把自己锁在一家商店楼上的一间屋中，埋头工作。他自己的藏书很少，不过他的合伙人倒是有一些。于是他让荷恩敦给他带几本书过来，其中包括宪法文稿，安德鲁·杰克逊的《反对各州不服从国会法令的宣言》，亨利·克雷在1850年的著名演讲以及《韦伯斯特答哈涅书》。于是，在这间阴暗的、积满灰尘的小屋中，林肯埋头于一堆书籍，最后写出了一篇著名的演讲稿，结尾即这面对南部各州的精彩吁告：

> 我的演讲不得不结束了。我们不是敌人，而是朋友。我们必须不能变成敌人。尽管我们的激情已经减少，但我们之间的情感纽带不能断裂。记忆中的神秘的琴弦，从每一个战场、每一个爱国者的坟墓出发，一直连到这片辽阔的土地上的每一块石头和每一个跳动的心脏。当它再次被弹拨时，它仍会响起联邦主义的和声。这一天定会到来，因为它深深根植于我们美好的人格之中。

在离开伊利诺伊州之前，他走了七十英里的路途，来到查尔斯顿向他的继母道别。他一直都叫她“妈妈”，这次也不例外。“妈妈”拥抱了林肯，并且哭着说：“亚伯，其实我不想让你去竞争什么总统，也不想看到你当选。因为我心中一直感觉某些事情会降临于你，我再也见不到你了，直到我们在天堂见面为止。”

他在春田镇最后的日子里，经常会想起往事，想起纽沙勒，想起安妮·鲁勒吉，而且反复做一些与现实中的所有东西都相距甚远的怪梦。在他起程前往华盛顿的前几天，当一个纽沙勒的拓荒者前来向他道别并谈起往事时，他最后一次提起安妮：“我深深地爱着她。即便到了今天，我也总能一次又一次想起她。”

在他与春田镇永别的前夜，他最后一次来到自己那间阴暗的办公室，处理了几件小事情。荷恩敦对我们说：

在所有的事情都处理完后，他走到屋子对面，坐在沙发上。由于使用年头过久，沙发已经不知不觉地移了位置，现在它紧紧靠在墙上了。林肯眼望着天花板坐了一会。我们谁都没说话。然后他问道：“比利，我们在一起多长时间了？”

“六年多了。”我回答。

“这六年多来，我们之间从没有过不愉快吧？”

“没有，绝对没有。”我说。

然后他回忆起最初涉足律师界时的一些事情，绘声绘色地讲起巡回办案中碰到的许多趣事。……他拿了一捆他想要带走的书籍和文件，然后准备离开。在走之前，他提出一个奇怪的请求：挂在楼下堆满灰尘的门链上的事务所名号牌，请不要更换。“就让它按老样子在这儿吧，”他的声音郑重而低沉，“让我们的顾客明白，虽然其中一个当选总统了，但‘林肯与荷恩敦事务所’依旧没变。如果以后我还活着，那我一定会回来的，到时我们继续我们的律师事业，就像什么也未曾发生过一样。”

他停了一阵，似乎要再看这些老家伙最后一眼，然后走出屋子，走进狭窄的门廊。我把他送到楼下。在路上，他用一些

> 沮丧的字眼来形容那间未来的总统办公室，他说："我现在就开始讨厌起政府官员的生活了。一想到前面等待我的那些任务，我就浑身发抖。"

那时的林肯可能还有一万美元左右的存款。不过他当时手头现金紧缺，于是，去往华盛顿的旅费，他不得不向朋友去借。

林肯一家在春田镇的最后一周，是在"契耐瑞旅馆"度过的。在他们出发的前夜，所有的箱包都已送到旅馆楼下的大厅。林肯亲自将它们打捆。然后他向旅馆职员要了一些卡片，每张后面写上"A.林肯，寄往华盛顿的总统官邸"，最后将这些卡片贴在箱子上。

第二天早上七点半，一辆快要报废的老汽车停在了旅馆门口。林肯夫妇上了汽车，摇摇晃晃地驶往火车站。那里有专车接他们去华盛顿。

天正下着雨，非常昏暗，不过站台上挤满了林肯的一千多个老邻居。他们站成一队，挨个与他那瘦骨嶙峋的大手紧握。队伍缓缓地跟在林肯后面。最终，汽笛响了，该上车了。他走进了专门为他准备的包厢，可一分钟后他又来到了站台上。

他本不想发表什么演说。事先他跟报社记者说过，没必要让人们来车站送行，因为他没什么好讲的。然而当他最后一次看到这些老邻居的脸庞时，他觉得还是说些什么好。那天早上他在雨中所讲的话，自然无法与他在葛底斯堡的演说媲美，更比不上他的第二次就职演说中的那些崇高的大词。不过这个告别演讲犹如大卫王的赞美诗一般美丽，而且在林肯的所有演说中，也许是包含个人情感与伤悼情绪最为浓烈的一篇。

林肯一生中，公开发言时流下眼泪的情况仅有两次，这天早上是其中之一：

> 朋友们，在这分别的时刻，没有一个人能体会到我内心的

伤感——只要他没有处在我的状况下。对于这片土地，对于这些民众的善良之心，我亏欠了很多很多。我在这里生活了十五个年头，从一个年轻的小伙子，变成了一个老头。我的孩子们出生在这里，其中一个还葬于此处。此番离去，我不知何时还能回来。前方等待我的任务，比当年华盛顿所肩负的使命还要重大。上帝曾经帮助过我，今后没有他的帮助，我是无法成功的。只要有他的帮助，我就不会失败。既然主能与我同在，那么只要你相信主，他也定会与你同在，你的一切都会好转的。让我们充满信心地希望一切终会变好吧！我把你们托付给主了，我希望在你们的祷告中，你们也能将我托付给主。我将最诚挚的祝福，献给诸位。

第十七章

如果单看死亡人数，那么桑特尔要塞的轰炸无足轻重，因为双方皆无一人丧生。不过要按它对紧随其后的一系列事件的影响程度看，那么任何一场战役都没它重要。这是一场迄今为止美国历史上最血腥的战争的开始。

当林肯前往华盛顿参加就职演说时，联邦安全部门与私家侦探都发现了一个阴谋，那就是林肯在经过巴尔的摩时，有人要行刺他。林肯的朋友们出于警惕，劝林肯放弃原来公布的行程安排，趁着夜间隐藏身份溜进华盛顿。

这个安排听起来像是懦夫之举。林肯深知，如此一来将会招致公众强烈的嘲讽和蔑视。他坚决反对这样做。不过在经过几个小时的商讨后，林肯最终服从了他最信任的顾问的想法，决定以秘密身份走完剩下的旅程。

林肯夫人听说了计划改变之后，当即要求与林肯在一起。当人们对她特别强调说，她必须坐到后面的列车上时，她大发脾气。她抗议的声音是如此响亮，以致整个计划几乎快要被泄露出去了。

政府部门对外的宣传是，林肯将于2月22日在宾夕法尼亚州的哈里斯堡进行演讲，并在那里过夜，第二天早上出发前往巴尔的摩，然后是华盛顿。他按照计划，在哈里斯堡做了演讲，不过他没在那里过夜。在当天晚上六点钟，他从旅馆后门悄悄溜了出去。他穿了一件破旧不堪的外套，头戴一顶软羊毛帽，这身衣着是他从未穿过的。在这一层伪装之下，他被送往一个没有灯光的火车站，几分钟后一列火车就将他送往费城。而且哈里斯堡的电话线路被暂时切断，从而确保信息不会泄露给刺客。

在费城时，他们一行人员为了变换列车与车站，不得不等了一个小时。为了在这段时间确保林肯不被人认出来，他就和著名侦探阿兰·平克顿坐在一驾昏暗的出租马车上逛大街。林肯靠着平克顿的胳膊，并且身体弯曲，以便他那高高的个子能不被人认出来。到了十点五十五分，他从侧门溜进火车站。他的脑袋探向前方，围巾几乎要遮住他的脸。在这身伪装之下，他穿过候车室，来到了那列火车卧铺车厢的最后一节。平克顿的一个女助手已经用一块厚布帘把这节车厢与其他车厢隔开，并且说这节车厢是专为她“生病的兄弟”准备的。

林肯已经收到了很多封恐吓信，信上宣称绝不让他活着进入白宫。陆军总司令温菲尔·史考特将军生怕他们会趁就职典礼时行刺林肯，然后杀掉与会的其余数千人。

华盛顿的许多人不敢前来参加就职典礼。

于是史考特将军部署六十名士兵防守在国会大厦东边门廊处的讲台底下，这里正是林肯进行就职演说的地方。在林肯后方也有护卫的士兵，观众前面同样是一圈士兵进行遮挡。典礼结束后，这位新总统匆匆踏上一驾马车，穿过宾夕法尼亚大街返回。马车两旁是身穿绿色外衣的神枪手组成的护卫人墙，步兵的列与列之间是竖立的刺刀。

当他最终进入白宫时，全身一枪未中，许多人都感到惊讶。

还有一些人，则是非常失望。

1861年之前的几年，全国陷入了一场经济危机。民众损失非常之大。政府被迫向纽约派遣军队，以防饥饿的暴民拥进州的金库。

就在林肯参加就职典礼时，数以千计的饥民和绝望者仍在四处寻找工作。他们认为，初次掌权的共和党人，将会把政府里所有的民主党人全部解散，即便是每周挣得十美元的小职员。于是大批求职者前往白宫，疯狂寻找各种工作。林肯在白宫里刚刚坐了不到两个小时，就被这些求职者堵了个水泄不通。他们冲进大厅，挤满整个走廊，占据了东屋的全部空间，甚至侵入总统的私人会客室。

乞丐也过来了，缠着林肯要一顿饭。还有个人想让林肯给他一条短裤。一个寡妇也过来了。她正寻找一个男人。该男子向她保证过，只要和他结婚，他就给她一份足以养活全家人的工作。还有几百人来找林肯，目的就是得到他的亲笔签名从而办事方便。一个经营寄宿公寓的爱尔兰女人冲进白宫，想让林肯帮她收取一个政府职员没有付清的账单。情况越来越糟，不一会儿就有好几十个求职者要约见林肯，并以“否则自己就要死了”相威胁。

每个求职者都带着求职书，不过林肯当然连十分之一的求职书都看不完。有一天，来了两个为了同一政府岗位前来竞聘的求职者，每人手中都是一大捆求职简历。林肯只是把这两捆简历放在天平上，谁的重，谁就得到这份工作。

人们一次次地来见林肯，要求得到工作。如果林肯拒绝，就野蛮地骂他。其中许多人是流浪汉，没有住宅，没有品德。一个女人前来为她的丈夫争取一次约见林肯的机会，她说她丈夫喝醉了，不能亲自前来。

他们肮脏的自私性，他们狼一般的贪婪心，让林肯胆战心惊。在他去吃午饭的途中，他们会把他拦下；在他乘坐马车行驶在街上时，他们会突然冲上前来，展示他们的证件，然后索要一份工作。即便在林肯当了一年总统以后，整个国家已经打了十个月的仗了，这些乌烟瘴气的民众依旧对林肯猛追不舍。

“他们为什么永无休止？”林肯说。

正是这些疯狂求职者的攻击，曾经逼死了刚刚上任一年半的查恰瑞·泰勒总统。哈里森总统也曾因为这种烦扰，四周之内就郁郁而死。而且林肯要承受的不光是这些求职者，与此同时，还有战争。因此他的身体尽管非常强健，最终还是在重压之下垮掉了。在他患上天花期间，他说：

“让这些求职者马上全部过来吧，因为现在我总算有了能给他们每一个人的东西了。”

林肯进入白宫的第一天，就碰上了一个十分严重的问题。位于南卡罗来纳州查尔斯顿港的桑特尔要塞，几乎断了食品供给。总统必须做出决定，是继续进行供给，还是让它向南军投降。

他的陆军与海军顾问都说：“不要继续供给了。如果你这样做，那将意味着战争。”七名内阁成员中，有六名同意中断供给。不过林肯认为，他不能在不做深入考虑的情况下就贸然放弃该要塞。如果这样做了，那就是鼓励解散联邦。在他的就职演说中，他已经宣布了他“在天堂挂了号的”最神圣的誓言，就是“不惜一切来保护”联邦。他要信守他的誓言。

于是他下令“波瓦坦”号军舰带上培根、豆子和面包等供给，运往桑特尔要塞。不过供给不包括人员与枪支弹药。

当南方联盟的总统杰弗逊·戴维斯听到这一消息后，立即致电博勒加德将军，说如果他认为有必要拿下桑特尔要塞，就去拿下。负责镇守该要塞的安德森总督也向博勒加德致电说，现在这里的士兵粮食紧缺，只能靠咸猪肉活着。只要耐心等上四天，那我们就得被迫撤退，拱手相让。

然而，博勒加德没有等。为什么呢？

大概是他的几名顾问认为，“如果不弄出点鲜血喷到人们的脸上”，那么已经退出联邦的几个州恐怕还会再次回归。杀几个北方佬，可以鼓舞南方人民的士气，巩固南部联盟的基础。

于是博勒加德下达了一道悲惨的命令。3月12日凌晨四点半，一枚信号弹凄厉地划过天空，落入要塞附近的海里，嗞嗞作响。

接下来的轰炸持续了三十四个小时。

南部联盟将这次袭击成功在社会上广为宣传。勇敢的年轻人穿着崭新的军服，鸣响礼炮，欢迎前来营地交游散心的社交界时尚女郎们。

到了周日下午，联邦士兵投降了，他们交出了整个要塞，还有四大桶咸猪肉。在星条旗的飘舞下，在军乐队演奏的“北佬大笨蛋”的旋律中，他们仓皇逃往纽约。查尔斯顿城兴奋了整整一个星期。教堂中以无比华丽的排场唱起一首感恩赞美诗，人们上街游行庆祝，喝酒，唱歌，在酒馆里通宵达旦地狂欢。

如果单看死亡人数，那么桑特尔要塞的轰炸无足轻重，因为双方皆无一人丧生。不过要按它对紧随其后的一系列事件的影响程度看，那么任何一场战役都没它重要。这是一场迄今为止美国历史上最血腥的战争的开始。

第十八章

对于林肯而言，打击与失败已经不是什么新鲜事了。他这一辈子从没离开过这两件事。因此它们打不垮林肯。他对最终的胜利依旧坚信不疑，他的信心未曾动摇。

林肯发布了一道招募七万五千名士兵的征兵令，这道命令把全国上下卷入了爱国主义的狂热之中。民众大会在数千座礼堂里和广场上举行。乐队鸣响，旗帜飘扬，宣传人员进行着他的长篇大论，还有各种烟花和礼炮。男人们扔下手中的锄头和铅笔，拥向国旗之下。

短短十个星期之内，就有十九万新兵入伍。他们一边操练，一边高唱着：

约翰·布朗的尸体虽已在墓中腐烂
但他的精神依旧指引着我们前进

不过谁来领导这支军队夺取胜利呢？那时只有一人能够担当此项重任，他是一个军事天才，名叫罗伯特·E.李。虽然他是南方人，但林肯希望他能就任联邦军队总司令。如果李接受了指派，那整个内战史恐怕就要大大地改写了。有一段时间他确实严肃考虑过要不要这样做。他反复掂量，捧读《圣经》，跪下祈求上帝的指引，甚至在卧室里由于无法做出决定而整夜踱来踱去。

他在很多方面赞同林肯。他也像林肯一样憎恶奴隶制：他很久以前就把自家所有的奴隶释放了。他也像林肯一样热爱联邦，他相信联邦制乃是永恒的真理。但是，退出联邦之举不过是一场小型革命，对于整个国家来说“算不上什么重大灾难”。

不过问题的关键是：他是一个血统高贵的弗吉尼亚人，他视弗吉尼亚州的利益高过国家利益。从英殖民地一直到独立之后的这二百年来，他的先辈一直是掌握重权的人物。他的父亲就是著名的“马上飞”哈里·李，他曾帮着华盛顿追击过乔治王的红衫军，后来他当上了弗吉尼亚州的州长。他教导儿子罗伯特，要他热爱弗吉尼亚胜于国家。因此当弗吉尼亚州决定投靠南方一边之后，李平静地宣布："我不能领导一支属于我的亲戚、孩子与家庭的敌人的军队。我只能与我自己的人民共患难。"

如果李没做出这一决定，内战大概要少打两三年。

现在林肯又能找谁担此重任呢？温菲尔·史考特将军当时是联军总司令，不过他已经老了。1812年战争期间他在伦迪巷打过一场著名的胜仗。然而现在已经是1861年，四十九年已经过去了，将军已然身心俱疲，年轻时的进取心和勇气早就荡然无存了。而且，他还患有颈椎病。他写道："这三年来无论骑马还是步行，每走几步我的颈椎都会一阵剧痛。"况且他最近又患上了新病：水肿和头晕。

这就是林肯不得不任命领导联邦军队夺取胜利的人：一个本应住在医院，配有一个护士以及一个水床垫的老弱士兵。

林肯在4月份招募的七万五千名士兵，他们的服役期是三个月。到了7月份他们就要退役了。因此在6月中下旬，要求开战的呼声越来越高。《纽约论坛报》的主笔贺瑞斯·格里莱，天天在评论专栏的头条用粗体字写着："全国呼吁战斗"，"打向里士满！"

经济依然不景气，很多银行害怕担负外债，即便是政府出头借钱，也要付百分之一百二十的高利。民众乱成一片，他们说："瞧瞧，再这么拖下去是没用的。让我们给李的军队狠狠来一次重击吧，只消一次，就把他们彻底打败，永世不得翻身。"

这听起来很诱人，而且人人同意这么干。

不过军方绝对不同意，他们清楚自己的军队压根儿没做好准备。然而总统向民意屈服了，最后下达了进军的指令。

于是，7月中的一个晴朗炎热的日子里，麦克道尔带领联邦军队的三万名士兵，进军弗吉尼亚州的布尔溪。那时尚在人间的所有美国将军，没有一人曾指挥过如此庞大的一支军队。

这是一支多么糟糕的部队啊！毫无作战经验，训练也不成熟，甚至有几支团队是在出发前最后十天里组成的，根本没有纪律观念。曾经在其中当过旅长的谢曼说：“我尽了个人的最大努力，也不能约束他们。他们到处玩水、耽于摘野草莓以及途中遇到的各种好玩的事情。”

那个时候，佐阿夫兵[①]和阿尔及利亚士兵被认为是最强大的兵种，所以很多士兵的穿着举止都模仿他们。结果数千名士兵开拔布尔溪的那天，你会看到他们头戴红色穆斯林头巾，腿上穿着红色的低垂马裤。这更像是一群流浪艺人，而非上前线送死的士兵。有几个头戴丝帽的国会议员也随军观战。他们谈论着各自的老婆和宠物狗，还带着一篮篮三明治以及波尔多葡萄酒。

最终，在7月下旬的这个大热天的上午十点，内战中第一场真正的战役打响了。

状况如何？

有些毫无作战经验的士兵，看到炮弹穿过树丛，听见人们的尖叫声，看见他们倒在地上口吐鲜血的样子，突然想起他们九十天的兵役已经到期了，于是他们坚持要集体退役。就在此地！马上回家！麦克道尔的报告中说，他们“往敌人炮火声的相反方向去躲”。

其余士兵打得出奇地好，他们一直扛到下午四点半。突然，南军又来了二万三千名士兵援助，顿时硝烟滚滚。人们交头接耳：“约翰斯顿的大军来了。”

随之而来的是一片惊慌。二万五千名士兵拒绝遵守纪律。他们慌成一团，狼狈逃窜。麦克道尔和许多军官使出浑身解数阻止大家溃退，不过毫无用处。

很快，南部联盟的炮兵开始轰击公路。公路上已被逃兵、补给车、救护车以及那些头戴丝帽观赏风景的国会议员的马车挤了个水泄不通。女人惊声尖叫，昏厥过去。男人们大喊大骂，互相践踏。在一

---

① 佐阿夫兵：法国的一种轻步兵，原由阿尔及利亚人募集组成，以严格的训练和穿华丽服装著称。

座桥上还有一驾翻了的马车。到处都是乱跳乱踢的马匹。那些头戴红头巾、身穿红裤子的士兵万分惊恐，他们跳上战马迅速逃窜。马蹄痕迹消失在灰尘中，马具还挂在他们的脚后跟。

他们想象着南军的骑兵正在紧追不舍，于是边跑边喊："骑兵来了！骑兵来了！"吓得腿肚子直抽筋。

本应庄严的溃败，瞬间变成了一群乱民的惊慌失措。

这种阵势是美国从前的任何战役中都没有过的。

发了疯的人们把枪支、大衣、帽子、皮带、头巾统统丢弃掉，像是被一种莫名的神力追击一般逃窜。一些人跑得精疲力竭，倒在路上；其中还有不少人被路过的马和车给碾死了。

这是个星期天，林肯在教堂礼拜时，听到了二十英里之外的隆隆炮火声。他在严密护卫之下跑到指挥部，看到了从战场上四面八方发来的电报。这些电报叙述不周，很多都是只言片语。林肯迫切想要和史考特将军商量一下，于是他去往这位老将军的住所，却发现他正在睡觉。

史考特将军醒后，打了个哈欠，揉揉眼睛。他身体僵硬了，没有别人的帮助，他起不了床。"他家有一个滑轮装置，拴在天花板上。每次他拉住绳子，才能使他庞大的身躯从床上挺起来，两脚滑向地面。"

他说："战场上到底有多少人，他们现在在哪，他们的装备怎样，他们的能力如何，这一切我都不知道。没人前来向我汇报，我也从未注意这些。"

然而，他可是联邦军队的总司令啊！

老将军看了几封战场上的电报，跟林肯说没什么可担心的，然后又抱怨起他的病，后来就又睡着了。

午夜时分，乱成一团的残兵败将们步履蹒跚地走过长桥，越过波多马可河，进入华盛顿。

路旁很快架起了桌子，一车车的面包突然出现在他们面前。从事社会工作的妇女们给他们倒热汤、咖啡，分发食物。

极度疲倦的麦克道尔靠在一棵树下正写一份派遣令，不知不觉就睡着了，铅笔还在他的手里。他的士兵们同样疲倦不堪，什么事也顾不上了，在路旁睡得跟死人一样。淅淅沥沥的雨还在下着。有些人即便睡着了，步枪还不离手。

日落之后，林肯一直坐在办公室中，观看各大报纸对于此次事件的反应，聆听那些戴着丝帽的观战议员们对这次溃败的讲述。

公众舆论一片慌乱。贺瑞斯·格里莱表示，他希望战争无论如何也要马上停止。他认为南部联盟是不可战胜的。

伦敦的银行家们确信联邦将会分崩离析。星期天下午，他们在华盛顿的代理人冲进国库，要求美国政府对欠下的五万美元外债，立刻给出一份保证归还的文书。

对于林肯而言，打击与失败已经不是什么新鲜事了。他这一辈子从没离开过这两件事。因此它们打不垮林肯。他对最终的胜利依旧坚信不疑，他的信心未曾动摇。他走到这些气馁的士兵当中去，与他们一一握手，一遍又一遍地说："上帝保佑你们！上帝保佑你们。"他想方设法让他们振作起来。他坐下来和他们一起吃豆子，扫尽他们萎靡的精神，谈起美好的明天。

现在他看出来了，这将是一场持久战。因此他向国会提出一项征募四十万名士兵的议案。国会只招来了十万名，但将未来的五十万名士兵的服役期延长到三年。

另外，谁来领导他们？那个行动不便、没有滑轮连床都起不来的老史考特？绝对不行。他已打算易帅。

于是，一个极富魅力，却又令人极度失望的将军骑着战马登上舞台了。

林肯的麻烦没有结束，而是刚刚开始。

第十九章

全国上下心惊胆战。华尔街一片恐慌，江山社稷顿时陷入阴郁之中。

林肯身体消瘦，形容枯槁。他说自己已经是伤心至极。

在战争开始的头几个星期里，有一位年轻潇洒的将领名叫麦克莱伦，他击败了南部联盟几支的部队，带着二十门火炮和一架便携式印刷机进入弗吉尼亚州。他遭遇的战斗不过是些小型冲突，算不上什么大功，不过这可是北方军队的第一批胜仗，所以看起来很重要。麦克莱伦意识到了这一点，于是他用自己的印刷机印了一大堆夸大其词的胜利战报，把他的功绩散发到全国。

几年之后，他荒谬的丑行就被全国人民耻笑。不过那时战争刚刚开始，人们需要英雄人物来给自己鼓劲，因此大家相信了他的自我吹捧，把他树为了英雄模范。国会向他公开致敬，人们称他为“年轻的拿破仑”。布尔溪战役结束后，林肯在华盛顿召见了他，并任命他为波多马可军区司令。

麦克莱伦具备领袖的天赋。每当他骑着军马向他的士兵走来时，都会引发阵阵掌声。而且他是一个努力负责的人，他勤于训练布尔溪的军队，重新树立起他们的自信，树立其精神力量。在这类事情上，他比任何将军做得都要优秀。等到10月份时，他的军队已经算得上西方世界中规模最大、训练最有素的军旅之一了。在他的军队中，不仅教官教会了士兵作战，而且士兵们本身也是战心勃勃。

每个人都在高呼着出兵作战，除了麦克莱伦。林肯频繁地敦促他给敌人来一次打击，不过他就是不这么干。他大办阅兵仪式，对自己接下来的计划高谈阔论，不过都是一堆空话。他就这么延迟下去，并且给出各种理由。不管怎样，他就是一兵不出。

有一次他说自己迟迟不出兵的原因是军队正在休息。林肯问他，是什么原因让士兵们如此疲劳？还有一次是在安提塔姆战役之后发生的一件令人瞠目结舌的事。李将军其时已被击败了，麦克莱伦的人马比他的还要多。如果麦克莱伦出兵追击，也许敌人就被悉数击溃，战争也就结束了。林肯无数次地通过信件、电报还有特别信使敦促他追击李，然而最终麦克莱伦居然说他不能进军的原因是他的战马极度疲倦，舌头疼痛！

如果你曾去过纽沙勒，那你会在奥福特的商店外面看到一根长杆插在山脚下。当年的“克拉瑞丛林男孩”经常在这里斗鸡，而林肯在那个时候充当裁判。当时，“丛林男孩”中的巴伯·麦克奈博一直吹了好几个星期的牛，说他有一只小公鸡，它能把桑加蒙地区所有的物件都啄个粉碎。可当这只鸡最终被放进坑中时，它却往后缩，拒绝战斗了。巴伯急得把它一把抓起来，高高扔到空中。可这只公鸡却落在附近的一堆柴火上，然后开始竖起羽毛，雄赳赳地踱来踱去。

“好吧，你这个没用的东西。”麦克奈博说，“你倒是挺会打扮得漂漂亮亮地走来走去，可一到真正打仗了，你的毛是没有用的。”

林肯说麦克莱伦让他想起了麦克奈博的这只公鸡。

一次在佛罗里达的战役中，麦克莱伦的十万精兵竟被区区五千名南部联盟士兵给围住了。害怕打仗的麦克莱伦丢掉了临时修葺的防御工事，跑到林肯面前不停地唠叨，让林肯再多派些士兵过来。

林肯说道：“如果我大脑一时抽筋了，真的再拨给他十万精兵的话，那他准会陷入狂喜，并且说自己明天就会进军里士满。不过到了明天，他准会又给我拍份电报，说敌军已增至四十万了，所以如果自己的兵力不能进一步加强的话，那就无法进军。”

“如果麦克莱伦拥有了百万大军，”林肯的战争部长史丹顿说，“那他就会发誓说敌军已经是二百万了。然后他会坐在泥地中，哭着喊着索要三百万人马。”

“年轻的拿破仑”小小一跃，便暴得大名。在他的脑海中，那几场小胜仗简直就是重大战役。他的自负无边无际。他把林肯及其内阁成员说成是“恶犬”“坏蛋”“我见过的最傻的傻瓜”，等等。

他故意不给林肯面子。当总统前来看望他时，他让总统在客厅里等了半个小时。

有一次，当将军在晚上七点钟回到家后，仆人告诉他林肯已经在此等他好几个钟头了。他经过林肯所在的客厅门口，装作没看见他，然后上楼去了，并让仆人跟林肯说自己已经睡觉了。

报纸又给这类事件添油加醋，结果到处都是从华盛顿传来的此类绯闻和流言。林肯夫人气得直掉眼泪，她极力让林肯撤掉这个“可恶的大空炮”。

林肯却回答说：“我知道他这么做不对，可现在的情况下，我必须对自己的感情审慎一些啊。如果麦克莱伦能带给我们胜利，那你叫我给他拎包提帽都行。”

夏去秋来，秋去冬来。转眼间春天的脚步也不远了，可麦克莱伦除了整天训练、盛装检阅以及夸夸其谈之外，一点出兵的动静都没有。

国人无法忍受了。林肯因为麦克莱伦的不出兵，经受着各方的责问和批评。

林肯在一次下达出兵令时大声喊道：“你一个人的延迟，毁了我们俩！”

这下麦克莱伦不得不出兵了，否则他就要辞职了。于是他立刻前往哈珀河口，命令士兵进军。他的计划是从切萨皮克河和俄亥俄运河调来大批船只，用它们在波多马可河上搭起一座浮桥，然后从哈珀河口入侵弗吉尼亚州。不过到了最后一刻，这一计划不得不放弃，因为船只太宽，渡不过运河。

当他把这个丢脸到家的结果告诉林肯，说浮桥也没准备好时，这个忍耐力超强的总统终于发脾气了。林肯的嘴里连印第安纳州白鸽河谷老家的脏话都冒出来了：“什么？你他妈为什么还不准备好？”

全国上下也在用相同的脏话询问林肯。

最终，和当年的拿破仑一样，“年轻的拿破仑”在4月份也向全体士兵进行了一次庄严肃穆的演讲。随后在十二万士兵齐声高唱“远在家乡的女孩”的歌声中，军队开始前进了。

战争已经持续了一年之久。麦克莱伦吹嘘道，在自己的指挥下，只消这一下子就可以彻底结束战争，小伙子们不久就可以回家，还能赶上最末一茬的玉米和黍粟的播种。这简直令人不可思议，不过林肯和史丹顿对此非常乐观。他们致电各州州长，说用不着招募更多的志愿者了，征兵办事处也可关门了，办事处的财产就地卖给民众吧。

腓特烈大帝有一句军事名言：“要对你的敌人了解深入。”李和斯东威尔·杰克逊对于他们要对付的这个弱不禁风的“拿破仑”，可谓了解甚深。这个“拿破仑”非常胆小，谨慎，从不身处战场，因为他受不了血腥。

因此，李先让他们花上三个月的时间，平平静静地爬到里士满。麦克莱伦快到了，他手下的士兵们都听到城里教堂的钟声了。然后斗志昂扬的李将军给他的军队来了一连串猛烈攻击，七天之内就把他们又赶回到那些保护性的战船上了，并且歼灭他们一万五千人。

于是麦克莱伦先前所谓的“辉煌的伟业”，就这样结束于一场血腥的惨败中。

然而，麦克莱伦一如往昔，把失败的原因全部归咎到“华盛顿那帮叛徒”的头上。原因还是老一套：他们没有派遣足够的兵力。正是他们的“胆怯与愚蠢”，造成了今日的“血流遍野”。现在他对林肯及其内阁的仇恨，要比对南军更甚。他大骂林肯这帮人干了一件“历史上最不光彩的事情”。

麦克莱伦的兵力比他的敌人多出一大截，可说是用都用不完，不过他还是不断要求增兵、增兵。起初他要求增兵一万，然后是五万，最后达到了十万的要求。上哪里去找这么多人？他也知道这一点，而且林肯深知他心知肚明而故意索求。于是林肯对他说，他的要求“极其荒谬”。

麦克莱伦给史丹顿和林肯的电报，措辞凶猛，极尽侮辱之能事。它们听起来就像是一个疯子的语无伦次。他骂林肯和史丹顿正在竭力摧毁联邦军队。这些措辞口气非常重，以致报务员都拒绝发报了。

全国上下心惊胆战。华尔街一片恐慌，江山社稷顿时陷入阴郁之中。

林肯身体消瘦，形容枯槁。他说自己已经是伤心至极。

麦克莱伦的父亲P. B. 马西是政府的幕僚总长。他说投降是唯一的出路。林肯听闻此言，气得脸都红了。他把马西叫来说：

“将军，我知道您已经使用了‘投降’一词。请注意，这种词在我们军队的词典中是找不到的！”

第二十章

林肯被悲伤击倒了，他的绝望感无边无际。他几乎无法投入日常工作。他的桌上堆满了等待答复的信件和电报。他的肉体有一种恐惧感，他怕自己再也振作不起来了，也许悲哀要把他彻底征服了。

当年在纽沙勒时，林肯就明白一个道理：租一间店铺、进一堆货物容易，可一旦要让它进入赢利环节，这个才能就是他所不具备的了。他那个酒鬼合伙人更是没有。

历经了几年之久的痛心与血腥的日子，他明白了，集合起五十万愿意赴死的士兵或者十亿军饷都不难，然而要想找到一个能取得胜利的领导者，则比登天还要不易。

林肯说道："一支军队能否取胜，一切全部取决于一个强悍而有才华的首脑！"

于是他无数次地跪下，祈祷全能的上帝赐给他一个罗伯特·李、约瑟夫·强斯顿或是斯东威尔·杰克逊。

他说："杰克逊是一个勇敢而诚实的长老会派的战士。如果联邦军队能得此良将，那国家也就不致陷入此般灾难性的恐慌了。"

不过联邦军队上哪去找这么一个杰克逊呢？没人知道。埃德蒙·克拉伦斯·史泰德曼写过一首诗，其中每一行结尾都是这样一句吁求："亚伯拉罕·林肯，给我们一个人才吧。"

这不仅仅是一首诗的叠句，而且它还是一个流着血、发着狂的国家的哭吼。

总统读到此诗时，流下了眼泪。

两年以来，不仅是他，而且全国上下都在哭着寻找这样一位领导者。然而事实却是，他只能把军队托付给一个领着大家惨遭杀戮的将军，然后遗留下几万名寡妇和孤儿号哭遍野。在这个丢人将军被解职后，再上来一个同样无能的将军，于是上万兵马又遭杀戮。林肯经常在夜间接到这样的惨报。他身穿睡衣，脚蹬拖鞋，一遍又一遍地哭着说：

“上帝啊！整个国家会怎么说我呢？上帝啊！整个国家会怎么说我呢？”

然后是下一个将军。然后是下一场杀戮。

事到如今，军方有些人评论说，即便麦克莱伦有着惊人的无能与失策，他恐怕也还算是波多马可军区近期历任领袖中最优秀的司令官了。所以你可以想象一下，其他的司令官的素质究竟差到什么程度。

麦克莱伦失败后，林肯开始起用约翰·波普。波普在密苏里战役中功绩卓著，他占领了密西西比河上的一个岛，并且生擒敌军一千名士兵。

他有两点和麦克莱伦很像：一是外表潇洒，二是喜欢吹牛。他对外宣称自己的家就在“马背上”。他吹过的牛太多了，人们很快就称他为“忽悠大王波普”。

“我刚刚从西线过来，那里的敌军总是让我打得抱头鼠窜。”他以这句生硬的、直愣愣的话开始了面对全军的第一次讲演。然后他开始谴责东线军队的不战行为，含沙射影地说他们是可恨的胆小鬼，最后吹嘘说，自己将要制造一次军事奇迹。

这些忽悠的话，使这个新来的司令官看起来就像一条三伏天的响尾蛇。无论军官还是士兵都很讨厌他。麦克莱伦更是对他无比仇恨。波普是来取代他的。已经给纽约的朋友写信、想在那里寻求新职位的麦克莱伦，对他无比嫉妒，咬牙切齿。

波普率军进入了弗吉尼亚州，一场恶战即将来临。波普的兵力急需增援。因此，林肯给麦克莱伦拍了许多电报，敦促他在最短的时间里，尽可能给予波普一切援助。麦克莱伦遵守命令了吗？没有。他不断地争辩、延迟、抗议。他一封封地发出解释原因的电报，把派出的军队又召回来，并且“动起他所有的邪恶脑筋，不让波普的兵力增强”。他轻蔑地说：“让波普先生自己走出他的困境吧。”

即便他都听见南部联盟军队的吼叫声了，他仍然保持自己的三万大军原地不动，死活不去救援他那讨厌的竞争对手。

于是，李将军在布尔溪的老战场上，击败了波普的部队。杀戮很惨烈。联邦军队的士兵们再一次陷入恐慌，四散奔逃。

布尔溪第一次的溃逃事件，现在又上演了。又是一群溅满鲜血、屁滚尿流的残兵，仓皇逃回华盛顿。

李乘胜追击。现在就连林肯都觉得首都怕要不保了。华盛顿的内河上已经列起了军舰，所有职员无论普通公民还是政府人员，都被号召打起武器保卫城市。战争统帅部部长史丹顿惊慌失措。他致电六州州长，急令他们速调所有的士兵以及经过专门训练的志愿军。

酒店都关了门，教堂的钟声敲响了。人们双膝跪下，哀求万能的主拯救这个城市。老人、妇女和孩子们都慌了神，开始四处奔逃。街道上全都是逃难者的马蹄狂奔的声音，还有急匆匆赶往马里兰州的马车的嘎吱声。

史丹顿正准备把首都迁往纽约。他命令兵工厂尽快进行清整，并把所有的兵工产品装船运往北方。财政部部长柴斯下达命令，迅速将全国的金银储存运往华尔街的国库分库。

疲倦沮丧的林肯，声音中夹杂着呻吟与叹息：

“盆底掉了……盆底掉了……我该怎么办？……我该怎么办？”

民众认为麦克莱伦为了达到复仇的目的，有意想看到“波普先生”的惨败，还有他手下人马的粉碎。就连林肯也把他唤进白宫进行训话。林肯告诉他，民众都在谴责他是个叛国者，说他故意想看到华盛顿沦陷，南军胜利。

史丹顿怒火爆发，他的脸上写满了愤怒与仇恨。据当时在场的人说，如果麦克莱伦那时走进战争统帅部的话，史丹顿肯定会冲向他，把他打倒在地。柴斯怒火更大。他倒不想揍麦克莱伦，他说这个人应该枪毙。柴斯的话虽然过激，可他这话并非比喻，他没有夸大自己的意思。他很理性地说，麦克莱伦双眼应被蒙上黑布，靠在墙上，让一列枪弹射穿他的心脏。

不过林肯出于对人性与基督精神的深刻理解，没有责备任何人。确实，波普失败了，可他难道没有尽力吗？林肯这辈子遭遇的失败太多了，所以他不想因为失败责备任何人。

于是他把波普调往西北去镇压印第安人的造反。他把军权又交给了麦克莱伦。为什么呢？林肯说道："还没有哪个人能像麦克莱伦一般，把军容军姿训练得如此完美。……就算他打仗不行，那就权当是为下一位善于领兵作战的司令做好准备工作吧。"总统深知此举会遭到责备。的确，他所遭受的不仅是责备，简直就是痛骂，就连内阁成员也受不了了。史丹顿和柴斯都说，与其让这个叛国的、无能的麦克莱伦再次当总司令，还不如让李占领华盛顿呢。

林肯被他的强硬的反对者们严重伤害了。他只好说，如果内阁不同意，那他准备改换人选。

几个月后安提塔姆战役爆发，麦克莱伦在战斗中再次拒绝执行林肯的命令，对李不予追击。于是他被再次剥夺军权。此后他的军事生涯就永远终结了。

波多马可的军队必须要有一个领导者啊。可他是谁？在哪里？没人知道。

绝望的林肯把总司令之位交给了伯恩赛德。他不能胜任，这一点连他自己也清楚。他曾两次拒绝就任该职。当他被迫去当这个总司令时，他都哭出来了。后来他率领军队在弗雷德里克斯堡攻击李的堡垒。这次进攻非常草率，结果联邦军队损失一万三千人。这些人就这么白白死掉了，因为这次进攻本身就毫无胜利的希望。

大批的军官和士兵，开始逃往南部联盟那边了。

于是伯恩赛德被解职。按照次序，下一个上场的是"战神乔·胡克"——又是个吹牛大王。

"希望上帝能怜悯李，"他吹嘘说，"因为我到时候可对他毫不怜悯。"

他领导着一支自称是"地球上最精良的部队"来出击李。他手下的士兵数目是南部联盟的两倍。然而李巧妙地诱使他渡过钱瑟勒斯维尔镇的河流，然后摧毁了联邦军队一万七千名士兵。

这场战役是内战中最为惨烈的战斗之一。

它发生在1863年5月。总统的秘书记载说，自己在那个可怕的时期里，每到夜间睡不着觉时，都能听见林肯屋中踱来踱去的脚步声。林肯边踱边哭，嘴里嘟囔道："输了！输了！全都输了！"然而，他后来还是去了钱瑟勒斯维尔，给"战神乔"以及联邦士兵加油。

由于这些毫无意义的惨遭屠戮，林肯遭到了四面八方凶恶的批评。阴郁与沮丧之气笼罩着整个国家。

过了不久，在这些军事上的坏消息之外，林肯的家庭内部又发生了一场悲剧。林肯对他的两个小儿子泰德和威利，溺爱有加。在夏天的晚上，他经常溜出来和这两个孩子玩弹子球。他在一个个球坑之间跑动，大衣的燕尾就在身后飘动着。有时他和孩子们一路弹下去，能从白宫一直弹到战争统帅部。在晚上，他喜欢躺在地板上，和这两个孩子滚来滚去。如果白天阳光清新明媚，他有时就和两个孩子走出白宫，与他们以及他们的两只山羊一同玩耍。

泰德和威利还会编排音乐剧，他们使得白宫总是热闹喧天。他们还爱对仆人们进行军事训练，还会在求职者之中跑来跑去。如果他们对哪个求职者发生了兴趣，那他们就会让他马上去见"老亚伯"。如果他无法从正门进去，孩子们就领他走后门。

他们对秩序与前辈毫无尊敬可言。有一次，内阁会议正在举行，他们冲进去打断了大家的讨论，目的是告诉林肯地下室里的猫刚生了一窝小猫。

还有一次，当柴斯正在讨论国家面临的严重的财政问题时，泰德爬到他爸爸的肩膀上，并骑在他的脖子上。这让古板的柴斯心生厌恶，发了脾气。

有人送给威利一匹小马。于是不管是冬天的什么天气，他都要出去骑着玩。结果他着了凉。后来他的病情恶化，感冒加重。很快，他的体温变得极高。林肯一夜夜地坐在他的床边。当这个小孩去世时，他的爸爸哽咽着说：

“我可怜的孩子！我可怜的孩子！也许他太善良了，不适宜活在这个世上，所以上帝就把他召回去了。看着他离去，我简直太难过了！”

凯克里夫人当时也在屋中。她说：

> 林肯把头埋在手中，他那高高的身躯由于难受而变得微微颤抖……小孩苍白的脸庞令林肯夫人抽搐不已。她浑身上下都是伤悲，所以连葬礼都没去成。

威利去世后，林肯夫人连孩子的照片都不忍再看。凯克里夫人告诉我们：

> 她不忍再看那些孩子曾经喜欢的东西，连一束花她都受不了。人们送给她昂贵的花束，可她浑身打战，看都不看，或者把它们放到屋里她看不见的角落，或者顺窗户扔出去。她把威利的所有玩具都送了人……在威利死后，她再也不会穿过客厅的门槛，因为那里是威利去世之处；还有一间屋子她也永不踏入，因为那是孩子的尸体涂抹防腐剂的地方。

林肯夫人在极度悲痛的状态之下，请来一个所谓的通灵师。他是一个彻头彻尾的骗子，后来他的骗术败露了，当局以监禁的惩罚威胁他出境。他在当时被召进白宫。在一间漆黑的屋子里，他对林肯夫人说，黑板上的嚓嚓声，墙上的敲击声，还有桌子与地面摩擦的声音，都是这个已经离去的男孩所发出的爱的讯息。

当她听到这些声音时，不禁潸然泪下。

林肯被悲伤击倒了，他的绝望感无边无际。他几乎无法投入日常工作。他的桌上堆满了等待答复的信件和电报。他的肉体有一种恐惧感，他怕自己再也振作不起来了，也许悲哀要把他彻底征服了。

现在，总统有时会坐下来，一连大声朗读好几个小时的书。听众只有他的秘书和副官。他经常阅读莎士比亚。有一天他为副官朗读《约翰王》，当他读到康斯坦茨为他离去的孩子哀泣时，林肯合上书，凭着记忆背出以下诗句：

主教大人，我听你曾说过
我们会在天堂看见旧日的朋友
如果这话是真的，那我还会看见我的儿子

“你梦见过已经去世的朋友吗？”总统问副官，“梦中你还会和他进行亲切的交流，然而与此同时，你还能意识到这并非现实，你有过这样的经历吗？我倒是有过，威利在我的梦中就是这样。”然后林肯就把头埋在桌上，放声大哭起来。

第二十一章

“我不能全凭自己独断专行，”林肯劝慰她说，“不过西华当然也不能。我所选定的唯一统治者，是我的良心，是上帝，还有那些终将明白这两样东西的人。”

回过头来，林肯发现，存在于军队里的争吵和嫉妒，同样存在于内阁中。

国务卿西华视自己为“首相”。他故意怠慢内阁其他成员，干涉他们的工作，与他们积下了很深的宿怨。

财政部部长柴斯讨厌西华，憎恶麦克莱伦将军，记恨战争统帅部部长史丹顿，也不喜欢邮政部部长布莱尔。

布莱尔同样如此。林肯说他们的关系就像“在蜂巢中踢来踢去”。布莱尔自称，每次出席战略探讨会，就像“出席葬礼一般”。他把西华贬为一个“毫无原则性的骗子”，拒绝与他共事。至于史丹顿和柴斯，他连屈尊和这些流氓恶棍说说话都不肯——即便是在内阁会议上。

于是，布莱尔与其他成员不和到这种程度，最终带来了他在政治上的葬礼。他所积下的宿怨是这样猛烈，甚至尽人皆知，最后林肯不得不让他辞职。

内阁之中的不和随处可见。

副总统汉尼拔·哈姆林从来不和海军部部长吉登·威尔斯说话。头戴一个精致的假发套、蓄着浓密的白色腮须的威尔斯有一本日记，其中大概每一页都在“表达自己”对几乎所有同僚的“嘲笑与蔑视”。

威尔斯尤其讨厌格兰特、西华与史丹顿。

至于暴戾而孤傲的史丹顿，在内阁的所有成员之中，他大概是内心宿怨最深的一个。他讨厌柴斯、威尔斯、布莱尔、林肯夫人等。似乎地球上的所有人都在他的讨厌范围内。

“他从不顾及别人的感情，”格兰特写道，“对他而言，拒绝别人的请求要比同意让他更加快乐。”

谢尔曼对此公的嫉恨非常之浓烈，他曾当着一大堆公众的面羞辱史丹顿，甚至在他十年后撰写回忆录时，还对此事津津乐道。

“当我走近史丹顿先生时，”谢尔曼说，“他伸出一只手，但我公开表示拒绝握手。所有人都看到了这一幕。”

史丹顿所引起的他人的厌烦，无人能出其右。

内阁中几乎每个人都认为自己比林肯强。毕竟，他们所侍奉的这个粗鲁的、笨拙的、会讲故事的西部佬，又算哪根葱呢？他不过是一次特殊政治事件的得胜者，一匹偶然杀出的“黑马”罢了。

首席检察官贝茨在1860年时，曾满怀希望能被提名总统。他在日记中写道，共和党人提名林肯是一次“重大的失误”。他说林肯“缺乏从政意愿与目标，而且也不具备领导力”。柴斯亦然，他也曾希望不是林肯而是自己被提名总统。直到他的晚年，他仍旧以“一种心怀慈善的轻蔑”的眼光看待林肯。

西华同样感到气愤和不满。有一次他一边走向门口，一边对朋友大声说：“失望？对于我这个真正配得上共和党总统提名的人，对于我这个只能站在一旁、眼看着总统落入一个小小的伊利诺伊律师手中的人，你竟用‘失望’来形容我的心情！”

“你竟只用‘失望’来形容我的心情！”

西华深知，如果不是因为贺瑞斯·格里莱的缘故，他自己早就当上总统了。他对政务熟稔于胸，他可是有着二十年处理国政大事的经验的。

可他林肯到底有过什么经验？他倒是有过在纽沙勒处理“店铺大事”的经验的，可惜最后还是“一败涂地”。

也许西华又突然想起来了，林肯还有过处理邮政事务的经验呢！那时他把要处理的东西放在他的帽子里。

这些就是这位“草原政治家”的全部从政经验。

然而由于历史的误会与混乱，他倒坐在了白宫中。整个国家处于直向灾难前进的湍流之中，而他却把事情高高悬起，毫无作为。

西华认为，自己被任命国务卿的目的，就是管理整个国家。而林肯不过是个傀儡罢了。并且很多人都认可这一点。人们把西华称作“首相”。他喜欢这个称呼，他认为拯救联邦的重任，就落在他的肩上了——而且“仅仅是”他的肩上。

当他接受这一使命时，他说：“我会尽一切努力，保卫祖国，捍卫自由。”

林肯入主白宫不过五个星期，西华就给他一份措辞专横的备忘录。令人惊讶的是，这份备忘录名不副实——严格说来，它其实是一封羞辱信。美国历史上还从未有过哪个内阁成员敢给总统这么一份放肆无理、傲慢专横的文件。

“到本月底为止，我们已经接手政务有一月之久了，”西华的文件开头说道，“然而无论国内还是国外的政策，我们一项也没制定出来。”然后他以一种觉得自己更有才能的口气，对这个来自纽沙勒的前商店店主进行了批评，随后教导他政府应该如何运转。

在备忘录的结尾，他厚着脸皮建议道，今后林肯应该有些自知之明，尽量往后坐，让温和的西华来操控政务，从而避免国家滑向地狱。

西华在备忘录中还有一个非常狂妄和古怪的提议，这一点把林肯吓了一跳。西华不喜欢近期法国和西班牙在墨西哥的所作所为，因此他要让这两个国家对自己的行为做出合理解释。令他不满的还有英国和俄国。而且，如果“自己没有看到较为合理的解释”的话——你猜他下一步打算怎么去做？

没错，就是宣战。而且，这个政客认为一次战争还不够，他准备一口气打上一系列小规模的仗。

他还真的写了一封准备送往英国的傲慢无礼的国书，书中极尽警告、威胁、侮辱之能事。要不是林肯把最糟糕的一些话删掉，并且把其余言辞的语气缓和下来的话，可能战争真就打起来了。

西华吸了一口鼻烟，然后说他倒希望欧洲势力能干涉进来，比如支持北卡罗来纳州。如此一来，北方政府可就掌握了主动权，南方各州就会与北方联合起来抗击外国势力。

美国险些与英国开战。一艘联邦兵船在公海上截获了一艘英国邮政轮船，带走了船上的两名去往英国和法国的南部联盟通信兵，将他们关押在波士顿的监狱中。英国开始进入备战状态了。数千名士兵横穿大西洋，被运往加拿大，在那里做好进攻北方联邦的准备。

最后林肯还是释放了那两名通信兵，并向英国道歉——尽管他也承认这是“自己吃过的最苦的药片”。

西华的一些狂妄的想法令林肯非常吃惊。从一开始林肯就非常清楚，对于处理面前这一大堆五花八门又事关重大的政务，自己的确一点经验都没有。他需要帮助、智慧与引导。他之所以任命西华，目的正是想从他那里获得这些。然而你看看，都险些发生了什么事情！

华盛顿的各界都在谈论西华负责政务一事，这触怒了林肯夫人的傲气。她发火了，眼中燃烧起凶光。她催促她那朴实的丈夫，一定要独自负责一切政务。

“我不能全凭自己独断专行，”林肯劝慰她说，“不过西华当然也不能。我所选定的唯一统治者，是我的良心，是上帝，还有那些终将明白这两样东西的人。”

“终将明白这两样东西”的那一天早已来到了。未来的历史终于表明，普天大众都明白了这两件事情。

萨勒蒙·P.柴斯可谓内阁中的“切斯特菲尔德伯爵[①]”。他有着令人惊异的潇洒外表，身高六英尺二英寸，天生就具有领导才能。他很

---

① 切斯特菲尔德伯爵：英国政治家和作家，最有名的著作为《致儿书信》（1774），书中描绘了18世纪的理想绅士。

有教养，精通三门语言，还是一个古典学者。他的女儿是华盛顿社交界最有魅力、最受欢迎的一位女士。然而白宫中端坐的这位绅士，居然连点菜都不会，这令柴斯很惊讶。

柴斯非常虔诚。他每周周日会去三次教堂，在浴缸中还不忘引用赞美诗，并且把“我们相信上帝”这句箴言刻在了国家流通的硬币上。他在每晚睡觉前都要读一段《圣经》和手抄的布道词。对于一个带着一本阿尔特姆斯·沃德[①]或戴维·罗斯·洛克[②]的著作上床睡觉的总统，他实在是难以理解。

林肯在几乎任何时刻和任何环境下，都有着卓越的幽默才能，这一点令柴斯很恼火。

有一天，林肯的一个密友从伊利诺伊州前来白宫看他。白宫看门人仔细打量他一番，然后说内阁正在开会，总统暂不能接见。

“少废话，”这个来访者有些不快，“你就去跟亚伯·林肯说，奥兰多·凯洛格来了，想跟他讲讲关于口吃法官的故事，他就会来见我了。”

林肯立即传他进来，并跟他热烈握手。回到内阁会议中之后，总统说道：

“先生们，这是我的老朋友奥兰多·凯洛格，他想给我们讲一个口吃法官的故事。这个故事很有意思，因此让我们先把手头的公务放一放吧。”

于是，神色低沉的政客和官员们开始聆听。奥兰多讲起自己的奇闻逸事，林肯狂笑不已。

柴斯厌恶至极。他可正为国家的前途担心着呢。他埋怨林肯“净讲些与战争无关的笑话”，从而加速国家走向“彻底灭亡的深渊”。

---

① 阿尔特姆斯·沃德(1727—1800)：美国独立战争时期的将军，在波士顿包围战中指挥马萨诸塞州部队，直到乔治·华盛顿接替他的领导职位并将英军驱逐出城(1776)。

② 戴维·罗斯·洛克(1833—1888)：美国讽刺作家，编辑有《托勒多之剑》(1865—1871)。

柴斯就像那些高中女子联谊会的成员一样心胸狭窄。他本渴望当上国务卿，可为什么不是自己？为什么自己就这样被轻视？为何所有的荣誉都跑到那个傲慢的西华那边了？自己为何就配做个财政部部长？他胸中有气，怀恨在心。

他现在不得不屈尊坐着第三把交椅。不过这股气迟早是要出的。机会终于来了，1864年就要到了，大选又要开始了，这次他可是憋足了劲要占了林肯这把椅子。他把自己的全部身心都投入其中了，林肯称之为“柴斯对总统宝座的疯狂猎捕”。

当着林肯的面，柴斯假装是他的朋友；可一旦出了他的视听范围，柴斯就是一个最刻毒的林肯反对者。他虽默不作声，却至死不渝。林肯总是被迫做出一些冒犯权贵的决策。每当林肯这样做时，柴斯就马上跑到那些利益受损者面前，表示同情，并表达对他的看法的赞同，然后把心中的记恨一股脑儿指向林肯。最后他会劝道，如果是萨勒蒙·P.柴斯当权的话，那他一定会公平处理的。

“柴斯就像一只绿头苍蝇，”林肯说，“看到哪里有腐物，他就在哪里产卵。”

对于他的行径，林肯已经知道好几个月了。不过他从不把自己的利益放在心上，而是宽宏大量。他说：

“柴斯很能干，不过对于总统的职位来说，我认为他有点神经兮兮，故而不太合适。近期他的表现不是太好，人们对我说：‘现在应该把他踢出内阁。’但我不想把任何人踢出去。如果有一项他适合的工作，他干得也不错，那我要说，就让他好好干下去。因此我已决定，只要他在财政部部长的位子上干得不错，那么至于他是如何狂热地攻击白宫，我权当没看见。”

然而情况越来越糟。一旦事情不合柴斯的心意，他马上就拿出辞职信。他一共拿出过五次辞职信，林肯每次都要亲自前往嘉奖，并且劝他继续工作。不过到了最后，即便忍耐力极强的林肯也受够了。双方间的关系变得极差，两人都不愿彼此见面了。于是在柴斯最后一次提出辞职时，林肯同意了柴斯的请求。

没想到假戏真做了，柴斯出乎预料。

财政委员会全体成员前来白宫提出抗议，他们说柴斯的离职将是一场不幸和灾难。林肯静静地听完，然后他讲到自己与柴斯之间的令人不快的经历，还说柴斯总是跟他拧着来，总想自己独断行事。

林肯说："他不光存心跟我过不去，而且还想让我拍拍他的肩膀，哄着他让他留下。我觉得自己不应该这么做。他的内阁官员的生涯已经就此结束了。我也不想再和他共事了。如果有必要的话，我连这个总统职位都想辞掉。我宁可回伊利诺伊当个农民，靠锄头和斧子吃饭，也不愿再在这个地方忍上一天。"

不过，林肯对这个曾经羞辱伤害过他的人，评价又是如何呢？"在我认识的所有伟大人物中，即便是和其中最优秀者相比，柴斯都能顶上他的一个半。"

尽管林肯心中对柴斯产生了很多恶感，但他还是做出了他的事业生涯中极为漂亮、极为宽宏大量的一个举动。他赐予柴斯一个美国总统所能给予的最高荣誉：他让柴斯担任了联邦最高法院的首席大法官。

不过，与那个狂暴的史丹顿相比，柴斯只能算是一只温顺的小猫咪。史丹顿又矮又胖，长得像一头公牛，性格也像公牛一般凶暴。

史丹顿一辈子做事都很鲁莽，没有定性。他的父亲是个医生。小时候，他父亲把一具人的骨骼悬在谷仓中给孩子玩，他希望这孩子长大也能当上医生。不过这孩子喜欢演讲，他经常给他的玩伴讲述骨骼、摩西、地狱以及大洪水等掌故，说着说着，话题就会跑到哥伦布、俄亥俄头上去了。后来他在一家书店当了个店员。他寄宿在一户私人家庭。一天早上在他刚刚离开这户人家后，这家人的女儿就染上了霍乱，当天就死了。等史丹顿回来吃晚饭时，她都已经下葬了。

史丹顿不敢相信这一切。

他害怕自己也会被活埋。于是他匆匆赶到坟前，找来一把铁锹，使劲挖了几个小时以便看看她是不是真死了。

几年以后，他的亲生女儿露西也去世了。出于对死亡的一种绝望感，他在女儿下葬的十三个月后，把她的尸体挖了出来，并将尸体在自己的卧室里放了一年多。

当史丹顿夫人死后，他将她的睡衣睡帽放在自己的床上，每晚都要一边抚摸一边哭泣。

他是个很奇怪的人，有人说他是个半疯子。

林肯和史丹顿的第一次见面是在一个专利权纠纷的案子里。他们俩再加上一个费城的律师乔治·哈丁，集体担任被告的辩护律师。林肯事先认真研究了这个案子，辛苦准备了不少资料。他本想进行发言，可史丹顿和哈丁怕林肯丢人。他们蔑视林肯，冷落他，羞辱他，开庭后不让他说一个字。

林肯给了他们一份自己的发言稿，不过他们看都不看就认定这是一份“垃圾”。

出入法庭时，他们都不肯与林肯并肩走路。他们不会邀请林肯去自己的房间。他们甚至都不想和林肯同桌就餐。林肯在他们那里，就像一个被社会遗弃的人。

史丹顿说过：

“我不会与林肯这个该死的笨拙长臂猿共事的。如果我真找不到一位仪表端庄的绅士共事的话，那我就干脆不干得了。”

林肯听见了史丹顿的这番话。他说：“我还从来没遭到过像史丹顿这样的野蛮对待。”于是他只好走人回家。他苦恼万分，又一次陷入了极度忧郁中。

林肯当上总统后，史丹顿对他的轻蔑和厌烦，越来越多，也越来越深了。他把林肯称作“一个令人头疼的低能儿”，他宣称自己根本不能好好管理政府，还说应该找一个军官独裁者来取代自己的位置。他多次说，那些大老远跑去非洲寻找大猩猩的人简直是多此一举，因为现在白宫里就坐着一只搔首弄姿的纯种大猩猩。

在他给布坎南的信中，他对总统的责骂极其难听，所以不便在此复述。

林肯上台十个月后，全国上下风传一件大丑闻。政府被抢劫了！数百万美元不见了！那些战争债券都是幌子！一群分肥者！等等。

不光如此，林肯与他的战争统帅部部长西蒙·卡梅隆在能否武装黑奴的问题上，分歧很大。

林肯想让卡梅隆辞职。他必须用一个新人来负责战争统帅部。林肯知道，国家的未来基本就全靠他了。他也非常清楚自己想要的是什么样的人。于是林肯对一个朋友说：

“我已经决定了，暂且放下我的所有自尊，任命史丹顿当战争统帅部部长。”

日后的实践证明，这是林肯最为明智的任命之一。

史丹顿精力充沛，站在办公室的桌旁，周围是一群浑身发战的下属，情形很像东方的君主身边围着一群奴隶。他夜以继日地工作，不回家，吃住都在办公室里，整天被军队里滋生的这些夸夸其谈的无能军官气得大为光火。

到处都是被他解职的军官。

他每天的生活都在咒骂和起誓中度过。他侮辱那些爱管闲事的国会议员，向投机倒把者施以严酷无情的打击。他无视宪法，侵犯权利，即便将军也有被他逮起来的，然后未经审判就被关在监狱数月之久。他对麦克莱伦的训斥就像是在训练士兵，严令他必须出击。他发誓说“严禁香槟和牡蛎再度出现在波多马可战区”，将所有的铁路掌控在自己手里，控制所有的电报线路，并且让林肯也要在战争统帅部收发电报。他还掌握着所有部队的总军权，即便是格兰特将军也不可以未经他的批准就直接从副将的办公室向下传达命令。

史丹顿数年来一直被偏头痛、哮喘以及消化不良所折磨。

然而，他工作起来就像是被一股强大的信念之能量所驱动的发电机。这个信念就是：把战争一直猛打下去，直到南方各州回归联邦为止。

为了达到这一目标，林肯可以忍受一切。

有一天，一个国会议员从总统处得到一纸命令，内容是转移几个团的兵力。他赶忙拿着命令书跑到战争统帅部，将它放在史丹顿的桌上。史丹顿尖刻地说，完全不行。

这个政客反驳道："你别忘了，这是总统的命令。"

"如果这真是总统下达的，"史丹顿回敬说，"那他就是个不折不扣的傻瓜。"

议员赶忙回去见总统。他指望看到林肯愤怒地站起身，然后开除掉这个战争统帅部部长。

然而，林肯听完事情的经过后，眨了眨眼说："如果史丹顿说我是个百分百的傻瓜，那我必须是。因为他几乎总是对的。我现在就去看看他。"

林肯真的去了。史丹顿说服他明白了自己命令的失误之处。于是林肯撤回该命令。

林肯深知，史丹顿最讨厌别人干涉，所以他经常让史丹顿自行决定。

林肯说道："我不能再给史丹顿先生添麻烦了。他现在的境遇可是世界上最为艰难的。军队中有上千人骂他，那是因为他们受制于人下；外界有上千人骂他，那是因为他们没担此重任。他肩头的压力无比沉重，无边无涯。如果我们的国家是一片海洋，那他就是海边沙滩上那块阻挡着猛烈咆哮的海浪的岩石。海浪咆哮个不停，是他挡住了那些愤怒的海水，让它们不至于侵蚀甚至淹没陆地。我真无法想象他是怎么挡住这一切，而且自身还没被击成碎片的。如果没有他，那我可就全毁了。"

不过，总统有时也会坚持自己的立场。每到此时，他就要要一点手腕了。如果“老战神”拒绝执行，那么林肯就会非常平静地说：“部长先生，我再说一次，这是我的决定，你不得不做。”

结果林肯赢了。

还有一次，林肯在命令书上这样写道：“用不着说‘如果’或‘但是’，任命艾略特·W.莱丝为美国联邦军的陆军准将——亚伯拉罕·林肯。”另外还有一次，他在写给史丹顿的命令书上说，即刻任命某某而“不要管他是否知道恺撒头发的颜色”。

到了最后，西华、史丹顿以及绝大多数刚一开始辱骂和蔑视林肯的人，终于对他尊敬起来。

当林肯的尸体停放在福特剧院对面的旅馆中时，曾经把他称为“一个令人头疼的低能儿”的顽固的史丹顿，现在却说：“这里躺着世界历史上最完美的统治者。”

约翰·海依是林肯的一个秘书。他曾形象地描述过林肯在白宫的工作方式：

他的工作毫无章法可言。我和另一位秘书花了四年时间，才能多少让他适应一些程序性的工作规则。每项规则刚一制定，马上就会被他打破。他不赞成任何令别人远离他周围的行事规章，尽管这些反对的结果就是他的生活几乎被各种无礼的抱怨与请求毁掉了。

他很少写信，他所收到的信中，每五十封他能读上一封已经不错了。起初我们把这些信件放在能引起他注意的地方，不过最后他把回信工作交给我来做。他看也不看回信内容，就在底下签名。

他每周亲自写的回信，绝不超过六封。

如果总统在华盛顿以外的某地正处理某项棘手的事情，那么回信工作就全由我们来负责。

他通常在十点到十一点之间上床睡觉，他起床很早。当他住在市郊的“士兵之家”时，他早早就起床穿衣，然后吃早饭（早饭简朴至极，不过一个鸡蛋、一片面包外加一杯咖啡之类）。八点之前他就动身坐马车前往华盛顿。到了冬天，他在白宫中的就寝时间倒没这么早。他的睡眠质量不太好，经常要在床上折腾好一阵子……

他午饭就吃一块饼干，如果是冬天就喝一杯牛奶，如果是夏天就吃些水果，如葡萄之类。……他的饮食很节制，他是我认识的人里面吃得最少的一个。

他不喝酒，只喝水。这倒并非因为他有不喝酒的原则，只是他不喜欢葡萄酒和香槟罢了……

有时为了稍稍休息一下，他就会偷偷溜到某个讲座、音乐会或剧院中去……

他几乎不爱读书读报。如果不是我提醒他报上有哪篇文章值得关注一下的话，那他是从不会瞧上一眼的。他总是说：“我比谁都清楚报纸这玩意。”说他是一个谦逊的人，这很荒谬。伟人从不谦逊。

第二十二章

即便共和党内部，也开始对他有了意见：他们把他叫过去，强迫他离开白宫，让他改变政治路线，并且解散整个内阁。

这是一个极其耻辱的打击。林肯承认，在他的政治生涯中，没有什么事件能比这一次更令他痛苦的了。

今天你随便问一个美国普通百姓，内战为什么会打起来，他肯定会说：“为了解放黑奴。”

是这样吗？

让我们先来看看林肯的第一次就职演说中的话：“我没有任何直接的或者间接的目的，去干涉现存蓄奴州的奴隶制度。我认为自己没有法理上的权利进行干涉，我也没有这么做的倾向。”

事实是，炮火喧嚣、伤病呻吟的战争都快进行了十八个月了，林肯才着手签署《解放黑人奴隶宣言》。在此之前的日子里，激进主义者和废奴主义者一直在敦促他立即这样去做，他们通过报刊传媒和公开场合，向总统猛烈开火。

有一次，一支芝加哥牧师代表团带着一份呼吁书来到白宫，呼吁书上宣称立即解放奴隶的命令是万能的上帝直接发出的。林肯对他们说，如果万能的上帝要发布什么命令，那他会直接发到司令部去的，而用不着绕着圈子来麻烦芝加哥人。

最后，林肯的迟迟不行动把贺瑞斯·格里莱激怒了。他在报上以一篇题为《两千万人的祈祷》的文章来谴责总统。文章占据了两个版面，通篇燃烧着激烈的抱怨。

林肯答复格里莱的文章清晰、简明而有力，堪称论战文章的经典。该文结尾的话语尤为值得纪念：

> 这场战争中，我最重要的愿望既非摧毁，当然更不是拯救奴隶制度，而是拯救整个联邦。如果一个奴隶都不释放就能维护联邦统一，那我就这么做；如果解放了所有奴隶才能换来联邦统一，那我也会这么做；如果一部分奴隶获得自由，而另一部

分仍受奴役，这样也能统一联邦的话，那我就会这么做了。我对黑人以及其他有色人种的全部作为，皆出于对拯救联邦有益的原因。有些事情我忍耐克制，因为我不认为那有助于拯救联邦。我认为有损联邦利益的事情，我就会尽量少做；我认为有增于联邦利益的事情，我就多做些。当我犯了明显的错误时，我就尽量改正；当一些新策略显得更为明智时，我就尽量去实践它们。

我是完全站在公共责任的立场上讲出我的原则的。至于我个人的理想，我已经多次说明了，今天我亦不想改变，那就是四海的人民都能得到自由。

林肯认为如果联邦能够保住，并且阻止奴隶制扩散的话，那么奴隶制会走向它自然的终结。不过如果联邦被毁掉了，那奴隶制可就得延续上几个世纪了。

当时有四个蓄奴州还没有脱离北方联邦。林肯意识到，自己如果在这场冲突中过早签署《解放黑人奴隶宣言》的话，那就等于把它们强制驱逐到南部联盟那边去。这样一来，南部联盟的实力就会增强，或许真的就永远毁掉联邦了。当时在民众当中流传着一句话：“林肯是否想让万能的上帝站在他一边，这我不敢肯定，不过，他是必须要让肯塔基州站过来。”

所以他要为自己争取更多的时间，尽量谨慎行事。

他自己就是与一个奴隶主家庭结为连理的。他妻子的部分收入，就来自他老丈人从事的奴隶买卖。而且，他唯一真正的亲密朋友约书亚·史匹德，也是奴隶主家族的一分子。林肯对南方人的观念非常同情。不仅如此，作为一个律师，他对宪法上的自治权与财产权还有一种出自传统的尊敬。他不想把自己的理想强加给任何人。

他认为对于美国奴隶制的存在，北方的责任并不比南方少。并且在摆脱奴隶制的问题上，双方都要担负起同等的义务。因此他最终拿出了一个最接近他心中理想的计划，即：在忠实于北部联邦的州内部，每释放一个奴隶，奴隶主可以得到四百美元补偿。而且解放奴隶的过程要以非常缓慢的方式进行。直到1900年1月1日为止，所有的奴隶方可全部获释。他把这四个边境州的代表叫到白宫，恳请他们同意自己的计划。

林肯为自己的计划辩护："这个计划带来的预期变革，会非常柔和，就像天堂的露水一般，不会有损任何利益。不接受它吗？前所未有的天赐良机，现在就摆在你们眼前。如果你们拒绝接受，那以后后悔都来不及了。"

不过他们真就把整个计划全部拒绝了。林肯的失落之心，无以形容。

"只要有一分可能，我就要尽全力拯救我们的政府，"他说，"这话我只说一次，就是只要我手头还有没出完的牌，那么我在这场游戏中决不投降。……我认为解放黑奴并且给黑人以武装，现在对于我们的军队而言是相当必要的。目前我已经被拉到了一个二选一的境地，即要么这么做，要么带领联邦投降。"

他必须马上行动，因为英国和法国就要向南部联盟政权表示正式承认了。为什么？原因很简单。

先来说说法国的原因。拿破仑三世刚刚娶了据称是世界上最漂亮的女人玛丽·尤金妮·狄蒙蒂柔为妻，所以他很想在这位蒂巴女伯爵的面前炫耀一番。他也渴望获得他的舅舅拿破仑·波拿巴那样的无上荣耀。因此，当他看到美国联邦内部互相屠杀，而且嚣张的杀气已经让双方把门罗主义忘得一干二净时，他趁机出兵墨西哥，杀了区区一千墨西哥人，就把该国占领了。他将墨西哥称作法属领地，并且委任马克西米连当了皇帝。

拿破仑认为南部联盟获胜，那他们就会支持自己的新帝国。不过要是北部联邦胜利了，美国就会立刻采取措施，把法国赶出墨西哥。他这样想也不是没有道理。他希望得到南部联盟的承认，因此他尽一切方便以帮助南军。

战争初期，南方的所有港口都被北部联邦给关闭了。他们在一百八十九个海港布置了重兵把守，在长达九千六百一十四英里的海岸线、港湾和河流之上，都有他们的巡逻舰。

这可谓世界历史上力度最大的一次军事封锁。

南部联盟陷入了绝境。他们的棉花卖不出去，他们也无法买进枪支弹药、皮鞋、医疗用品以及食物等。他们用煮栗子水或者棉籽水代替咖啡，煎熬黑莓叶子和檫树根来代替茶叶。他们用贴墙纸来印刷报纸。挂满了熏肉的土制熏房的地板，被挖出来熬盐。教堂的大钟也被熔掉以铸造火炮。里士满的马车轮子也被拆掉，用来制作军船的装甲。

因为南部联盟不能自己维修铁路或者购买新设备，所以交通运输几近停滞。一蒲式耳玉米在佐治亚州只卖两美元，到了里士满，则要卖上十五美元。弗吉尼亚州的民众开始挨饿。

必须要采取措施摆脱这些困境了。于是南军与拿破仑达成协议，只要他承认南部联盟并派法国舰队摧毁封锁，那南方就同意赠予他价值一百二十万美元的棉花。而且，南部联盟答应给法国的工业品订单，足够法国所有工厂的烟囱夜以继日地冒烟。

因此，拿破仑又敦促英国和俄国，希望他们也加入正式承认南部联盟的行列。统治英国的贵族们调调他们的单片眼镜，热切地聆听了拿破仑的建议。美国已经变得越来越富有和强大，这让他们非常担忧。他们希望看到联邦分化瓦解，而且他们也需要南方的棉花。英国已经有数十家工厂倒闭了，一百万失业者游手好闲，饥肠辘辘，只能坐等着救济了。孩子们哭着喊着要饭吃，已经有数百人饿死。即便在世界上最偏远的角落里，比如遥远的印度和贫困的中国，也都举行了公众发起的为英国工人购买食品的募捐活动。

英国能够获取棉花的唯一途径，就是加入拿破仑三世的队伍，承认南部联盟，解除港口封锁。

如果他们真这样做，那会对美国产生什么样的后果？南方将得到枪支、弹药、食品和铁路设施，并且他们的信心与士气都会有巨大的提升。

那么北方又会得到什么呢？无疑，两个强大的敌人。现在的情况已经够糟了，那时将会更加令人绝望。

没有人比亚伯拉罕·林肯对此更为清醒。他在1862年就说过："我们所有的牌都已出光了。要么改换策略，要么我们就必然要输。"

正如当年北美的所有殖民地脱离英国的情形一样，如今又轮到那些南方的殖民地开始脱离北方，而北方欲以武力进行胁迫与征服的时代来临了。田纳西州和得克萨斯州的统治权，无论归于华盛顿还是归于里士满，对于一个伦敦的贵族或者一个巴黎王子而言，有什么区别吗？丝毫没有。对他们来说，这场战争毫无意义，没有丝毫崇高目的可言。

英国作家卡莱尔写道："在我所生活的时代，我看没有一场战争比它更为愚蠢的了。"

林肯意识到必须要改变欧洲人对这场战争的看法，他知道应当如何来做。欧洲已经有上百万人读了《汤姆叔叔的小屋》，他们为之流泪，从中产生了对奴隶制的痛苦与不义的憎恨。因此林肯认为，如果他现在签署一份解放黑奴的宣言，那么欧洲人将会以另一种眼光重新审视这场战争。我们这里血腥的联邦之争，从此将不再对他们毫无意义可言，而会变成一场解放奴隶的圣战。到那时，欧洲政府将再也不敢承认南部联盟了，因为他们的公众舆论对于一群誓死捍卫奴役人的制度的政客，绝对无法容忍。

于是，1862年7月，林肯终于下定决心，要发布这份宣言，然而当时麦克莱伦与波普刚刚打了几场小胜仗。西华对总统说，现在打出这张牌，时机不是最佳。他认为应再等等，等到军事胜利达到顶峰之时，再把宣言抛出来。

这个建议听似合理，于是林肯等了下去。两个月后，胜利的顶峰来到了。于是林肯召集内阁成员，开始商讨发表这份自从《独立宣言》以来美国历史上最著名的文件。

这是一个庄严肃穆的时刻，不过林肯是否也以一种庄严肃穆的姿态来行事的呢？不是。如果他读到一个有意思的故事，他照样会讲给大家听。每天上床时，他总是拿着一本阿尔特姆斯·沃德的作品，一旦读到有趣的地方，他就起身，穿着一件睡衣就跑到办公室里，读给他的秘书听。

就在内阁即将探讨《解放黑人奴隶宣言》的发表的前一天，林肯把沃德的作品读到了最后一卷。其中有一个故事他觉得特有意思。因此他就在内阁会议开始前，读给内阁成员听。故事的名字叫《乌蒂克的独断专行》。

林肯笑完后就把书放到一边，庄严地讲道："在叛军盘踞在弗雷德里克斯堡时，我就暗自下定决心，一旦把他们赶出马里兰，我就发表《解放黑人奴隶宣言》。这个心思我跟谁都没说过，除了对自己和造物主发过誓。现在叛军已经被赶出去了，所以我该实践我的承诺了。今天让你们过来，是要让你们听听我写的宣言。我不想让你们对它的主旨发表意见，因为这是我已经决定好了的。我的文字都是经过深思熟虑之后才下笔的。不过在具体的表达方式上或者某些细节上，如果你们有更好的修改建议，那我是乐于接受的。"

西华指出了一处细微的用词错误，过了几分钟，他又指出另一处用词错误。

林肯先是问他为何没把这两处同时指出来，然后他又暂时打断大家的审读，讲了个故事。他说，印第安纳州有一个雇工，他告诉农场主，说你的一头牛死了。过了一会儿，他又冒出一句："另一头牛也死了。"

农场主问道："那你为什么不一次告诉我两头牛都死了？"

雇工回答说："嗯，我不想一次全都告诉你，怕你太伤心了。"

林肯在1862年9月就把宣言提交给他的内阁了。不过直到1863

年1月1日，宣言才开始生效。1862年10月，林肯提请国会通过他的宣言。在他的国会演讲中，有一句诗一般的话语，成为了他最令人难忘的言辞之一。

那就是他在提及联邦时所说的话：

> 那是世界上最永恒最美好的理想
> 我们要么高贵地拯救它
> 要么卑贱地失去它

1863年的新年，林肯与大批拥入白宫的参观者们一连握了好几个小时的手。那天下午他返回办公室后，把钢笔沾满墨水，准备在《解放黑人奴隶宣言》上签字。突然，他犹豫了一下，转过头对西华说道："如果奴隶制不是错误的，那就没有什么是错误的了，从而让我对我这辈子所做的任何事情，都不敢肯定了。不过从上午九点开始，我就一直在与访客握手，弄得我胳膊酸了，手也麻了。我马上要签署的文件，可是准备严格执行的。如果他们发现我的手在颤抖，那他们就会说：'他有点后悔了。'"

他甩了甩胳膊，然后缓慢地签署了这份文件。从这一刻开始，三百零五万奴隶获得了自由。

在那个时候，这份宣言没能得到各界的支持。林肯最亲密的朋友和支持者奥威尔·H.勃朗宁写道："这份宣言的唯一结果，就是激怒了南部联盟，让它们更加团结，并且分裂了北方联邦。"

军队内部发生了一场大兵变。很多加入联邦军队的人说，他们绝对不能忍受那些黑人获得自由然后开枪打死他们，而且还与他们享有平等的社会地位。数千名士兵叛逃，到处都有溜走的新兵。

林肯原本想要依靠的普通百姓，彻底让他扑了个空。秋天的大选结果，形势对他极其不利。甚至在他的老家伊利诺伊州，大家也都对共和党进行批判。

不光如此，在大选的失败之外，很快又有一场军事上的灾难性溃败降临。伯恩赛德在弗雷德里克斯堡对李的军队进行了一次鲁莽的袭击，结果自损一万三千名兵士。又是一场愚蠢而无用的屠戮。这种白白的牺牲，已经频繁发生了十八个月了。难道就不能停下来吗？全国上下一片惊慌，各地的人们都陷入了绝望。总统遭受着四面八方的猛烈抨击。他失败了。他的将军失败了。他的政治生涯也失败了。人们再也容忍不了他了。即便共和党内部，也开始对他有了意见：他们把他叫过去，强迫他离开白宫，让他改变政治路线，并且解散整个内阁。

这是一个极其耻辱的打击。林肯承认，在他的政治生涯中，没有什么事件能比这一次更令他痛苦的了。

他说："他们想把我赶走，而我也不太情愿一味地满足他们。"

现在，贺瑞斯·格里莱非常后悔，自己真不应该在1860年迫使共和党人提名林肯。

"这是一次错误，"他说，"这是我一辈子犯过的最大的错误。"

格里莱和一大批大名鼎鼎的政治家共同发起一个运动，呼吁如下：敦促林肯辞职，让副总统哈姆林主政白宫，然后让哈姆林任命罗兹克兰斯为联邦军队总司令。

"现在我们处于毁灭的边缘，"林肯说，"似乎连万能的上帝也在和我们对着干。我看不到一线希望。"

第二十三章

林肯的葛底斯堡演说不仅仅是一篇演说，它更是一个高贵的灵魂的神圣表达。苦难的历程铸就了它的伟大。林肯在无意之中写就了一首诗，一首史诗，一首宏伟、庄严而瑰丽的史诗。

1863年春，战功卓著的李决定加大攻势，入侵北方。他计划先占领宾夕法尼亚州富饶的制造业中心，给自己衣衫褴褛的军队补充衣食和药品。然后如果条件许可，就趁势占领华盛顿，最后迫使法国和英国承认南部联盟。

这可真是一次无耻而鲁莽的军事行动！不过南军内部自吹道，一个南军战士能砍死三个北方佬。战士们还真信了。于是当他们的军官告诉他们，当他们占领宾夕法尼亚州后，一天能吃两次牛肉时，他们恨不得立刻就出兵。

李在离开里士满之前，被一封家信扰乱了生活的平静。发生了一件严重的事情：他的一个女儿偷看小说被老师逮到了。将军很不悦，于是他在回信中嘱咐女儿把精力放在阅读一些无害的经典作品上，比如柏拉图、荷马以及普鲁塔克的作品。写完信后，李读了一段《圣经》，然后依照惯例跪下祈祷，最后把蜡烛吹灭，进入沉沉的黑夜里……

他率领七万五千大军出发了。饥肠辘辘的军队插入波多马可河地区，将这个国家卷进了一场灾难。农民赶着自己的牛马，躲进坎伯兰山谷。大批黑人更是吓得四散奔逃，他们白得发亮的眼睛露出恐惧，生怕被抓去当奴隶。

就在李的炮兵部队对哈里斯堡狂轰滥炸时，联邦军队正以切断他的后路相威胁。他得知这一战况后，连忙掉转头，就像一头愤怒的公牛用头猛顶一只咬他脚后跟的狗一样。非常巧的是，他们在宾夕法尼亚州一个沉静的小村相遇了。这个村庄有一所神学院，村庄的名字叫葛底斯堡。就在这里，美国历史上最著名的一场战役打响了。

在战役的头两天，联邦军队损失了两万人马。到了第三天头上，李希望给敌军来一次终结性的致命打击，这次出击就由南军指挥官乔治·皮科特率领的新增支援部队来进行。

李要采取新战略了。到目前为止，他一直是在碉堡的掩护下或者丛林的隐藏之中进行战斗的。现在他计划在露天决一死战。

李最明智的助手朗斯特里特将军对这一作战计划持有怀疑。

“上帝啊!”朗斯特里特喊道，“李将军，你看看在我们的战线与北佬之间的这些不可逾越的障碍吧。看看这些陡峭的群山、一列一列的炮兵部队，还有那些掩护阵营。而且，我们是用步兵和他们的炮兵作战啊。看看我们要逾越的这片地面吧，几乎足足一英里的地盘都在他们的霰弹和炮弹的覆盖之下。依我之见，没有一万五千人，休想拿下那片地盘。”

然而李很顽固。“从前我们也用不着这么多人的，”他说，“只要领导有方，我们的士兵是可以成就任何事情的。”

于是李仍坚持他的决定。就这样，他的事业生涯中最血腥的一次屠戮发生了。

北军已经沿着神学院所在的山脊布置好了一百五十门火炮。今天如果你去葛底斯堡，你还会看见它们。布置这些火炮的时候，正是7月份的那个厄运已定的下午。这些火炮所在的堤坝，那时世界上没人知道它的名字。

在这件事上，朗斯特里特的判断要比李正确得多。他认为这场进军的结果，只会是一场无谓的屠杀。他弯下头，暗自流泪，拒绝执行命令。结果进军的命令只能由另一个军官替他下达。乔治·皮科特将军接到命令后，率领他的部队，开始了这场西方世界有史以来最富张力也最为凄惨的一次战斗。

非常出奇的是，这位率领部队进攻联邦军的将军，还是林肯的一个老朋友。其实正是林肯当年帮他进了西点军校。皮科特这个人很有个性。他黄褐色的头发都快长到了肩膀。正如拿破仑在他征服意大利的战争期间一样，他几乎每天都要在战场上写下措辞热烈的情书。

那天下午在他得意扬扬地出发之前，他的战士们令他非常兴奋，于是他把军帽帽檐俏皮地歪向右耳。士兵一边欢呼一边跟着他前进，军队之间紧紧相靠，旗帜飘扬，刺刀在阳光下闪闪发亮。他们的阵势如画一般英勇雄壮，就连联邦军队看见他们，都满怀羡慕地小声啧啧起来。

皮科特的大军急速向前扫进。他们穿过果园和玉米地，越过一片草场，跨过一条峡谷。敌军的大炮一直向他们队伍轰击，轰出了好几个可怕的缺口。不过他们顶着严酷的炮火，继续前进，一刻不停。

突然之间，掩藏在神学院的山脊后面的联邦步兵群体出动，一批批子弹射向皮科特毫无防备的军队。这座小山成了一片火海和屠宰场，一座硝烟滚滚的火山口。不出几分钟，皮科特手下所有团队的团长，只剩一个还喘着气。他五分之四的士兵已经倒下了。

在康伯领兵的地方倒下一千人
在加尼特领兵的地方倒下一千人
在熊熊的烈火和呛人的浓烟中
活着的士兵继续进攻着炮台
阿米斯泰德带领他们越过前线

阿米斯泰德领着活下来的人马，进行最后一次冲锋。他屹立在石墙的顶上，挥舞着宝剑顶端的军帽，大声吼道：

“孩子们，亮出刺刀！”

他们遵令。他们越过石墙，与他们的敌人拼起了刺刀。他们用枪头的刺刀刺向敌人的脑袋，在山脊上插上南军的旗帜。

尽管南军的旗帜在此只飘扬了片刻，然而在那一刻，南军在史册上留下了最为英勇的一笔。

英明而勇敢的皮科特的这次进攻，却造成了内战走向终结的开始。李失败了。他无法攻入北方，这一点他也清楚。

南军在劫难逃了。

当皮科特手下的幸存者从战场上血淋淋地逃回来时，李孤零零一个人出来给他们鼓气。他的致意中有那么一股不太崇高的自我谴责的意味。

他承认说："这都是我的错，输掉这场战役的不是你们，而是我。"

7月4日夜里，李开始撤退。天降大雨。在他们到达波多马可河时，河水涨得很高，他们无法越过去。

前有越不过去的大河，后有乘胜追击的敌军，李现在陷入了包围。林肯原本很高兴，他以为联邦军队肯定会包抄李的两翼与后方的部队，然后展开进攻，生擒他们，最后取得内战终结性的胜利。如果格兰特将军在此，那事情一定就会朝这样发展了。然而当时的联邦军司令米德似乎出于怜悯，没有这样做。

格兰特就像一条斗牛犬。相比之下，米德则徒有其表，而且学者气浓。整整一星期以来，林肯天天催促甚至命令米德进攻，不过他太谨慎太胆小了。他压根儿不想打仗。他犹豫不决，以各种各样的理由给林肯回电。他自己什么也不做，而是叫他手下的顾问团直接违抗上头的命令。等到河水降下去后，李居然逃掉了。

林肯火冒三丈。

他大喊着说："天哪，这是什么意思？这是什么意思？我们都把他们握在手里了，只消攥紧拳头，他们就跑不掉了。可无论我说一千道一万，就是说服不了军队进攻。在这种情况下，随便哪个将军都能把李击败。如果我到了那里，我早就亲自把他砍成两半了。"

在极度失望的情绪中，林肯给米德写了一封信。信中说：

我亲爱的将军阁下，我认为你也不愿看到李的逃跑所带来的巨大不幸吧。他都已经落在我们掌心了，如果将他一把握住，加上最近我们打下的其他胜仗，内战早就结束了。而现在看来，内战还得遥无期限地延长下去了。上周一你都不能安全出击李，现在你又怎能越过大河，用不足现有三分之二的兵力去深入南方？这令人无理由期待，我也不敢指望你能达到这一目的。你的黄金机遇已经没了，就因为如此，我的不悦无以形容。

林肯写完后又读了一遍，然后双眼茫然望向窗外，心里又转念一想："如果我处于米德的位置，并且也具有米德的性格——再加上那些胆小军官的意见，如果我也像他那样屡屡夜不能寐，天天看着身边血流成河的话，那我也很可能放走李。"

于是这封信他就没发出去。米德从未见过它。直到林肯死后，人们才在他的一堆文稿中发现这封信。

葛底斯堡战役发生在7月的第一个星期，六千名阵亡士兵的尸体以及两万七千名伤员仍留在那里。教堂、学校和谷仓全都变成了医院。空气中弥漫着伤员的呻吟声。每一个小时都有数十人死去，在酷烈的阳光下，尸体很快腐烂了，于是埋葬队必须加紧工作。挖墓的时间很少，于是他们经常就在尸体上撒上几锹土了事。大雨下了一个星期后，有不少尸体都从土里露出来了。于是人们把联邦士兵的尸体从他们原来的坟中挖出，统一集中在一处埋葬。到了秋季后，公墓委员会想举行一个纪念仪式，他们请来了美国最著名的演说家爱德华·艾弗雷特，让他做一次演讲。

总统、内阁成员、米德将军、国会两院的成员、很多优秀的公民以及外交使节都收到了正式请帖。可是只有很少的人接受了邀请，很多人都不承认自己收到了请帖。

委员会的人连想都不敢想总统能亲自驾临。他们甚至都没给他邮寄那种私人性质的邀请函。林肯收到的只是一个复印件。他们认为总统秘书肯定连看都没给林肯看，就直接扔到废纸篓里了。

所以当林肯回信说他将出席时，委员们吃了一惊，同时也有些尴尬。他们应该怎样做呢？请他发言？有人说他肯定很忙，可能来不及准备发言。还有人很坦诚地说：“就算他有时间，可他有能力发这个言吗？”他们对此表示怀疑。

是啊，他能在伊利诺伊州进行政治演说，可他能在这种公墓纪念仪式上发表演讲吗？恐怕不行，这不是林肯的风格。然而，既然他无论如何都要来，那总得表示一下。于是他们最后给林肯回信说，在艾弗雷特演讲结束后，他们希望林肯能“讲几句适宜的话”。这就是他们对此的措辞方式——“几句适宜的话”。

这样的邀请函简直是一种侮辱。然而总统接受了它。为什么呢？这背后还有一个有趣的故事。去年秋天，林肯视察过安提坦姆战役的战场。一天下午，他和一个来自伊利诺伊的老友华德·拉蒙坐在一辆车中。总统把头转向拉蒙，让他唱一首歌，这是林肯很喜欢的一支歌，林肯管它叫“伤感小调”。

“无论是在伊利诺伊巡回办案时，还是白宫中我和林肯单独相处时，”拉蒙说，“只要我唱起这支故乡的小曲，许多次我都会看到他流下眼泪。”

歌是这样唱的：

我孤独地走回村庄，坐在树下，汤姆
学校的操场边上，只有你和我
已经没人来迎我回家了，汤姆，也没有人知道
二十年前，是谁在草地上与我玩耍

泉边的榆树上，我刻下你的名字
她是我的宝贝，汤姆，她也刻下我的名字
不知哪个狠心鬼抠掉了树皮——这棵树早就死掉了

二十年前你刻下名字的那个人，也已离开了人世

我的嘴唇干枯，汤姆，可我的眼中充满泪水
我想起了曾经深爱的她，现在只有一些可以凭吊的残垣了：
我来到那座老教堂的院中，采了一些花
撒在她的墓上，而二十年前，我们曾经爱过

拉蒙唱起这首歌时，林肯很可能又想起了那个他唯一爱过的女人——安妮·鲁勒吉。他想起她正躺在伊利诺伊草原上的一个无人知晓的角落里，这些痛苦的回忆让他眼中充满泪水。于是拉蒙为了打破林肯的悲伤情绪，马上唱起了一支黑人诙谐调。

这就是事情的整个经过。它毫无任何伤害性，甚至值得同情。不过林肯的政敌们对之歪曲撒谎，竭力把它说成是国耻一件。在他们的描述之中，这好像是一件下流事。纽约的《世界报》每天都在重复讲述这件“丑事”的不同版本，一连讲了将近三个月。他们控诉林肯在战场上又讲笑话又唱诙谐小曲，而“那些肩负重任的人还在一边忙着掩埋尸体”。

事情的真相是，他一个笑话也没说，一支小曲也没唱。战争打响时他距战场有数英里之远，而且在这件事发生之前，尸体早就埋掉了，阵亡士兵的墓上都让雨水浇了好长时间。不过他的政敌们不想知道事情的真相。他们只是渴望民众的激烈反应。于是美国国内掀起了一场严词声讨的浪潮。

林肯被深深地伤害了。他的压力太大了，以致对那些中伤他的文章不忍卒读。而且他也不认为自己应当进行回应，因为这只能使得对方更加嚣张。于是他以沉默来忍受这些。当葛底斯堡公墓的落成仪式给他发来邀请函时，他非常欢迎，因为这正是他让自己的政敌闭嘴，并且向那些值得尊敬的逝者奉上自己卑微的敬意的最佳时机。

邀请函来得很晚，他只能在这繁忙的两星期内准备出一篇演讲

稿。他把一切琐碎的空闲都用来构思，比如在穿衣、刮胡子或者吃饭时，在从白宫走到史丹顿办公室的途中，在内战办公室的皮沙发上伸着两条腿休息时，等着马上要发来的电报时，等等。他将演讲的草稿写在一张淡蓝色大页书写纸上，把它塞到帽子里。在他进行演说之前的星期天，他说："我已经修改两三遍了，可我还不满意。我还得再改一遍，直到我满意为止。"

他在纪念仪式的头一天晚上就到了葛底斯堡。这个小镇的人口数量迅速暴涨，从平时的一万三千人增至眼前的将近三万人。天气很好，夜空很清澈，一轮圆月挂在天空。只有很少一部分人能找到床位，数以千计的人只能在村中走来走去，直到天亮。黎明时分，两旁的道路越来越挤，直至水泄不通。成百上千的人们手挽着手，嘴里唱着《约翰·布朗的尸体在墓中安息》，在肮脏的大街上游行。

林肯花了整整一晚的时间，把自己的讲稿最后修改了一遍。等到夜里十一点钟，他到邻近的西华的屋里，为他大声读了一遍演讲稿，并征求了他的意见。第二天早上吃过饭后，林肯还在修改，直到有人轻轻敲门提醒他说到了该去纪念仪式的时间为止。

在去往纪念仪式的途中，他先是笔挺地坐在马背上，然而他的身躯渐渐向前倾，脑袋慢慢垂到胸前，双臂软弱无力地耷拉在两旁……他陷入了沉思，给自己篇幅短小的演说"再改一遍"。

这场活动特地请到的演讲者爱德华·艾弗雷特，在葛底斯堡犯了两个错误。首先，他迟到了一个小时；其次，他一连讲了两个小时。

林肯早已读过艾弗雷特的演讲稿。当他看到艾弗雷特快要讲完了的时候，他明白该轮到自己上台了。他确实感到自己还没完全准备好，所以他有点紧张。他坐在椅子上，浑身拧成一团。他从大衣兜里拿出讲稿，戴上他的老式眼镜，迅速把思路整理一番。

现在，他的身子微微前倾，手里拿着讲稿，两分钟之内就结束了他的短篇演说。

这些观众能否意识到，他们在这个温和的11月的下午，正在聆听一场人类嘴唇中曾经生长出的最伟大的演讲呢？没有，多数听众只是感到好奇，他们还从没见过美国总统长什么样，也没听过他讲话，所以他们伸长了脖子看林肯，并很惊讶地发现这个大高个子的声音却是那么尖细，而且南方口音还很重。他们忘了林肯就出生在肯塔基州，所以他现在是用乡音在演讲。当观众以为林肯已经介绍完毕，开始讲演之时，他却已经坐下了。

什么？他是忘记了演讲，还是他就这么讲完了？人们吃惊之余，又很失望，所以连掌都没鼓。

林肯在印第安纳州时，每年春天他都要用一把生锈的犁去刨地。泥土沾到犁板上，弄不下去，当地人管这叫“消化不掉”。林肯一生之中，每当他想形容一件失败的事情时，他总是使用这个民间说法。现在，他转向华德·拉蒙，说道：“这篇演讲又是一次苍白无力的失败。拉蒙，它又消化不掉了。人们都很失望啊。”

他的判断没错，人们都很失望，包括爱德华·艾弗雷特，也包括一直坐在总统旁边的国务卿西华。他们都认为林肯败得很惨，为他深表遗憾。

林肯非常懊恼，由于担忧过度，脑袋疼得很厉害。在他回华盛顿的途中，他不得不躺在火车的卧铺车厢中，用冷水冲脑袋。

林肯到死都以为他在葛底斯堡彻底失败了。从他演讲的现场反应来看，他确实失败了。

凭着自己谦和的性格，林肯真的认为这个世界“既不会关注也不会长久地记着”他在这里说过些什么。然而这个已逝的勇敢者在此地的所作所为，全世界将永志不忘。如果他现在睁开眼睛，看到他一生中最为人所乐道的演讲，竟然是那篇在葛底斯堡“消化不掉”的演说，那他将会多么惊讶啊！就算几个世纪之后，美国内战早被人忘记了，他这十句不朽的演说很可能依旧被视作地球上最辉煌的文字珍宝之一。

林肯的葛底斯堡演说不仅仅是一篇演说，它更是一个高贵的灵魂的神圣表达。苦难的历程铸就了它的伟大。林肯在无意之中写就了一首诗，一首史诗，一首宏伟、庄严而瑰丽的史诗。

在八十七年前，
我们的祖先在这片土地上，
建立了一个新国家，它信奉自由，
并且致力于一种观念，
就是人人生来平等。

现在我们正陷于一场内战
它正检验着我们这个国家，或者任何一个
有此信仰、致力于此种目标的国家
能否存活下去。我们在这个
伟大的战场上相遇了。
这个战场的一角
将献给那些为了国家的生存
自己却奉出生命的人，
他们在此长眠。
这是我们应该做的。

不过，就更广的意义来讲
我们无所奉献，我们无所给予，
我们并非真正成就这片土地之神圣的人。
那些活着或死去的勇士，那些在此战斗的人，
他们的奉献，要比我们那点可怜的力量大得多。
我说得多少，世界不会关切，
更不会记住我在这里说些什么。

不过世界永远不会忘记他们的业绩。
我们这些活着的人，理应继承
牺牲者未竟的事业。
他们已经光荣地走了如此之远，剩下的路留给我们。
在这些尊敬的牺牲者身上，
正是他们最后的付出，
使我们获得了更多的勇气，
去完成这项伟大的使命。
这些逝者不会白白牺牲，
我们这个被上帝护佑的国家，
终会获得一个自由的新生。
一个民主、民治、民享的政府，
将会在世界上永存。

第二十四章

举国上下掀起了一阵愤怒声讨的高潮，公众叫嚣着要免他的职，不过林肯说：

“我不能开除这个人，因为只有他还在作战。”

当人们对他说，格兰特饮酒过度时，他却问道：“是什么牌子的酒？我还想送几桶给其他几个将军呢。”

伊利诺伊州的加利纳有一个皮货商店。在1861年战争刚刚开始时，一个衣衫褴褛、神色失落的人坐在店中的一个货箱上，抽着烟斗。此公现在的工作就是看店以及向农民收购各种皮货。

这家店的店主是他的两个兄弟，他们无论如何也不想让他成天游游荡荡。然而他一连好几个月流浪在圣路易斯的街道上，想找一些工作，可徒劳无获，直到他的老婆和四个孩子极度困窘为止。最后，处于绝境的他借钱买了一张火车票，去了肯塔基州见他爸爸，想让他帮帮忙。老人倒挺有钱，不过因为他比较吝啬，所以他给他另外两个在加利纳的儿子写了封信，叫他们给他找个工作。

于是，仅仅是迫于亲情的慈悲和压力，他们立刻雇用了他。

他每天的工资只有两美元，不过恐怕这都超出他的身价了。因为他连一只野兔都不如：他很懒散，喜欢喝酒，且是个彻头彻尾的负债者。他总要四处借点钱，因此他的朋友们一看他过来，马上掉头绕道走，以免碰见他。

至今为止，他的生命中除了失败与沮丧之外，一无所有。

——到目前为止。

不过他的命运开始转折了。好消息和好运气都在这里开始了。

很快，他就会作为一颗闪耀的新星，在荣誉的天空中升起、燃烧了。

现在他在家乡得不到任何尊敬。不过三年之内，他将获得世界上最强盛的军队的统帅之权。

四年之内，他将战胜李将军，结束内战，在史册上写下金光闪闪的一笔。

八年之内，他将入主白宫。

从白宫身退之后，他将进行一次非常成功的环游世界之旅。无数来自世界各地的位高权重者的荣誉头衔、奖牌、鲜花以及餐后演讲的邀请，将会授予这个在加利纳大街上被人躲避的穷鬼。

这是个令人吃惊的故事。

和他有关的事情都挺奇怪。甚至他的妈妈的行为都有点怪异。她似乎不太关心这个儿子。在他当上总统后，她也不来看他，甚至在他刚出生时，他妈妈都懒得给他起名字。于是这个女人的亲戚们以一种抽大彩的方式来给他起名。在他六岁头上，他们把一张纸撕成很多片，各自在纸片上写上自己喜欢的名字。然后把它们放在帽子里，进行抽签。他的祖母辛普森读过荷马的作品，于是在自己的纸片上写下："海勒姆·尤利西斯"。正巧这张被抽出来了，于是他就顶着这个名字，在家中度过了十七年。

他很害羞，反应迟钝，于是村里人都叫他"废物"格兰特。

在西点军校，他还有了另一个名字。那些负责签发军校录取通知书的官员，认为辛普森肯定是他的娘家名，所以他在学校录取档案上的名字是"U.（'废物'的简写）S.（'辛普森'的简写）·格兰特"。当他的军校同学得知此事时，他们哈哈大笑，还把军帽扔到天上喊道："兄弟们，山姆大叔（Uncle Sam，简写就是U.S.）和我们在一起了！"于是终其一生，曾经和他同窗过的朋友，就一直称他为山姆·格兰特。

他倒毫不介意。他本来朋友就不多，更不会管别人怎么称呼他。他不修边幅，经常是大衣不系扣，枪也不擦干净，鞋也不打亮。他经常在操练时迟到，也不注重学习拿破仑和腓特烈大帝的军事原则。他在西点军校的大量时间，都花在了读小说上，比如《艾凡赫》《最后的莫西干人》之类。

他一辈子都没读过任何有关军事战略的书籍——这是千真万确的，非常让人难以相信。

在他赢得战争之后，波士顿人民集资要给他买一个图书馆。他们指定一个委员会，专门调查他曾读过哪些书。令他们吃惊的是，委员会的调查结果是，格兰特连一篇军事类的论文都没读过。

他讨厌西点军校，讨厌军队，讨厌一切与它们有关的东西。在他获得了世界范围的声誉后，在视察德国军队时，他对俾斯麦说：

“我其实对军事事务没有多少兴趣。真实的情况是，我更像个农民而非军人。尽管我参加过两次战争，然而我没有一次不是带着遗憾进入军队，同样没有一次不是快快乐乐地退出军队。”

格兰特承认困扰自己最严重的缺点是懒惰。他从不乐于学习，即便他从西点军校毕业后，在拼写“knocked”和“safety”时，他还是会把第一个单词开头的“k”和第二个单词中间的“e”漏掉。不过他很擅长算术，他曾经想做一名数学老师。然而他找不到这个工作，所以他只能在正规军中服务了十一年。他好歹得找到个饭碗，这似乎是最方便的途径了。

1853年，他在加利福尼亚的洪堡驻扎。附近的村庄有个怪人名叫赖安，他经营一家商店和一个磨坊，还经常跑运输。每到周日他还会去传教。那个时候威士忌很便宜，赖安牧师在他商店后面存有一大桶威士忌，桶没有盖子，上面还有一个铁罐，你想喝随时都可以自己来喝几口。格兰特总会过来。他很孤独，想忘掉军中的一切不快，所以他很多次都喝得酩酊大醉，最终不得不被军队开除。

他一文不名，没有工作，于是只能又漂回密苏里老家。接下来的四年中，他在他舅舅方圆八十英亩的农场中种玉米、养猪。冬天来到时，他就去砍木材，把它们打捆后拉到圣路易斯，然后卖给城里人。然而他还是一年比一年穷，向别人借的钱越来越多。

最终，他离开农场，迁往圣路易斯，想在那里找到工作。他曾从事过房地产，不过他败得很惨。于是他又一连几个星期在城里晃来晃去，到处找活干——什么活他都可以做。最后他的境遇非常困窘，于是他为了还清杂货店的账单，不得不把他妻子的奴隶给释放了。

他在内战中的情况倒挺让人吃惊：李将军认为奴隶制是错的，

在内战开始前就把奴隶都释放了；然而格兰特的妻子正是在她丈夫领导北方军队摧毁奴隶制的时候，开始了大规模的蓄奴行为。

内战刚开始时，格兰特厌倦了加利纳皮货商店的工作，想回到军队了。

当时的军队中，有数十万名新兵亟须训练成形，所以按理说，一个西点军校的毕业生进入军队领导层应不成问题。不过事实并非如此。加利纳地区成立了一个志愿者团队，因为格兰特是全镇唯一懂得些军事训练的人，所以他当上了教官。不过当这些新兵装上刺刀，出发前往战场时，格兰特却只能站在一边目送他们——他们选了另一个人当长官。

格兰特给战争统帅部写信，讲述了自己的经历，希望被任命为团长。他从未收到过回信。直到他当上总统后，才在战争统帅部的一堆文件里找到这封信。

最后他在春田镇的助理办公室找到一个位置，做一些连十五岁女孩都可以胜任的职员工作。他整天戴着帽子工作，一直抽烟，在一张又老又破的桌子上抄写通知。这张桌子只有三条腿，它被放在角落中以求支撑。

然后，一件完全未曾料到的事情发生了，它将格兰特带上了通向荣耀的大道。伊利诺伊州志愿军团的第二十一团发生了哗变。他们无视纪律，咒骂军官，把老团长赶出了军营，而且发誓说如果再看见他一次，就把他的皮剥下来钉到苹果树上。

叶茨将军对此非常忧虑。

他本来不太想用格兰特。不过他想到此人毕竟是从西点军校毕业的，于是将军就给了他一个机会。在1861年6月的一个阳光明媚的日子里，格兰特终于爬出了春田镇这个浅池子，前来接手一个谁也没法管的团队。

他拿着一根手杖，手腕上系着一条红手帕。这就是象征他的权威的全部东西。

他连一匹马、一套军服都没有，他也没有买马和军服的钱。他头上那顶浸满汗渍的帽子尽是窟窿。他的大衣的两只胳膊肘处也早已磨破了。

这个团的士兵立刻开始拿他开玩笑。一个家伙用拳头揍他后背，这个拳击手后面的另一个家伙则用力推拳击手。拳击手向前倾倒，撞在了格兰特的肩头。

格兰特立即制止了他们的所有愚蠢行为。如果有人违反纪律，他就会被绑在室外的一根柱子上，一直绑上一整天。如果有人开口大骂，他的嘴里就会塞上一个塞子。如果有谁还像先前那样操练时迟到，那他就得挨饿二十四个小时。这个来自加利纳的收购商制止了他们的混乱，领导他们前往密苏里州去打仗。

不久之后，格兰特又撞上了一次大运。那时战争统帅部正准备在众多将士之中提拔一位陆军准将。正巧，来自伊利诺伊州西北部的艾利赫·B.华沙伯纳刚刚前往国会就任。政治雄心勃勃燃烧的华沙伯纳，急切地想向远在家乡的老乡们表现出自己的工作热情，于是他去往战争统帅部，要求在他自己的部队中选拔出这位准将。可以。不过选谁？答案很简单：在华沙伯纳的候选人名单中，只有一位毕业于西点军校。

于是，当几天后格兰特拿起一份圣路易斯的报纸时，他很惊讶地发现一则新闻：他已经成为陆军准将了。

他被分派到伊利诺伊州开罗镇的指挥部，立即进入工作状态。他命令战船沿着俄亥俄河前进，然后占领了肯塔基州的战略要塞帕迪尤卡，并计划向田纳西州进发，攻打坎伯兰河地区指挥部所在地杜尼尔森堡。一些军事专家比如哈勒克等人说道：“胡说八道！格兰特在说傻话，不能这样做。这种尝试无异于自杀。”

格兰特真就尝试了，他的军队毫不回头。最终他只用了一个下午就占领了这处要塞，并俘虏了一万五千名敌兵。

正当格兰特全力进攻之时，南军的指挥官发给他一个讯息，祈求他尽快休战，并且准备投降。格兰特的答复非常尖利："我接受投降，从不开什么条件，你直接投降就可以了。不过你得先让我跨过你的阵地。"

接到这个简短答复的这位南军将领的名字叫西蒙·伯克纳，他在西点军校时就认识山姆·格兰特。当格兰特被军队开除后，他还借钱给格兰特以便付清寄宿费。看在这些交情的分上，伯克纳认为格兰特的措辞应该更得体一些。不过伯克纳原谅了他，并且投降了。在那天下午，他们一边抽烟，一边回忆起了过去的时光。

杜尼尔森堡的陷落，影响深远：它让北方保住了肯塔基州，使得联邦军队能够进军二百英里而毫无阻碍，并且把田纳西州大片地区的南军赶了出去，还切断了他们的补给，占领了那什维尔和哥伦布堡——后者可是密西西比河上的"直布罗陀"。从此一来，南方人的心里罩上了一层厚厚的阴霾。从缅因州一直到密西西比州的路上，丧钟到处鸣响，篝火遍地燃烧。

这场战役是一次巨大的胜利，甚至声名远播欧陆。它的确是美国内战的一个转折点。

从此以后，U.S. 格兰特就被大家在名字前面冠以"无条件投降"了。"你得先让我跨过你的阵地"这句话，也成了北军的一句战斗口号。

这个国家一直期待能有一位伟大的军事领袖出现，现在他终于降临了。国会授予他少将军衔，他被任命为田纳西州西部战区司令官，而且很快就成了整个国家的偶像。一家报纸提到了他在战场上喜欢抽烟，顷刻之间，一万多箱雪茄就送到了他面前。

然而这场战役刚过去不到三个星期，格兰特就因为一个上级官员出于嫉妒而对他的不公正待遇，又气又羞，甚至掉了眼泪。

在西线战场上，他的直接上级是哈勒克。此人是一个体态庞大、彻头彻尾的笨蛋。海军军官富特说哈勒克是一个"军事低能儿"。林肯的军事秘书吉登·威尔斯对哈勒克十分了解，他对这个人有如下总结：

“哈勒克没有任何创见，什么事都不参与，什么提议都不说，什么计划都没有，什么决策都不做。除了骂人、抽烟以及挠他的胳膊肘之外，他什么都不会，什么都不干。”

不过哈勒克倒自视甚高。他曾做过西点军校的助理教授，他写过关于军事战略、国际法以及矿业的著作，他主持过一个银矿的开发，还负责过铁路建设。而且他还是一个成功的律师。他还会法语，翻译过一本有关拿破仑的书籍。在他自己看来，他可是一位优秀的学者——亨利·瓦格·哈勒克。

可格兰特算是什么家伙？什么也不是，不过是一个酩酊大醉、劣迹斑斑的军官罢了。在攻打杜尼尔森堡之前，格兰特前来见他，他态度粗鲁，言辞轻蔑，还气冲冲地否决了格兰特的军事计划。现在格兰特夺取了一场伟大的胜利，赢得举国敬仰，而哈勒克却被彻底忽视，没人关注，孤零零地在圣路易斯继续挠他的胳膊肘。哈勒克心中愤愤不平。

更糟糕的是，他感觉这个往日的皮货收购商，现在故意在伤害他。他日复一日致电格兰特，可格兰特厚颜无耻，无视他的命令。于是，哈勒克最终有了格兰特故意伤害他的想象。其实并非如此。格兰特一封接一封地发回报告，然而在杜尼尔森堡陷落后，电报线路的故障使他的报告无法送达。不过这些哈勒克都不知道，所以他十分生气。胜利的结果和公众的奉承不都落在你格兰特的脑袋上了吗？好，我现在就给你点教训尝尝。于是，他频繁致电麦克莱伦，诋毁格兰特。比如格兰特傲慢无礼啦、酗酒啦、自负啦、无视纪律啦、不注重合作啦，等等。“这种目无长纪、效率低下的工作环境，我厌倦了，受够了。”

麦克莱伦同样妒忌格兰特所受到的欢迎程度。他给哈勒克的回电，若从历史的眼光看，简直是美国内战中最令人惊异的电报：“如果情势所迫，别犹豫，立即逮捕他（格兰特），然后让C.F.史密斯取代他的位置。”

于是哈勒克立即撤掉了格兰特的兵权，果真把他逮捕起来。然后他坐在自己的椅子上伸长身体，一脸狞笑地继续挠着自己的胳膊肘。

内战进行了将近一年，唯一为北方赢了一场重大战役的将军，此刻却被剥夺了一切权力，丢人现眼。

后来格兰特又恢复了职务。接下来他在希洛战役中虽然取胜，但战况很惨。如果南军将领约翰斯顿不是在战斗中战死的话，那格兰特的军队很可能先被包围，然后被俘虏了。那个时候，希洛战役应当算是这块大陆上曾经发生过的最大的一场战役了。格兰特的损失令人吃惊——一万三千人。他的表现很愚蠢，人们对他感到惊讶，他理应受到责备。于是叫骂声铺天盖地地袭来。荒谬的谣言说他在希洛还自我陶醉呢，而数百万民众居然相信了这一谣传。举国上下掀起了一阵愤怒声讨的高潮，公众叫嚣着要免他的职，不过林肯说：

“我不能开除这个人，因为只有他还在作战。”

当人们对他说，格兰特饮酒过度时，他却问道：“是什么牌子的酒？我还想送几桶给其他几个将军呢。”

第二年1月，格兰特担任远征维克斯堡大军的总司令。维克斯堡地处一处悬崖，比密西西比河要高出二百英尺。这场攻占这一天然要塞的战役，历时弥久，状况惨烈。这里的兵力非常密集，而且河上的军舰也不能把自身的火炮抬得足够高以便打中该要塞。格兰特的问题就是，他的出击部队距离要塞太近了。

于是他退回密西西比河中央，又采取竭力从东面爬上悬崖作战的策略。这一策略失败了。

然后他又切断了河堤，将军队调到战舰上，并努力将战舰驶向沼泽地，以期从北部登陆。结果又失败了。

这是一个非常难熬的冬天。雨几乎就没停过，河水涨满了整个山谷。格兰特的军队就在绵延数英里的沼泽地、泥泞、河湾、枝杈交错的森林和那些乱藤条中挣扎前进。人们站在没腰的泥水中，在泥里吃在泥里睡。疟疾开始泛滥，囊虫病和天花紧随其后。附近的卫生救助是几乎不可能的，死亡率骇人听闻。

维克斯堡战役是一场失败——这一呼声传遍了四方。一场愚蠢的失败，一场悲剧性的失败，一次近乎犯罪的溃败，诸如此类。

格兰特手下的将军们如谢尔曼、麦克弗森、洛根、威尔森等人，都认为格兰特的作战计划荒谬之至，将会给他们带来一场邪恶的毁灭。全国各地的报纸的评论都很刻薄，举国民众要求把格兰特解职。

“除了我自己，他现在一个朋友都没有了。”林肯说道。

林肯顶着所有的反对意见，坚持依靠格兰特。他的这一信念得到了丰厚的回报。就在7月4日，也就是胆小的米德在葛底斯堡把李放走的那一天，格兰特骑着从杰弗逊·戴维斯的庄园缴获的一匹马，冲进了维克斯堡，赢得了一场自华盛顿以来任何美国将军都无法比肩的伟大的胜利。

在接连八个月的凄惨失败之后，格兰特在维克斯堡生擒了四万敌军，将整个密西西比河掌控在了北军手中。南部联盟就此分裂。

这一消息把全国民众的热情全部点燃了。

国会通过了一项特别法案，以便格兰特可以直接升任陆军中将——自从华盛顿死后，还无人享受过此等待遇。林肯把他召进白宫，做了一个简短演讲，任命他为联邦军最高统帅。

格兰特事先被告知说需要进行一个受勋演说。于是他从兜里拿出一张皱巴巴的小字条，上面只写了三句话。在他念的时候，字条微微颤动，他满脸通红，双膝发抖，声音不稳。于是他立刻停下演说，用两只手把字条紧紧抓牢，站稳一些，深呼吸一口气，然后再从头开始。

这个来自加利纳的养猪人和收购商发现，面对枪林弹雨要比在十一个人面前发表一篇八十四个字的演说容易得多。

林肯夫人迫切想为格兰特驾临华盛顿准备一个欢迎仪式，她已经以格兰特将军的名义安排了一个宴会。不过格兰特借口自己必须马上返回前线，祈求不要出席。

“我们不能答应，”总统说，“林肯夫人的宴会如果没有你，就好比《哈姆雷特》的演出没有哈姆雷特出场一样。”

格兰特回答说：“对我来说，一次宴会就意味着国家一天要损失一百万美元。况且这种哗众取宠的表演，我已经做得够多了。”

林肯喜欢能这样说话的人。这个人和他自己一样，讨厌“花里胡哨的烟花礼炮”，只是一心想着“担起责任，付诸行动”。林肯的心中，现在又树起了希望。他无比坚信，在格兰特的率领下，一切都会好起来的。

然而他错了。过了不到四个月，这个国家就陷入了前所未有的黑暗阴郁和深深的绝境之中。林肯又一次夜不能寐，在地板上走来走去，形容憔悴，心中充满绝望。

第二十五章

“我们真切地希望着，同时诚挚地祈祷着，这场战争最酷烈的祸根能够尽快消除。但是，如果老天不愿如此，那我们将一直战斗下去，直到由奴隶们历经二百五十年的无偿劳作所积累的财富全部被消灭为止，直到宝剑上每一滴战士的鲜血偿还掉皮鞭上每一滴奴隶的鲜血为止。”

1864年5月，常胜将军格兰特率领一万二千大军越过拉皮单河。他要毫不迟疑地摧毁李的军队，立即结束战争。

他与李的军队相逢在弗吉尼亚州北部的“荒野”之上。名副其实，这里到处都是崚嶒的小山以及潮湿的沼泽地。次生的松树和橡树密集茂盛，树林下的草丛积得极厚，野兔都很难穿行其中。就在这片阴郁而杂乱的丛林里，格兰特打了一场严酷血腥的战役。双方的杀戮骇人听闻，后来树林燃起了大火，数百名伤兵被火焰吞没了。

第二天晚上，就连平日不易激动的格兰特本人，也感到浑身发战。他回到自己的帐篷里，流下了眼泪。

不过他不管结果如何，每次战斗之后他都下达一个相同的命令：“前进！前进！”

血腥的日子熬到第六天晚上时，他发出一个著名的电报：“我已经准备在这里一直打下去，就算打它一整夏也在所不惜。”

这一仗不只是打了一个夏季，而且随后的整个秋季、整个冬季，还有第二年春天的一部分时间，战事一直在持续。

目前格兰特在战场上的兵力是敌人的两倍。而且在大后方，北军还有着大量的贮备兵源可供格兰特驱遣，然而南军已经快要把所有的新兵与补给耗尽了。

格兰特说：“叛军现在只能起用摇篮里的婴儿和坟中的死人了。”

格兰特认为，唯一且最迅捷的方法就是时刻不停地屠杀李的人马，直到他投降为止。

用两个北方士兵来换一个南方士兵的人命怎么样？格兰特经得起这样的代价，可李经不起。因此格兰特不停地狂轰滥炸，枪子一个劲地打，敌军一个劲地杀。

在六星期之内，格兰特就损失了五万四千九百二十六人，这是李的军队在整个战争中损失的兵力。

格兰特在冷港的战斗中，一小时就有七千人丧命。这个数量要比葛底斯堡战役中双方在三天之内共同战死的人数还要多出一千。

这种魔鬼般的损失，又换回了什么成绩呢？

格兰特自己的结论是："什么都没得到。"

冷港一役是他的军事生涯中最悲惨的一次错误。

此等屠戮已经远远超出了人的肉体与精神所能承受的极限。军人的道德原则已被破坏，士兵们已经到了造反的边缘，就连军官自己也快要反抗了。

格兰特身边的一个团长说："到目前为止，三十六天过去了，我身边的葬礼就一直没停过。"

林肯尽管心碎欲绝，可他还是明白，除了继续挺住别无他途。他致电格兰特说："要像一只斗犬一样，狠狠咬住，让他窒息。"然后他又发布了一道五十万人的征兵令，役期为一到三年。这道征兵令震动了整个国家。全国民众陷入了绝望的深渊。

"现在所有的事情都是一片黑暗，值得怀疑，令人沮丧。"林肯的一个秘书在日记中写道。

7月2日，国会发布了一份告书。这份告书听起来就像《旧约》中希伯来先知的一首哀歌。它请求公民们"承认自己的各种罪行，并为之忏悔，以便获取上帝的怜悯和宽恕。恳求这位世间的最高统治者不要毁掉自己的子民"。

林肯现在在北方被咒骂的程度，几乎不亚于南方。他被骂成是篡位者、卖国贼、暴君、撒旦、怪兽等。"他是一个血腥的屠夫，手里拿着刀，叫嚣战争，并且还用他那杀人不见血的钢笔召集更多的受害人。"

他的一些最凶恶的政敌宣称，他应被杀死。一天晚上，他正在去往"军人之家"的途中，刺杀者对他开了一枪，子弹穿过他高高的丝帽。

几星期后，宾夕法尼亚州曼德维尔的一家旅店店主，在窗玻璃上发现如下题字："亚伯·林肯将于1864年8月13日丧命于毒药。"昨天晚上，住在这个房间的人是一个著名演员，名叫约翰·威克斯·布斯。

共和党人在当年的6月份，已经提名林肯参加下届总统大选。然而现在他们感到此举是错的。党内一些最杰出的元老希望林肯能主动退出。还有一些人希望通过一项特别程序，承认林肯的失败，取消他的提名，然后重新投票提名另一个人。

即便林肯的密友奥威尔·勃朗宁也在自己1864年7月的日记中记录道："国家最急切的需要，是一个能够胜任当前纷繁事务的领导者。"

现在就连林肯自己也认为他的事业无望了。他放弃了一切妄图再次当选的想法。他失败了，连带着他的将军们以及他的军事政策也失败了。人民丧失了对他领导的信心，他害怕联邦本身也会分崩离析。

他说："即便天堂也是漆黑一片。"

最后，一大群讨厌林肯的激进分子经由特别程序，提名了英俊的约翰·C.弗里蒙特将军参选总统。于是共和党分裂了。

形势非常严峻。如果不是后来弗里蒙特退出了竞选，那么民主党候选人麦克莱伦将军就很有可能当选，那么他的分治政策将会取胜，美国历史也就改写了。

即便在弗里蒙特退出竞选之后，林肯最终所得票数，也不过比麦克莱伦多出二十万张。

不管有多少尖酸刻薄的恶评落在林肯头上，他依旧冷静地向前走去，讷于言，敏于行。

他说："对于政治事务，我是这样一种立场：即便最终我必须要松开权力的缰绳了，即便我失去了世界上所有其他的朋友，也至少还有一位朋友，始终深深根植在我心中。……我并非竭力要获胜，而是竭力要依据真理行事。不是成功，而是追求我内心的光明，才是我的目标。”

疲倦沮丧的林肯，经常在沙发上伸长身子，随手拿过一本《圣经》，翻到《约伯记》读一读以寻求安慰：“现在要像勇士一样束起腰，因为我要让你回答我的问题。”

到了1864年夏天时，林肯跟换了个人似的。三年前的他原本是一个来自伊利诺伊草原的高个巨人，然而现在他的身心都起了变化。随着年岁的增长，他脸上的笑容越来越少，皱纹越来越深，肩膀越来越瘦削，双颊也越来越向内凹。他患有慢性消化不良，他的双腿总是受寒。他睡眠不好，总是一副苦恼的表情。他曾对朋友说：“我觉得自己再也快活不起来了。”

当著名雕塑家奥古斯特·桑戈登斯在1865年春天看见林肯的一幅半身像时，他说这无疑是一幅死亡之像，林肯的脸上已经有了濒死的气息。

艺术家卡朋特为了创作一幅《解放黑人奴隶宣言》签署时场面的作品，曾在白宫住了好几个月。他曾写道：

> “荒野”战役打响的头一个星期，总统几乎没怎么睡觉。其中有一天，他穿过一间屋子的大厅，正巧被我遇见。他穿着长长的睡袍，来回踱着步，双手背着，脸上一副浓浓的黑眼圈，头垂到了胸口……一副充满悲伤、关切以及焦虑的景象。……有很多次，我一看到他那张刻满皱纹的脸庞，就忍不住落下泪来。

那些前来白宫的拜访者，看到他瘫倒在椅子上，精疲力竭。在他们第一次来访时，林肯既不抬头看他们，也不说一个字。

他说：“有时我感到每一个前来拜访我的人，都在用他们的手指挑挑拣拣，我的全部精力就这样被他们东拿走一些，西拿走一些。”

他曾对《汤姆叔叔的小屋》的作者斯托夫人说，他不能活着看到和平降临了。

“战争正一点一点把我杀死。”他说。

他的朋友们觉察出他的健康在起变化，于是他们敦促他去休个假。

“两三周的假期对我来说毫无用处，”他说，“我无法摆脱自己的这些心事。我都不知道如何才能做到真正的休息。让我疲倦的事情，始终和我绑在一起，我无法脱身。”

林肯的秘书说：“孤儿寡母的哭喊声，始终萦绕在林肯的耳旁。”

那些违反军法应被枪决的士兵，他们的老母妻女天天前来找他，哭着请他饶过一命。无论多么疲惫，他总是要听完这些人的讲述，然后慷慨地答应他们的请求。因为他受不了女人的哭泣，尤其是那些怀抱婴孩的女人。

“当我死去之后，”他低声叹道，“我希望人们能说，林肯在那些认为应种上鲜花的地方，拔掉了蓟草，种上了鲜花。”

将军们责备林肯，史丹顿暴跳如雷，因为林肯的宽大举止毁坏了军队的纪律。他们坚决要让林肯不插手军队事务。不过林肯确实憎恶陆军将军们那种残酷的管理手段，讨厌正规军中的专制主义。他反而更喜欢志愿军，这些志愿军战士和他一样，来自森林和农田。他把战争取胜的希望全押在了这些志愿军身上。

如果志愿军中有人因为在战场上表现胆怯而要被枪毙，那么林肯总会替他求情。他说：“如果我在战场上，我也说不准，很可能也会弃枪逃跑。”

志愿军中有因为想家而逃跑的吗？“是的，然而我认为依靠枪毙维持纪律，对他没什么好处。”

那些来自佛蒙特州农村的小伙子，有没有因为过于疲劳，在放哨时睡着了，因而被判死刑的？林肯会说：“我自己在放哨时，可能也会睡着。”

他所饶恕的士兵名单，如果在此罗列，估计要花上很多页。

他曾致电米德将军说：“我不想让任何十八岁以下的小伙子被执行枪毙。”在联邦军队中，当时有一百多万士兵未满十八岁，其中大约有二十万人不满十六岁，有十万人连十五岁都不到。

有时总统会以略带幽默的方式来发出一些严肃的通知。比如他曾如此电告穆利根将军：“如果你还没枪毙巴尼 · D.，那就别枪毙了。”

那些失去儿子的母亲的痛苦陈述，深深地感动了林肯。1864年11月21日，他写下了一生中最漂亮、最著名的一封信。牛津大学把这封信的抄本挂在墙上，注明：“它是一种最纯净、最高雅的措辞方式的范例，无人能够超越它。”

尽管它是以散文文体写成的，然而它确实是一首无意当中创作的、引起巨大回响的诗篇：

致马萨诸塞州波士顿的比斯帕夫人

敬爱的女士：

我已经在战争统帅部看到了
马萨诸塞州副将军的陈述文件，
知道了您是五位光荣牺牲在战场
上的士兵的母亲。对于将您从如此剧烈的悲恸中
解脱出来，我感到我的任何语言都是苍白无力的。
但我不可抑止地要给您一个安慰，
那就是他们以生命所捍卫的这个联邦的感激。
我祈愿天上的父可以减轻
您丧子的悲痛，只给您留下逝去亲人
那些最珍贵、最可爱的记忆。

您所奉献的最无价的牺牲
将被放置在自由的祭坛上，
这是属于您的最神圣的荣耀。

您最真诚、最敬爱您的朋友

A. 林肯

华盛顿行政公署

1864年11月21日

有一天，诺亚·布鲁克斯送给林肯一本奥利弗·温德尔·霍姆斯[①]的诗集。林肯打开诗集，开始大声朗读一首名为《列克星敦》的诗篇，不过当他读到下面两行诗的时候，他的声音开始发战，他啜泣了。

烈士安葬之处，一无所有，除了遍地的绿草
没有裹尸布，没有墓碑，他们就这样沉入了永眠

他把书递给布鲁克斯，小声说："你读吧，我读不下去了。"

几个月之后，他在白宫中一字不差地将这首诗背给了朋友们听。

1864年4月5日，林肯收到一封来自宾夕法尼亚州华盛顿郡的一个伤心女孩的信。"经过了很长时间痛苦而恐惧的犹豫之后，"她写道，"最终，我决定把我的苦恼告诉您。"她在几年之前就和一个男孩订了婚，后来男孩上了战场，再后来，他被准许回乡参加选举。在他回乡之后，用女孩的话说，他们"愚蠢至极，在情欲那档子事上放纵自己"。于是现在"我们纵情的结果就要降生了。如果您不可怜我们，不保证他能活着回来给我们之前的事情一个结果的话，那么这将

① 奥利弗·温德尔·霍姆斯(1809—1894)：美国医生和作家，哈佛大学的解剖学及生理学教授（1847—1882)。他写过一些幽默的会谈式文章，其中有《早餐桌上的独裁者》(1858)。

是一个非法的家庭。……我向天祷告，希望您不会让我陷入沮丧，沦落到被众人嘲讽的境遇”。

读罢此信，林肯内心被深深震动。他那茫然的眼神转向窗外，毫无疑问，眼中充满了泪水……

林肯拿起钢笔，在女孩的信的底部给史丹顿写了一行字：“无论如何，把他给她送回去。”

1864年糟糕无比的夏天终于熬过来了。到了秋天，好消息来了：谢尔曼占领了亚特兰大，正率领大军穿越佐治亚州。海军上将法拉格特经过了一场激烈的海战后，活捉了摩贝尔·贝，并加固了墨西哥湾的封锁。谢里顿也在雪南道山谷取得了辉煌的、引人注目的胜利。现在李在自己的老巢中动也不敢动，于是格兰特向彼得斯堡和里士满加大防卫兵力……

南部联盟气数将尽。

林肯的将军们现在接连获胜，他的政策就此得以证明。北方人的士气有如插上翅膀一般猛升。于是，他于11月再度当选总统。他并未将此视作他个人的胜利，他对此的评价很简单：这不过是反映了人们认为“在跨越溪流的中途松开马的缰绳”是不明智的选择罢了。

经过四年的征战之后，林肯心中对南方人民并无丝毫仇视。他不止一次说道：“‘不要轻易审判那些你未曾经受过的事情。’如果我们处于他们的位置，我们也会这么做。”

于是，1865年2月，就在南军已经土崩瓦解、距离李的投降只有两个月之遥的时候，林肯提议，联邦政府要向南部各州为所解放的奴隶付四亿美元的赔偿。不过内阁的所有成员都对此项提议表示不欢迎。于是他放弃了。

又过了一个月，林肯在第二次总统就职仪式中，发表了一场曾被后来的牛津大学校长柯曾伯爵誉为“人类历史上质地最纯洁的金质雄辩——不，它简直近乎圣洁”的演说。

林肯走上前台，亲吻了《圣经》中正打开着的《以赛亚书》那一页，开始了一场听起来就像戏剧舞台上某位伟大角色在说话一般的演讲。

“这篇演说就像一首神圣的诗篇，”卡尔·舒尔茨[①]写道，“从没有一位统治者能向他的人民说出这样的话。从前的历任美国总统，都没用过如此这般能将其心灵的深刻表达出来的语词。”

舒尔茨认为，这篇演说的结尾的话语，是人类的嘴唇里所讲过的最高贵、最美丽的语言。每次他读到这里，都不禁会想起一个画面：在一座宏伟的教堂中的柔和光线下，有一架管风琴正奏着乐曲。

> 我们真切地希望着，同时诚挚地祈祷着，这场战争最酷烈的祸根能够尽快消除。但是，如果老天不愿如此，那我们将一直战斗下去，直到由奴隶们历经二百五十年的无偿劳作所积累的财富全部被消灭为止，直到宝剑上每一滴战士的鲜血偿还掉皮鞭上每一滴奴隶的鲜血为止。正如三千年前的古语所言：“无论如何，神的审判总是诚实而公正的。”虽是老生常谈，但我今天还要再说一次。
>
> 我们对谁都没有仇恨，我们对万事万物心持慈悲。我们只是顽强地坚持正义，而上帝已经让我们看见了正义。就让我们在未竟的事业中大步前进吧！让我们愈合这个国家的伤口，让我们关怀那些注定要牺牲在战场的人，关怀他们的孀妇和子女，让我们去做一切正义的事情，一切能够加速并珍惜那永恒的和平来临的事情——降临于我们所有人之上的和平，降临于所有邦国之上的和平。

① 卡尔·舒尔茨(1829—1906)：德国裔美国陆军军官、政治家和编辑，1869年至1875年他成为来自密苏里州的美国国会参议员，他的演讲和后来的报纸编辑对共和党政策产生过影响。

两个月后的一天，这篇演说在春田镇的林肯葬礼上，又被人读起。

第二十六章

造成五十万人为之丧生的美国内战，就这样在一个叫作阿波马托克斯的弗吉尼亚小村庄落下了帷幕。投降仪式在春天的一个祥和的周日下午举行，茉莉的清香充盈在空气中。

1865年3月下旬，弗吉尼亚州的里士满发生了一些意味深长的事情。南部联盟总统的妻子杰弗逊·戴维斯夫人处理掉了她的马车，还把她的个人物品放在一家纺织品商店出售。然后，她把其余的行李打包装车，迁往南方更远的地方……似乎要发生什么事情。

南部联盟的首都已被格兰特围困九个月了。李的军队衣衫褴褛，忍饥挨饿。货币紧缺，大家在购物时很少付钱，即便付钱也只能付南部联盟发行的一种纸币。这种纸币几乎毫无价值，一杯咖啡要花上三美元，一盒火柴要花五美元，一桶面粉则价值一千美元。

李和他手下的人都已清楚，脱离联邦的政策已经失败了，奴隶制也走向终结。他手下已经有十万人叛逃，经常有整团整团的人马收拾行李，集体出走。没有叛逃的人则转向宗教以求得安慰与希望。几乎每个营帐中都有祈祷者的集会，他们大声哭号，甚至出现了幻视。每当大家要走上战场之前，整个团队都会跪下祈祷。

尽管有这么多虔诚的人，里士满在风雨飘摇中，最终还是陷落了。

到了4月2日，正值星期天，李的军队放火烧掉了棉花仓和烟草仓，并且烧毁兵工厂，毁掉码头上还未完工的战舰。在这个火光冲天的夜里，他们逃出城外。

他们刚逃出城，格兰特立刻就带着七万二千人在后面紧追不舍。他们向李的军队两侧和背后猛烈轰击。此外，谢里丹的骑兵军早已远远赶超在他们前面。这支军队切断了铁路线，俘获了南军的补给列车。

谢里丹电告总指挥部说："我想如果这件事成了，李就会投降。"

林肯回电："那就让这件事成了。"

“这件事”就是：经过了长达八十英里的追击战之后，格兰特最终将南军四面包围住了。他们已是囊中之物，李认为进一步的血战毫无意义了。

此时，格兰特却突然头疼欲裂。脑部的剧痛令他未能跟上主力军。在星期六晚上，他跌跌绊绊地来到了一户农家。

他后来回忆说：“那天晚上，我用开水和芥末水洗了洗脚，然后在腰上和后脖颈上涂上芥末药膏，希望第二天早上能好起来。”

第二天早上他即刻之间就好了。不过这不是芥末药膏的效果，而是大街上一个疾驰而来的骑兵的疗效。他带来一封李的信，李说他想投降。

“当这个士兵（把这一讯息）传达给我时，”格兰特写道，“我的头依然疼痛未消。不过当我看到这封信的内容时，头疼马上就好了。”

那天下午，两位将军在一间砖砌房子的会客室中见面了，共同商讨投降协议。像往常一样，格兰特衣着懒散：他的鞋很脏，也没佩带宝剑，身上穿着和军队里普通兵士一样的军服——只是他的肩上有三颗银星，以此显示他的身份。

他和李的贵族风范相比，简直是天壤之别。李戴着镶有珠饰的长手套，腰佩镶着宝石的宝剑，看起来就像是刚从雕刻版画上走下来的皇室征服者一般。而格兰特更像一个进城卖猪和兽皮的密苏里州农民。格兰特立刻为自己的不整洁着装感到羞耻，他赶忙为自己没有在此等场合着装得体而向李道歉。

二十年前的美西战争时期，格兰特和李都是正规军中的军官。于是他们回忆起很久以前的往事，谈起了他们的“正规军”在墨西哥边境度过的冬季，他们整夜都在玩的纸牌游戏，以及他们的业余演出《奥赛罗》，格兰特甚至还在里面扮演过女性角色戴斯德莫纳。

“我们的谈话是如此愉快，”格兰特回忆说，“以至我几乎忘了我们会谈的主题。”

最终，还是李将谈话内容转到了投降的问题上。然而格兰特三言两语就同意了，然后他的思路又开始信马由缰起来。他回忆起四十年前的事情，回忆起那时的科珀斯克里斯蒂城，还有1845年冬天草原上狼群的嗥叫……那时的阳光倾洒在绿色的海洋上……那时花上三美元就能买一匹野马。

如果李没有再次打断他并提醒他今天来此的目的是接受自己军队的投降的话，那么格兰特很可能会这样絮叨上整整一下午。

于是格兰特要来纸和笔，草草写就了投降协议。协议中没有规定羞辱性的投降仪式，不像1781年华盛顿在约克郡强求英军的所作所为——手无寸铁的英军被强迫在两长排欢呼雀跃的胜利者之间游行。而且，协议中也没有报复行为的规定。这四个血腥的年头以来，北方的激进分子一直要求，李以及其他西点军校的背叛联邦国旗的军官，都应以叛国罪绞死。然而在格兰特所写的协议中，没有任何刺激性文字。李的军官被允许携带武器，也可以被释放回家。至于他手下的士兵，如果需要马或驴的，可以牵走一匹，骑着回家，再次耕种他的农田和棉花地。

为何投降协议这样的慷慨温和？因为这是亚伯拉罕·林肯亲自做出的指示。

造成五十万人为之丧生的美国内战，就这样在一个叫作阿波马托克斯的弗吉尼亚小村庄落下了帷幕。投降仪式在春天的一个祥和的周日下午举行，茉莉的清香充盈在空气中。

那天下午，林肯是乘坐“皇后河”号豪华轮船返回华盛顿的。他一连几个小时都在为朋友们大声朗读莎士比亚的作品。刚好他读到了《麦克白》中的如下段落：

邓肯一世已经进了他的坟墓。
他的一生不断地发狂，现在他终于安息了。
反叛者已经下了毒手。无论是冷兵器的交战，

> 投毒，国内的互相仇视，国际的穷兵黩武，
> 对他都毫无任何意义了。

林肯对这几行文字印象极其深刻。他立刻朗读了一遍，然后停下来，双眼茫然地凝视着舷窗之外。

然后他又大声读了一次。

五天之后，林肯死去了。

第二十七章

林肯一生中最大的悲剧，不是他的遇刺，而是他的婚姻。

当布斯向林肯开枪时，林肯并不知道是什么在击打他。然而在长达二十三年的岁月中，他几乎天天都在承受荷恩敦所谓的“婚姻不幸的严重恶果”。

我们现在必须得回头看一些事情。接下来我要向大家讲述一件令人惊讶的事情，它发生在里士满陷落之前不久。这件事情可以为我们形象地展示出林肯家庭内部的不幸。这种不幸，林肯默默承受了将近四分之一个世纪。

这件事发生的地点离格兰特的指挥部不远。这位将军邀请林肯夫妇在前线附近与他共度一个星期。他们欣然前往。林肯本来就快筋疲力尽了，自从他进了白宫，就没享受过一次假期。所以，这次赴约不啻是一个躲开那些在他第二任头上再次前来索求官职的民众的大好机会。

于是林肯夫妇乘坐“皇后河”号轮船，沿波多马可河向下航行，途经切萨皮克湾的低部，穿过古老的“安慰岬”，在詹姆士河溯流而上，最后到达了岬角城。在这里的高出水平线二百英尺的山崖上，那个来自加利纳的前皮货收购商，正在一边抽烟一边切肉。

几天以后，总统的队伍中又加入了一批来自华盛顿的特殊人士，其中包括法国牧师M.乔福礼。这些参观者自然很想看看十二英里之外的波多马可战区的兵力防线，于是第二天，他们就起程前往。其他的男人们骑在马背上，林肯夫妇坐在后面的一个半敞篷的马车中。

格兰特的军事秘书和助手亚当·巴铎将军，那天负责严密护卫这些女士。巴铎也是格兰特将军最亲密的朋友之一。他坐在马车的前排，看着前面的人群，背对着马匹。他是当天发生的所有事情的目击者。以下的论述就摘自巴铎所著《日常生活中的格兰特》一书的第356—362页：

在闲聊的过程中，我凑巧发现军队前面的军官的妻子们都被命令向后方转移，这无疑是军事行动即将开始的征兆。于是我说道，除了格里芬夫人外，任何一位女士不得留在原地。因为查尔斯·格里芬将军的妻子在原地不动，是得到了总统的特殊许可。

林肯夫人看到这一幕，立刻嚷嚷起来："先生，你这是什么意思？你是想说只有她才发现了总统是孤零零一人吗？难道你不明白，是我绝不允许总统发现某位妇女一人在此，却不去陪伴的吗？"

她绝对是嫉妒起又穷又丑的亚伯拉罕·林肯了。

我尽量让我的措辞和缓一些来安慰她，不过她的火气一下就蹿了上来。"先生，看来你笑的意思是你还不相信我，"她大声喊道，"让我立刻走出马车。我要问问林肯，他是不是看见这位妇女孤零零一人了。"

日后成为了埃斯特哈奇女伯爵的格里芬夫人，是华盛顿最有名望、最高贵的女人之一。林肯夫人的私交卡洛尔赶忙过来平息她的火气，然而徒劳无益。林肯夫人再次让我叫车夫停下。当我迟疑着不听她的命令时，她干脆直接越过我，把胳膊伸到马车前面，紧紧拽住车夫。不过最后格兰特夫人还是把她给拦住了，以免大部队都要被耽误……

那天晚上在我们回到营队中后，格兰特夫人与我谈起了这件事，她说整个事件非常令人沮丧和难受，我们最好和谁都不要说。我发誓保持沉默，她也不会对将军谈起。不过第二天我就没能守住我的誓言，因为更糟糕的事情还在后面。

第二天早上，同样一队人又去参观了位于河的北面的詹姆士的军队。大家的行走位置与头一天相似。我们在河上乘坐一条汽船，男人们依旧牵着他们的马，林肯夫人和格兰特夫人则坐在一辆救护车中。我像往常一样严密护卫，但今天我又叫来一个人与我共同担负警卫之责。因为我的经验告诉我，最好不要成为马车中唯一的军官。于是贺拉斯·波特和我同在马车中。奥德夫人与她丈夫在一起。因为她是军队指挥官的妻子，所以尽管在前一天我就知道，她希望能回华盛顿或者其他远离军队的地方，但她还是没能回去。于是她就加入了我们的行列。因为救护车已经坐满了，所以她只能骑在马上，与总统结伴走了一程。他们二位走在马车的前面。

林肯夫人看到此景，火气马上又冒了出来。她喊道："这个女人骑在总统身边，到底是什么意思？难道她以为总统想让她在自己身边吗？"

她怒不可遏，每一刻的语言和行为都是那样不可理喻。

格兰特夫人又一次努力去安慰她，然而她后来又和格兰特夫人怄起气来。我和波特除了确保让林肯夫人不要发生口角以外的其他过激行为之外，什么也做不了。我们害怕她可能会跳出马车，向队伍大喊大叫。

她在途中向格兰特夫人说："我想你认为自己可以入住白宫，对吧？"格兰特夫人非常地冷静、高贵，她只回答说自己对现在的地位已经很满意了，自己目前的待遇已经大大超出了从前的期望值。然而林肯夫人大声说道："哦，如果你有能力，最好争取做上总统夫人！那种滋味可是太好了！"然后她又继续咒骂奥德夫人，而格兰特夫人对她的朋友的护卫，险些把林肯夫人的愤怒刺激得更厉害。

当争吵暂时停下来的时候，国务卿西华的侄子、奥德将军手下的军官西华上尉，走上马车，尽力说几句俏皮话。他说："林肯夫人，总统的坐骑可是很讨女人喜欢，所以他坚持要行走在奥德夫人的身旁啊。"

这自然无异于火上浇油。

她哭喊道："你这是什么意思，先生？"

西华发现自己犯了个大错。于是他的马匹立刻就离开了总统身后这场风暴的风眼。

这一队人最终走到了目的地。奥德夫人刚来到救护车前面，林肯夫人马上就开始羞辱她，当着一大堆军官的面骂她的名字，问她紧跟着总统是什么意思。这个可怜的女人哭着问道自己究竟做错了什么。不过林肯夫人怒气不消，脾气一直发到自己累了为止。格兰特夫人依旧站在她的朋友一边。在场的每一个人都很震惊，并对此极度厌恶。最终风波渐渐平息下来。过了一会儿我们就返回岬角城了。

那天晚上，总统夫妇在汽船上设宴招待格兰特夫妇及其群僚。林肯夫人当着我们所有人的面，向总统大骂奥德将军，还催促林肯解他的职。她说奥德身居此位，不应该对自己妻子一句责备都没有。格兰特将军坐在奥德身边，他勇敢地保护了自己的军官。当然，奥德将军根本没被解职。

在这次参观日程中，类似的情形频频发生。林肯夫人当着所有军官的面，因为格里芬夫人与奥德夫人令她产生的不悦，几次三番冒犯她们的丈夫。我的这位并没有私交的朋友所遭受的耻辱和痛苦，放我头上可是连想都不敢想，更何况他还是全国上下的领导者，是一个在如此危急存亡关头要扛起整个国家的重任的人，然而却要在公共场合承受着这种难以表达的痛苦。他的表现近乎圣人，尽管经受着割心般的痛苦与忧伤，可他还是表现得极其镇静与尊贵。他以旧日的朴实口吻称呼她“孩子他妈”。他用自己的每一个眼神、每一句语气来恳求她的平静。他竭力对别人的行为进行解释，尽量减轻别人对她的伤害程度。这一切努力最终换来的却是她母老虎一般的姿态。于是他只好走开，并且把忧愁隐藏在自己那张质朴而丑陋的脸庞之后，不让我们发现哪怕一丝悲哀。

谢尔曼将军也是此类逸事的见证人之一。很多年前，他曾凭记忆提起过这些事情。

海军上尉巴恩斯既是这次事件的目击者，同时也是受害者。在这次倒霉的旅行中，巴恩斯曾与奥德夫人同行，后来他拒绝承认这位女士是该受责备的。因此林肯夫人一直都记恨他。一两天之后，他曾因某些军事事务去面见总统，碰巧林肯夫人和其他几个人也在场。总统夫人当时说了他几句非常难听的话，大家全都听见了。林肯没说什么，不过过了一会儿，他拉过这位年轻军官的胳膊，把他带到自己的私人密室。巴恩斯说林肯先给他看了一张地图和一份文件，对刚才发生的事情也没评论什么。他不可以谴责自己的妻子。不过他表示了遗憾，以及对军官阶层的敬意。他身上所散发出的高贵教养，深深地感染了我。

在这些事情发生之前不久，史丹顿夫人来过岬角城。我趁机问她一些关于总统夫人的问题。

她的回答是："我没拜访过林肯夫人。"

我以为是她没听清我的问题。战争统帅部部长的妻子肯定拜访过总统的妻子啊。于是我又问了一遍。

"先生，你刚才没明白我的意思吗？"她又重复一遍，"我不去白宫，我没拜访过林肯夫人。"我和史丹顿夫人并不熟，她的这番话令人惊异，所以我一直没忘。不过后来，我明白了其中的意思。

林肯夫人继续抵触格兰特夫人。格兰特夫人越是努力劝慰她，她的火气就越大。有一次她看见格兰特夫人进来就坐下了，于是责备道："我没请你就座，你怎敢一屁股坐下？"

伊丽莎白·凯克里在这次旅行中曾与林肯夫人在一起，她亲口讲述了"总统夫人"在"皇后河"号上举办宴席的情况。

其中有一位客人，是一名隶属医务部门的年轻军官。他坐在林肯夫人附近。为了取悦她，他说："林肯夫人，您实在应该看看先前总统胜利进军里士满的那一景象。他是所有人眼中的明星。女士们先亲吻自己的手，然后向着总统抛飞吻。她们还挥动手帕，向总统致意。在那些年轻漂亮的女孩的簇拥下，他真是个英雄。”

突然间，这个年轻军官停下来，脸上一副尴尬相。

林肯夫人转头看着他，两眼冒火。她在以此表达自己受了冒犯的感觉。

这真是百年不遇的场景。我相信引起林肯夫人不快的那个上尉，永远也不会忘记这个值得纪念的夜晚。

“我这辈子从没见过像她这么秉性古怪的女人，”凯克里说，“满世界找，你也找不到第二个。”

“你随便遇见一个美国人，问他‘你认为林肯的妻子是个什么样的人’，”荷诺·威尔西·莫罗在《玛丽·陶德·林肯》一书中写道，“这个人百分之九十九会说，她是一个泼妇，一个降临到林肯身上的诅咒，一个粗鲁的傻瓜，精神病人。”

林肯一生中最大的悲剧，不是他的遇刺，而是他的婚姻。

当布斯向林肯开枪时，林肯并不知道是什么在击打他。然而在长达二十三年的岁月中，他几乎天天都在承受荷恩敦所谓的“婚姻不幸的严重恶果”。

“在政党罅隙以及叛军的战争之外，”巴铎将军说，“在这些有如上十字架一般的痛苦之外，家庭的不幸还要压在林肯的心头。可他还是说：‘天父啊，宽恕他们吧，因为他们并不知道自己所做的是什么。’”

伊利诺伊州议员奥威尔·H.勃朗宁，是林肯就任总统这些年间最亲密的好友之一。他们两位相互交往了有四分之一个世纪之久，勃朗宁是白宫餐桌上的常客，有时还会在白宫过夜。他有一本记载得非常详细的日记，然而对于他都写过哪些关于林肯夫人的话，我们只能猜测了，因为如果阅读者没有凭人格发誓自己不会泄露出些许有损她的形象的话语，那么勃朗宁是不会允许他阅读自己的手稿的。该手稿最近已经卖给出版社准备发表，然而所有有关描述林肯夫人的震撼性内容，在付梓之前全被删掉了。

在白宫内部的公共宴会上，由总统来选择妻子以外的某位年轻女士来领舞，已成为惯例。不过林肯夫人可不管什么惯例不惯例、传统不传统，她就是不能忍受这个。什么？另一个女人要僭越于她？还要挽着总统的胳膊？休想！

于是她就这样固执地独断专行，结果华盛顿社交界嘘声一片。

她不仅不让林肯与其他女人一同行走，就连林肯和某位女士讲几句话，她都要瞥上几个嫉妒的眼神，严厉地责备他几句。

在外出赶赴每一场公共宴会之前，林肯都要征求他这个醋坛子老婆的意见，问问自己都可以和谁谈话。于是她就把一堆女人的名字逐个数落一遍，说什么她讨厌某某某、恨某某某之类。

“不过，孩子他妈，”他抗议说，“我总得和谁聊聊吧。我总不能像个傻子一样往那一站，一言不发吧。如果你不告诉我我可以和谁聊，那你就告诉我我不可以和谁聊吧。”

她为了达到自己的目的，什么都可以豁出去。有一次，为了逼迫林肯提升某位军官，她甚至当着所有人的面，以在烂泥地里打滚相威胁。

还有一次，正逢一个重要的采访，她冲进林肯的办公室，泼出一大堆脏话。林肯平静地站起身，把她拉出门去，让她坐下，然后回来把门锁上，继续他的访谈，好像自己从未被打断过一样。

林肯夫人咨询过一个巫师，巫师说林肯内阁的所有成员都是林肯的敌人。这并不令她惊讶，因为她压根儿就没对其中任何一位有过好感。

她讨厌西华，说西华是个“伪君子”，“鬼鬼祟祟的废奴主义者”，还说此人不可信任。她警告林肯不要跟西华牵扯上一些什么事。

凯克里夫人说：“她对柴斯的敌意，极其凶猛。”其中的一点原因是：柴斯有一个女儿名叫凯特，她嫁给了一位富人，而且她也是华盛顿社交界最漂亮、最有魅力的女人。凯特在参加白宫的宴会时，会让所有男人围着自己团团转，这可与被人人厌烦的林肯夫人形成鲜明对比。

凯克里夫人说：“林肯夫人因为嫉妒柴斯女儿的人气，所以不肯帮柴斯替他女儿在社交圈中树立起自己的地位。”在她火气不降、脾气不顺的时候，还会屡次逼着林肯把柴斯从内阁中解职。

她讨厌史丹顿。当史丹顿批评她时，她的报复手段就是“给史丹顿寄去一堆将其描写为暴怒狂人和不为人喜者的书籍以及剪报”。

林肯面对这些对她的尖刻评价，说道：

“孩子他妈，你这样可不对啊。你的偏见太大了，都不能理智地考虑问题了。如果我听了你的劝告，恐怕转瞬之间，我的内阁里面一个人都留不下了。”

她极其讨厌安德鲁·约翰逊，憎恨麦克莱伦，厌恶格兰特，说他是个“顽固的傻瓜、屠夫”，还宣称自己要是领导军队会比他强得多。她甚至屡次发誓说，如果格兰特当了总统，那她就离开这个国家；只要他一天还在白宫，自己就一天不回来。

“没错，孩子他妈，”林肯总是会说，“如果我们把军队指挥权给了你，毫无疑问，你会比任何一个当过总司令的将军干得棒。”

在李投降之后，格兰特夫妇回到了华盛顿。华盛顿当时灯火辉煌，人们载歌载舞，燃放烟火，尽情狂欢。于是林肯夫人写信给将军，邀请他和林肯还有自己一同到大街上“看看灯火”。

然而，她没邀请格兰特夫人。

不过几天之后，她在剧院里安排了一次活动，这回倒是把格兰特夫妇和史丹顿夫妇都请进了总统包厢。

史丹顿夫人接到邀请函后，立刻去找格兰特夫人，问她是否接受邀请。

“如果你不打算去，”史丹顿夫人说，“那我也不去了。如果你不在总统包厢，我才不想一个人在包厢里陪着林肯夫人呢。”

格兰特夫人不敢接受邀请。

她清楚得很，如果将军进了剧院，那全场观众肯定会爆发出一阵掌声，并且喊道“阿波马托克斯的英雄”。

这时林肯夫人又会怎样？这不用说，她很可能又要制造一出令人羞耻和怄气的场景了。

格兰特夫人没有接受邀请，于是史丹顿夫人同样没有接受。她们这次没去，同样也拯救了她们丈夫的生命。因为就在这天晚上，布斯偷偷潜入了总统包厢，刺杀了林肯。如果史丹顿和格兰特也在那里，那他们也许就被一同刺杀了。

第二十八章

第二天，小泰德问一个白宫的来访者，他的爸爸是否上了天堂。

对方的回答是："对此，我没有任何疑问。"

"那么我倒是挺高兴他走了，"泰德说，"因为自从他来这以后，就没有一天开心过。对他而言，这里不是个好地方。"

1863年，弗吉尼亚州的一群奴隶主成立了一个秘密组织，并为之筹款。该组织的工作目标之一就是刺杀亚伯拉罕·林肯。到了1864年12月，亚拉巴马州塞尔玛城的一家报纸登出了一则广告，内容是向大家募集类似的行动所需的钱款。南方的很多家报纸都为刺杀林肯者提供了赏金。

不过最终刺杀林肯者的行为动机，既非英雄主义的驱使，也不是为了钱。约翰·威克斯·布斯此举乃是为了出名。

布斯是个什么样的人呢？他是个演员，天生就有着极其卓越的魅力以及富有磁性的个性品质。林肯的私人秘书把他形容为“月神的恋人一般英俊，社交界的宠儿”。弗朗西斯·威尔森在其所著的布斯传记中，说他是“世界上最成功的大众情人之一……女人若在街上看到他，就会本能地停住脚步，艳羡不已”。

那一年布斯刚刚二十三岁，就已经成为了日场演出中的一个偶像人物。他最出名的角色，自然就是罗密欧。无论他在哪里演出，他都会被那些多情少女的甜蜜的信件所淹没。当他在波士顿演出时，成群结队的女人们拥挤在剧院门口的街道上，就想在他一出剧院时能看他一眼。一天夜里，一个妒忌心很强的女演员亨蒂塔·欧文在一家酒店中用刀刺伤了他，然后欧文试图自杀。就在布斯刺杀林肯的第二天早上，布斯的另一个情人正巧也住在华盛顿一家旅馆中。当她听说她的心上人就是凶手并已逃出城外之时，她很伤心，于是她喝下氯仿，把布斯的照片紧紧贴在胸口，然后躺下等死。

不过，这些如洪水般的女人的奉承，真的给布斯带来幸福了吗？几乎没有。因为他的成功，几乎仅仅局限于那些偏僻地区的少数识货的观众。可他的心里却总被一种雄心壮志所痛苦煎熬，那就是有朝一日赢得大城市的民众的欢呼喝彩。

然而纽约却对他评价甚低，在费城，他甚至被轰下了舞台。

因为布斯家族的其他成员都是在舞台上闻名遐迩的，所以这一境遇令布斯很苦恼。在长达三十多年的时间里，他的父亲朱尼厄斯·布鲁托·布斯已经发展成为戏剧演艺圈中的一线明星。他对莎士比亚的诠释，已然成为全国各地的谈论话题。在美国的舞台剧历史上，还没有第二个人能受到如此热烈的欢迎。这位老人对他最宠爱的儿子约翰·威克斯的精心栽培，使得布斯相信自己终将成为布斯家族最伟大的人物。

然而实情却是：约翰·威克斯·布斯的天赋不佳，而且就连这点天赋也没有被他自己好好地发掘。他相貌英俊，从小就被溺爱，而且非常懒惰。他拒绝让自己经受刻苦训练。他的少年时期都是在马背上度过的。他骑马跑过马里兰乡村中的树林，对着那些树木和松鼠哇啦哇啦发表英雄的演说，并且手持一根墨西哥战争时用过的老式长矛，刺向天空。

老布斯从来不让家里的餐桌上有肉菜，他还教育他的儿子们，说杀害任何生命——甚至包括响尾蛇——都是不对的。然而约翰·威克斯明显没拿他父亲的哲学认真地当回事。他喜欢开枪和毁坏。有时他会对着奴隶们的猫和猎狗砰砰开枪。有一次他还杀死了邻居的一头母猪。

后来他到切萨皮克海湾做了一阵海盗，然后又当上了演员。现在他二十六岁了，他已经成了热情洋溢的高中女生眼中的珍爱。然而在他自己看来，他活得很失败。不仅如此，当他看到自己的哥哥埃德温已经实现了自己日思夜想的功成名就之时，他的嫉妒之心火烧火燎。

经过很长时间的深思熟虑之后，他最终决定，自己要在一夜之间留下永恒的历史大名。

他的第一个行动方案是：某天晚上先跟随林肯进入剧院，然后在自己的南方同伙关掉所有煤气灯时，冲进总统包厢，把林肯捆起来，扔到楼下的舞台上，再顺着后门挤出去，把林肯扔到马车上，疯狂地跑掉，消失在黑暗深处。

快马加鞭，布斯就能在破晓之前到达仍旧处于睡意之中的老镇烟草港。然后他就划船穿过波多马可河，一直向南前行，穿越弗吉尼亚州，最后把这位联邦军队总头目带到里士满的南部联盟总部的刺刀之下。

然后呢？

然后嘛，停战协议的内容就得由南方人来宣布了。这样战争就会立即结束。

这场伟乎其大的胜利要归功于谁呢？当然是炫目的天才约翰·威克斯·布斯。届时他的身上将罩上双重名气的光环，他将比他的哥哥埃德温出名一百倍。他将成为美国的威廉·退尔（欧洲的民族英雄）。这就是他的美梦。

那时他在剧院，每年能赚到两万美元，不过他放弃了所有这一切。现在钱对他来说已经无足轻重，因为他正在准备一件比物质财富重要得多的大事情。他从流浪在巴尔的摩和华盛顿之间的一群同情南部联盟的反对派中组织了一伙人，并用自己的积蓄作为经费。布斯向他们每一个人保证，他们将名利双收。

这真是一群五颜六色的小丑！其中包括施宾格勒——一个醉醺醺的舞台助理、乖戾的渔民；亚策洛特——一个粗暴的家伙，马马虎虎的粉刷匠，头发和腮须全都打着卷的偷渡者；阿诺德——懒惰的农民，联邦军队的叛逃者；欧-拉夫林——出租马车行的工人，全身散发着马匹和威士忌的味道；瑟拉特——一个傲慢的、傻乎乎的职员；波威尔——五大三粗、身无分文的屠夫，一个浸信会牧师的狂暴的、半疯癫的儿子；还有荷拉德——笨蛋，只会咯咯傻笑的流浪汉，他住在马厩中，一边接着他的寡母和七个姐妹扔给他的零钱，一边大谈着马和女人。

有了十个配角的帮助，布斯开始为扮演他这一生中最伟大的角色而准备起来。他不惜在最小的细节上花费时间和财力。他买了一副手铐，还在途中若干适宜地点都安排好了预备换班拉车的快马。他买了三艘小船，将这些船只配备好船桨和船夫，让他们等候在烟草港的河畔，随时准备出发。

1865年1月，布斯觉得这一伟大的时刻终于来到了。林肯准备于当月18日去往福特剧院观看埃德温·弗雷斯特主演的《杰克·凯德[①]》一剧。这一讯息传遍了全城，布斯也听闻了。于是那天晚上，他手持绳子，屏息等待。然而什么也没发生。林肯没有出现。

两个月后，有报道说林肯将在某天下午驾车出城，去参加在附近的一个军营举行的戏剧演出。于是布斯和他的帮凶们跳上马，腰里别好猎刀和左轮手枪，躲在总统将要路过的一片树林中。然而当白宫的马车驶来时，他们发现其中并无林肯。

第二次遭受挫败的布斯大为光火。他大声咒骂，气得直拉自己乌鸦一般黑的髯须，还用马鞭狠抽自己的靴子。他已经受够了，他再也不想这么沮丧下去了。布斯对天发誓，下次如果再捉不到林肯，就干脆把他杀了。

几星期后李就投降了，战争结束了。现在布斯明白再绑架林肯已经没用了。于是他决定，立即将林肯干掉。

布斯这次没等太久。到了周五，他就去理了个发，然后去往福特剧院取他的邮件。他在那里得知，当晚的演出已经为总统准备了一个包厢。

“什么！”布斯兴奋异常，“今天晚上那个无赖要过来了？”

舞台的工作人员已经准备好了特别庆祝演出。左侧的包厢上面插满了旗子，包厢背后是一面饰有花边的黑墙，墙上挂着一幅华盛顿的画像。他们还把两个包厢中间的隔板去掉，这样就将包厢的容积扩

---

① 杰克·凯德：英国反叛者，1450年领导了反抗亨利六世的起义，以失败告终。

大了一倍。包厢里面贴上了红纸，还准备了一个超大号的胡桃木摇椅，以便总统的长腿能够伸直就座。

布斯贿赂了一个工作人员，让他把总统的椅子放在自己希望的位置。他希望总统坐在最靠近观众的位置，以便自己进入包厢时不易被人发现。他还在摇椅正后面的门上钻了一个小眼，然后在一扇从前排座位通往包厢的门的背后的石膏体上挖了一个洞，这样一来，他就可以用一块厚木板把这个出口堵死。完成这些工作后，布斯回到旅馆，给《国民通讯报》的编辑写了一封长信，论证了这次密谋的暗杀乃是出于爱国主义之名，并且宣称后人将会铭记自己的荣耀。签上自己的大名后，他就把信交给了一个演员，让他第二天寄出去。

然后他去车马行租了一匹栗色小母马——他吹嘘说这匹马跑起来“就像一只猫”。随后，他召集起他的帮手们，让他们赶紧上马。他塞给亚策洛特一支步枪，让他刺杀副总统。他又塞给波威尔一把手枪和一把匕首，命令他刺杀西华。

今天是耶稣受难节，通常来说是一年中剧院生意最惨淡的几天之一。然而，大街上早就挤满了前来一睹联邦军队总领袖的容颜的军官和士兵们。整个城市依旧处于庆祝战争结束的狂欢氛围中。象征胜利的拱形纸制品依然横摆在宾夕法尼亚大道上。街上到处都是载歌载舞的人们，他们举着火把，游行庆祝。当总统于晚上在剧院门口下车时，人群中迸发出一阵欢呼。此时剧院已经人满为患，有数百人无法进去。

总统一行人员是在第一幕演出的中间进来的，此时正是九点差二十分。演员们立刻停止演出，鞠躬致敬。身穿节日盛装的观众山呼起来，表示欢迎。乐队急忙开始演奏“向领袖致敬”。林肯鞠躬致谢，脱掉他的燕尾服，然后坐在铺着红色坐垫的胡桃木摇椅上。

林肯夫人右面坐着她的宾客们：宪兵司令部的拉茨波恩以及他的未婚妻克拉拉·H.哈里斯。哈里斯是纽约州议员艾拉·哈里斯的女儿，她的血统非常高贵，够得上林肯夫人这位肯塔基州女主人的挑剔的要求。

劳拉·基涅正在进行她今晚最后的演出，这是一出庆祝节日的喜剧，名为《我们的美国表兄》。场面轻松欢快，观众发出一浪接一浪的笑声。

那天下午，林肯和他的妻子驾车走了很长时间。后来她说，这些年来她从未看见林肯像今天这么高兴。是啊，和平、胜利、联邦、自由，都到来了，他能不高兴吗？那天下午他还和玛丽说起了自己第二任任期结束后、离开白宫后的生活打算。首先，他们会在欧洲或者加利福尼亚州休个长假。等到长假结束后，他要么在芝加哥开一个律师事务所，要么回到春田镇，继续他无比喜欢的草原巡回办案的生活，以度余生。那天下午还有几个他在伊利诺伊州时的老朋友前来白宫。林肯滔滔不绝地讲着笑话，以致林肯夫人叫他好几次吃饭他都没听见。

前一天夜里林肯做了个奇怪的梦。到了早上，他把这个梦讲给了他的内阁成员听："我好像是在一个只能容下一人的难以描述的容器中。这个东西飞速向前运行，前方是一片黑暗，模模糊糊似乎还有一片陆地。每当重要事件即将发生的前夕，或者是打胜仗之前——比如安提坦姆战役、斯顿河战役、葛底斯堡战役以及维克斯堡战役之前，我都会做这个梦。"

他认为这个梦又是一个好兆头。它预示着好消息，预示着有些美妙的事情将会发生。

十点十分，浑身酒气的布斯穿着黑色的马裤、皮靴和马刺，生平最后一次进入这家剧院，找到了总统的座位。他手里的黑帽子低垂着。他爬上通往前排座位的楼梯，挤过一个堆满了椅子的通道，来到了通向包厢的走廊。

他被总统的一个警卫拦住了，于是他拿出自己的身份证，虚张声势地说总统要见自己。然后他还没得到许可就直接推开大门，又关上他身后走廊的门，并将刚从乐谱架上拆下来的一块木板揳入那个洞里。

他先透过总统身后的门上他刚刚钻出的小洞向里窥视。然后，他把小洞堵上，悄悄地把门拧开，将他的大口径手枪堵在这位受害人的脑袋上，扣响扳机，随后迅速跳到楼下的舞台上。

林肯先是向前倾倒，然后歪向一边，像是慵懒消沉地坐在椅子上。

他什么话都没说。

有那么一会儿，观众以为枪响和有人跳下舞台，都是演剧的一部分。没有一个人——即便是演员自己——怀疑是总统受到了伤害。

然后一个女人的尖叫声刺透了整个剧院，于是所有的眼睛都转到了那个锦绣斑斓的包厢上。拉茨波恩上尉的一条胳膊涌出鲜血，他大叫道："拦住那个人！拦住他！他杀了总统！"

全场片刻死寂，一缕烟从总统包厢中飘了出来。然后，悬疑突然迸开了。观众席中恐怖的尖叫声一片接一片，他们猛然从座位上跳起来，甚至把凳子推开，把楼梯的扶手也砸坏了。他们竭力爬上舞台，互相拥挤，老弱都被践踏在脚下。在冲挤中有人骨折，女人惊声尖叫，甚至晕倒，恐惧的尖叫声中还夹杂着暴怒的吼叫声："绞死他！""枪毙他！""把剧院烧了！"……

有人喊道，剧院本身藏有炸弹，于是人们的怒火与恐惧又增加一倍，大家战栗不安。一群疯狂的士兵冲进剧院，举起步枪和刺刀，对着观众们喊道："全给我出去！混蛋，滚出去！"

观众中有懂医的人，他们检查了总统的伤口，知道这是致命的一枪。他们不让人们把林肯带回白宫，以免一路受着道上鹅卵石的颠簸。于是四个士兵把他抬起来，两个抬着肩膀，两个抬着脚，把他修长的、下垂的肉体抬出剧院，抬到了大街上。鲜血从伤口滴下来，把路面都染红了。人们屈下身来，用手帕沾上这点点血渍。这些手帕成了他们一生中最贵重的珍宝，即便他们死后，也作为无价之宝传给他们的子孙。

骑兵们用闪亮的军刀和战马清出一条道路，这些充满爱意的双手将中弹的林肯抬过街道，抬进一个裁缝经营的廉价旅店中。由于床铺太窄，林肯平躺不下，所以他们只能把他瘦长的身躯斜放在床上，再把床放到一盏昏黄的汽灯旁。

这是一间九英尺长、十七英尺宽的厅堂，床头挂着一幅罗莎·博纳尔的《马市》复制品。

这场悲剧如飓风般席卷了整个华盛顿。祸不单行，第二个打击紧随其后：就在林肯遇刺的同时，国务卿西华也在床上遭遇刺杀，并且生命垂危。在这两个黑色的消息之后，一大堆令人恐惧的谣言如一连串的雷鸣般传播开来：什么副总统约翰逊也被杀死啦，史丹顿遇刺啦，格兰特中枪啦，诸如此类，不一而足。

现在人们敢肯定了，李的投降一定是个诡计。他们认为南部联盟已经将可怕的势力悄悄遣入华盛顿，正竭力准备一次性推翻联邦政府。南方的军队瞬间就又一次武装起来，一场史无前例的血腥之战又要开始了。

神秘的传信者跑进居民区中，敲了三次梆子，每次两声，这是一个秘密社团“联邦同盟”遭遇危险时发出的信号。被这种召集令唤醒后，该组织的成员们拿起步枪，疯狂地冲到大街上。

一群群的乌合之众手持火把和绳索，在镇上咆哮着说：“烧掉剧院！”“绞死叛国者！”“杀光卖国贼！”……

这是美国历史上前所未有的最为疯狂的夜晚。

报刊对这一新闻的播发，着实给美国点了一把火。人们把那些同情南方的北方人架上围栏，全身涂满焦油，粘满羽毛。有些人的头骨被卵石打碎了。巴尔的摩的很多照相馆展室被乱民毁坏，因为他们相信其中悬有布斯的相片。马里兰的一个报纸编辑被枪杀，因为他曾经发表过一些对林肯的粗鄙谩骂。

现在，总统濒临死亡；副总统约翰逊醉得像块石头，四仰朝天地躺在床上，头发和泥巴混成一团；国务卿西华遭遇刺杀，同样不知死活。于是国家的统治大权立即就落入了爱德华·M.史丹顿——一个粗暴、忽南忽北、一片混乱的战争统帅部部长——的手中。

因为史丹顿感觉政府的所有高官都被列入了暗杀范围，所以他的情绪很狂躁，一道又一道地猛下命令。他坐在垂死的林肯的床边，垫着自己那顶丝帽来签发这些命令。他命令警卫加强对自己及同事们的住房的保卫。他下令查封福特剧院，逮捕每一个与此有关的人。他宣布华盛顿进入戒严状态。整个哥伦比亚地区的所有军队与警力，附近的营地、堡垒和要塞的全体官兵，美国保密安全部门的工作人员以及隶属国家安全局的所有谍报人员，全部被他召集起来。全城被他设置了严密的岗哨，每五十英里就有一哨。他在每一个渡口都设置了瞭望台，并派遣拖船、汽轮和军舰在波多马可河上巡逻。

史丹顿致电纽约最高警察局，让他们速遣最优秀的警探过来。他还发出指示，严密观察美加边境处的动向。并且，他命令巴尔的摩与俄亥俄州铁路公司的总经理，中止格兰特将军在费城的行程，立即送他回华盛顿，并且要在他的包厢前面设置一节领航机车。

他将一个旅的步兵调遣到马里兰低地，并派遣一千名骑兵马不停蹄地追捕凶手。他一遍又一遍地说："凶手肯定会竭尽全力往南方跑。给我严密把守住波多马可河口，绝不让他逃往下游的城市。"

布斯的子弹从林肯的左耳处射入，斜穿过大脑，停在了距离右眼半英寸处，正好劈裂了林肯的脑袋。如果换成别人，就算没这么大的伤害，也会立即毙命，然而林肯在沉重的呻吟声中仍旧活了九个小时。

林肯夫人被安排在隔壁的一间屋中。不过她每时每刻都要求去林肯的床边。她又哭又叫："上帝啊！是我将我的丈夫送上了死路吗？"

当她亲吻林肯的脸庞并把自己的脸蛋贴在林肯的面颊上时，林肯的呻吟和呼吸声突然变得越来越大。他这位精神已经狂乱的妻子尖叫起来，身体向后倾倒，晕倒在地。

史丹顿听到屋中的混乱声后，冲进屋来喊道："把这个女人给我带走！不准她再进来！"

早上七点刚过一会儿，林肯的呻吟声停止了，他的呼吸渐趋平静。当时在场的一位总统秘书事后写道："一种难以描述的祥和，涌现在他那疲倦至极的身体上。"

有人说，在人去世之前的一瞬间，他的最私密的情感记忆会突然浮现在他的意识中。

在他最后的片刻宁静之中，碎片般的美好回忆或许从他的心灵最深处浮现在他的眼前。那是一些早已消逝的往昔岁月的幻象：印第安纳州鹿角山谷的夜里，只有三堵墙的小木屋前面的篝火；纽沙勒的大水闸后面，桑加蒙河在咆哮；安妮·鲁勒吉在纺车前面唱着歌；"老雄鹿"因为想吃玉米，嘶叫不已；奥兰多·凯洛格讲着那个口吃法官的笑话；春田镇里那个墙上有着墨渍、书架上杂草丛生的律师事务所……

在林肯与死亡长达数个小时的斗争中，李尔军医一直坐在他的身旁，握着他的手。七点二十二分，军医将林肯没有脉搏的胳膊放平，在眼皮上压上两枚硬币以便他能瞑目，然后用一块手帕绑住他的腭部。一位牧师进行了祈祷。冰冷的雨滴拍打着屋顶。巴恩斯将军在已故总统的脸上盖上白布。泪流满面的史丹顿拉下窗帘，避免黎明的阳光射入屋中。他对于这一晚上的事情，说了一句永被铭记的话："现在，他已属于历史了。"

第二天，小泰德问一个白宫的来访者，他的爸爸是否上了天堂。

对方的回答是："对此，我没有任何疑问。"

"那么我倒是挺高兴他走了，"泰德说，"因为自从他来这以后，就没有一天开心过。对他而言，这里不是个好地方。"

第二十九章

整个国家都处于一种异常激烈的情绪之中。历史上还从未有过此等壮观的葬礼。到处都有精神虚弱者由于压力过大而突然崩溃。纽约的一个年轻人甚至用刀片割裂了自己的咽喉，他哭道：“我要加入亚伯拉罕·林肯的行列。”

载着林肯遗体的葬礼列车，在大片大片哀悼的人群中缓缓向着伊利诺伊州驶去。列车被罩上了白纱，引擎车头就像拉着灵柩的马，上面盖有一块巨大的饰有银星的黑色毯子。

列车开始向北行驶，列车两旁的人越来越多。那些写满了忧伤的脸庞，飞速地成倍增加着。

在距离费城火车站不到几英里的地方，坚固的人墙已经使得列车很难前行。当列车终于驶入费城时，街道两旁数千民众摩肩接踵。悼念者的队伍从“独立大厅”一路延伸出去，足有三英里长。他们一个挤一个地等了十个钟头，就是为了能最后再看一眼林肯的面容，哪怕只有一秒钟。到了周六深夜，所有的大门都关上了，然而悼念者还不肯散去，他们把自己的位子占了一整夜。周日凌晨三点时，人数已经达到了极致，有些小伙子甚至用十美元的价格出售自己的位子。

士兵和警察费尽辛苦，保持着交通路线的通畅。有数百名妇女晕倒了。那些参加过葛底斯堡战役的老兵也在竭力维持着秩序，很多人被挤倒在地。

按照日程安排，葬礼定为在纽约举行。葬礼举行之前的二十四小时之内，远程列车夜以继日地把大批大批的人群运进城里。他们填满了所有的旅馆，在旅馆找不到床位的很多人流入了私人住宅，甚至在公园和汽轮码头上，都有大批休息的人。

第二天，十六个骑着白马的黑人引领着悼念队伍向着百老汇前进。悲伤至极的女人们，将花朵抛撒在路上。后面是一百零六万悼念民众沉重的脚步声。他们手中的横幅随风飘动，横幅上写着这些话语：“啊，多么遗憾啊！埃古[①]——多么遗憾啊！”……“请安静，要知道我就是上帝。”

路边还有五十万民众推推搡搡，他们竭力想观看这一场景。百老汇对面的楼房中，很多二楼的位置以每人五十美元的价格对外出租，而且窗玻璃都已撤掉，为了让窗口尽可能容得下更多的脑袋。

身着素白服饰的歌队在街道的角落中唱起了圣咏，游行队伍中的乐团也奏起哀乐。每隔一分钟，一百门大炮的轰鸣声就会在城里回响一次。

当人们抽泣着来到林肯棺椁所在的纽约市政大厅时，许多人开始和死者说话，还有些人竭力想摸摸他的脸庞。有一个女人趁着警卫不注意时，甚至屈身吻了遗体一下。

到了星期二的中午，当总统的棺材在纽约盖上了盖子之后，数千名没能看到遗体的人马上拥上了西去的火车，为了能在遗体将被停放的下一处地点瞻仰。从现在开始，直到最终到达春田镇之前，灵车就一直没有离开过响彻云霄的钟声和轰鸣的枪声。在白天，灵车行驶在由万年青和其他花朵编织成的拱圈以及漫山遍野手持小旗的孩子之间；到了晚上，灵车前行的通道被无数支火把和熊熊燃烧的篝火照得通明，这些火光足足铺满了半个美洲大陆。

整个国家都处于一种异常激烈的情绪之中。历史上还从未有过此等壮观的葬礼。到处都有精神虚弱者由于压力过大而突然崩溃。纽约的一个年轻人甚至用刀片割裂了自己的咽喉，他哭道：“我要加入亚伯拉罕·林肯的行列。”

在刺杀事件发生的四十八小时之后，春田镇派了一个代表团匆匆赶到华盛顿，恳请林肯夫人将自己的丈夫葬在他的家乡。起初她坚决反对这项提议。她知道自己在春田镇已经没有朋友了。尽管她的三个姐姐都住在那里，可其中的两个和她水火不容，至于第三个，她也

① 埃古：莎士比亚剧作《奥赛罗》中的反面人物。

挺讨厌。对于这个喜欢嚼舌的小村庄的其他人，她除了蔑视之外，没有任何感觉。

她对她的黑人裁缝说："我的天哪，伊丽莎白！我可是再也不想回春田镇了！"

因此，她曾打算将林肯葬于芝加哥，或者葬于美国首府原来准备安葬乔治·华盛顿的穹顶之下。

然而，经过了七天的恳请之后，她同意了将遗体带回春田镇。镇上募集了一笔公共资金，买下一块在城里足能覆盖四个居民区那么大的土地，并且夜以继日地施工建造。现在这块地归国会大厦所有。

到了5月4日的早上，灵车最终驶进了春田镇。墓地的各项工作都已准备好，林肯的数千名老朋友全都集中于此，志愿服务。然而林肯夫人不知哪根古怪的神经突然爆发，竟拒绝了所有想把林肯葬于此地的安排，极为傲慢地非要把他葬在城外两英里处的林中的"橡树脊公墓"。

别跟她说什么"如果"或"但是"，如果不按她的想法来，她就会威胁说要采取"武力"手段，即再把遗体运回华盛顿。为什么呢？这里有一个很令人生厌的缘由：就在春田镇的中央，也就是林肯即将被安葬的土地上，同样安葬着马森家族。许多年前，马森家族中的一名成员，不知为何曾令她火气大发。即便现在她要面对的不过是已然安静下来的死人，她的心里还是积着很多怨恨。所以，她绝不同意让林肯安息于这片被马森家族玷污了的土地上，哪怕一晚都不成。

这二十多年来，这个女人一直和她那位"对谁都没有恶意、悲悯众生"的丈夫生活在一个屋檐下。然而，就像法国波旁王朝的国王们一样，她什么优点也没学到，同时什么怨恨都没忘掉。

春田镇不得不屈服于这位寡妇的训令。于是到了十一点钟，遗体被运到了"橡树脊公墓"之中。"战神"约瑟夫·胡克走在灵车的最前面，他的身后是"老雄鹿"。它身披一块红白绿相间的毯子，上面写着"老亚伯的马"。

等到“老雄鹿”回到自己的马厩时，身上一块毯子的残片都不剩了。那些专抢葬礼纪念品的人把它给扒了个精光。他们就像秃鹰一般，俯冲到空空的灵车上，对上面的装饰品你争我抢，直到士兵拿刺刀把他们撵走为止。

在林肯遇刺后的五个星期里，林肯夫人躲在白宫中自己的屋子里，哭个不停，日夜如此。

这期间一直坐在她床边的伊丽莎白·凯克里曾写道：

“这一景象我永远不能忘记——一颗破碎的心的悲叹，一阵阵异于常人的尖叫，一次次令人恐怖的战栗，灵魂中爆发出的一场场混乱疯狂的悲恸。我用冷水擦拭林肯夫人的额头，尽我所能来减轻她内心的激荡不安。”

泰德对他父亲的去世，和他母亲一样非常悲伤。不过他母亲极度悲恸的表现，把这个小孩吓得大气不敢出……

每到夜里，泰德经常会听到她在哭泣。于是泰德就会起床，穿着白色的睡衣走到他妈妈床边说：“妈妈别哭了，你哭得我都睡不着了！爸爸是个好人，他已经进了天堂了。他在那儿过得很幸福。现在他和上帝还有威利哥哥在一起了。妈妈别哭了，你再哭我也要哭了！”

第三十章

当他在弗吉尼亚州的报纸上看到“自己亲爱的南方人民”竟公然反对他的行为，对他予以谴责和否定时，失落、绝望的情绪让他崩溃。他本以为自己将光荣地成为当代第二个布鲁图和威廉·退尔，现在他却发现，自己居然被骂成是胆小鬼、傻蛋、被金钱收买的卑劣之徒、杀人凶手。

这些攻击就像毒蛇一般咬着他，这种滋味比死还难受。

布斯向林肯开枪的那一刻，包厢中坐在林肯旁边的拉茨波恩上尉迅速跳起来，抓住了凶手。不过他没抓牢，因为布斯用猎刀狠命砍了他的胳膊一下。上尉的胳膊被砍了个很深的口子。布斯从拉茨波恩上尉手中挣脱出来后，从包厢的扶手处跳到了下面的舞台上。舞台距包厢有十二英尺。他向下跳时，靴子上的马刺刮在了总统包厢上插着的国旗上，所以他很笨拙地摔到下面，左腿有根小骨头摔裂了。

他疼得浑身一阵痉挛，不过他既不犹豫也没退缩。现在他正扮演着自己事业中最高大的角色，这一场戏足以使他名垂千古。

他迅速让自己清醒过来，嘴里喊着一句弗吉尼亚州的名言“暴君都是这个下场”，挥舞着匕首跳下舞台。他砍倒一个碰巧挡了他道的乐师，击倒一个女演员，从剧院的后门飞奔出去。他迅速跳上马，抄起左轮手枪的枪柄，把牵住他的马不放的“花生米约翰”砸倒在地，疯狂地策马飞驰在大街上。他那匹小马的马蹄铁与路面的卵石摩擦，在黑夜中甚至出现了火花。

他在城里狂跑了两英里路，越过了国会大厦。就在月亮刚刚升起在树梢时，他跑到了阿纳克斯塔大桥。守桥的哨兵科伯拿着步枪和刺刀冲出来，喝问道：

“你是谁？这么晚了为什么还在外面？你不知道有规定，九点过后不准任何人过桥吗？”

布斯的表述很奇怪。他竟说出了自己的真名，还说自己住在查尔斯郡，因为一些公事来到城里，刚才自己一直在等着月亮升起，以便照亮回家的路。

这话说得让人摸不着头脑。不过既然战争已经结束了，何必还要小题大做呢？于是科伯军士放下枪口，让他过去了。

几分钟后，布斯一伙的另一成员大卫·荷拉德凭着类似的回答，迅速通过了阿纳克斯塔大桥。他和布斯在事先约定的地点会合。他们两个在马里兰低地的阴影中仓皇逃窜的路上，做着南方人民一定会对他们致以狂热欢迎的痴梦。

子夜时分，他们在瑟拉特威尔的一家热情好客的旅馆门前停下来。他们让气喘吁吁的马儿喝足水，并且买了一些望远镜、枪支弹药之类的紧缺用品，还喝了一美元的威士忌。然后他们竟然吹嘘说自己杀了林肯，现在正在逃亡途中。

他们事先的计划是：一直逃到波多马可河，最好在第二天天刚亮时到达河口，然后立即过河，去往弗吉尼亚州。这听起来易如反掌，并且他们本来可以顺利地按计划行事，逃脱抓捕。然而有一件事他们没料到，那就是布斯的腿伤。

不过尽管伤痛剧烈，用他自己在日记中所写的话："马儿每跳一下，碎骨的刺就好像在撕裂肌肉"，布斯在那一夜依旧以斯巴达般的坚韧精神，急速前进。最终，他实在受不了这股剧痛了，于是二人只好将马头掉向左方，到了周六清晨破晓之前，他们来到一个乡村诊所门前。这个诊所的医生名叫萨缪尔·A.穆德，此地位于华盛顿以西二十英里处。

布斯的身体极度虚弱，疼痛如此剧烈，以至他无法单独从马背上下来。医生只好先把他从马鞍上抱起，然后把不停呻吟的布斯抬到楼上的卧室中。这是一个偏僻的地区，没有电报信号也没有铁路，所以当地的百姓压根儿不知道林肯遇刺一事，医生也同样不知道。那么布斯的腿是怎么伤的呢？他的解释很简单：马儿把他颠了下来。穆德医生用对待同类病人的方式，先把他左腿上的靴子剪开，然后将断骨接上，再用夹板固定住伤腿，最后为这个瘸子配了一根粗糙的拐杖。他还给布斯的残腿套上一只鞋，以便行走。

布斯在穆德医生家睡了一整天，半夜以后，他痛苦地从床上蹭下身，准备出发。他什么也不吃，还剃掉了自己的唇须，在肩膀上披上一块长长的灰色围巾，以便遮住他右手上容易泄露身份的文身。他用一副假腮须伪装自己，然后给了医生二十六美元，顷刻之间二人骑马飞奔而去，向着承载着他们希望的大河狂奔。

然而，巨大的西希加沼泽挡住了他们的去路。沼泽地中缠满了灌木丛和山茱萸，到处都是软乎乎的稀泥以及一摊摊死水，这里是蜥蜴和毒蛇的乐园。这两位骑士在一片黑暗中迷了路，四个小时过去了，他们还是没走出来。

在很晚的时候，他们被一个黑人奥森瓦德·斯万救了出来。布斯的腿伤非常厉害，疼得他都不能跨在马上走路了，于是他付给斯万七美元，坐在斯万的驴车里走完了后半宿的路程。到了周日的黎明时分，斯万将驴停在了“富翁黑尔公馆”的门前。这家主人是一个富有的南部联盟著名支持者——考克斯上尉。

布斯这场注定无望的逃生旅程，就这样结束了其第一阶段。

布斯把自己的身份和做过的事情全都告诉了考克斯上尉。为了证实自己的真实性，他还给上尉看了自己手上用印度墨水刺的文身。

他以自己母亲的名义恳求考克斯上尉不要出卖他。他说自己又病又瘸，痛苦不堪，他还说他做了一件自认为最有益于南方的事业。

布斯现在的状况非常糟糕，无论骑马还是坐马车，他实在是不能再往前走了。于是考克斯上尉把这两个亡命徒藏在了房子附近的一片松树丛中。这里除了松树，还混杂着茂密的月桂和冬青。为了等待布斯的腿伤能好一些，然后可以继续他们的逃亡，两人在这里住了六天五夜。

考克斯上尉有一个干哥哥，名叫托马斯·A.琼斯。琼斯是个奴隶主，多年来一直是南部联盟政府的积极分子。他经常负责帮助流亡人士渡过波多马可河以及私传信件。考克斯上尉叫琼斯来照料这两个人，于是每天早上他都会用篮子给他们送来饭食。他知道，现在每条路上都有搜捕的人，侦探星罗棋布，所以每次拿着篮子前去送饭时，都假称自己是去喂猪。

布斯渴望吃饭，更渴望了解到更多消息。他总是让琼斯把每天的新闻讲给他听，他迫切想知道民众对他的行为反响如何。

琼斯每次把报纸递给布斯时，布斯都会如饥似渴地阅读。然而令他大失所望。因为他先前过于狂热地觊觎民众对这次事件的欢呼雀跃了，所以报上的消息有如冷水浇头，令人心碎。

在之前的三十多个小时逃往弗吉尼亚州的行程中，布斯是咬着牙、忍着伤痛挺过来的。然而现在他所遭受的精神上的失望之苦，实在是远远超过了之前的肉体痛苦。北方人的愤怒倒无所谓，他也早就预料到了。然而当他在弗吉尼亚州的报纸上看到“自己亲爱的南方人民”竟公然反对他的行为，对他予以谴责和否定时，失落、绝望的情绪让他崩溃。他本以为自己将光荣地成为当代第二个布鲁图[①]和威廉·退尔，现在他却发现，自己居然被骂成是胆小鬼、傻蛋、被金钱收买的卑劣之徒、杀人凶手。

这些攻击就像毒蛇一般咬着他，这种滋味比死还难受。

不过他有没有自责呢？没有。他不但没有过反思，反而更加疯狂地骂起周围所有的人——除了他自己还有上帝。他的自卫武器是：他不过是体现了上帝的意志。上帝赋予了他刺杀亚伯拉罕·林肯的神圣使命，他唯一所犯的错误是，他选了一批“极其堕落”的民众来为之效命，这群庸人无法赏识他。“极其堕落”正是他在日记中所使用的词汇。

他写道：“这个世界应该理解我的心，应该通过这次事件成就我的伟大——尽管我一点也不稀罕这个伟大的地位。……我的灵魂无比伟大，不应像一个谋杀犯被处死。”

他躺在西希加沼泽附近的这片树丛中，躲在一块马皮毯下瑟瑟发抖。不过，他继续狂热地吹嘘自己，以发泄自己心灵的痛苦：

---

① 布鲁图：古罗马的政治家和将军，图谋暗杀恺撒。在后来与马克·安东尼和屋大维的争权战中失利，最后自杀。

> 我在这里承受着潮湿、寒冷和饥饿，所有人都不肯支持我，让我处于绝境，这是为什么？就因为我做了一件曾使布鲁图和退尔无比荣耀的事情。我杀了一个历史上前所未有的暴君，然而我却被贬为谋杀犯。其实我的事业要比他们两位纯洁得多……我不图回报……我觉得自己做得很棒，我不对自己的行为表示忏悔。

就在布斯躺着写下上面的话的同时，三千名侦探和一万名骑兵正仔细搜查着马里兰南部的每一个角落。他们将所有的房屋、洞穴和建筑物搜了个遍，把湿乎乎的西希加沼泽挖了个底朝天，下定决心无论死活都要捉到布斯。政府公开颁布抓捕布斯的悬赏令，奖金接近十万美元。布斯有时都能听见搜捕自己的骑兵队就在二百码以外的公路上前进的声音。

有时他还能听见他们的战马互相喘气、嘶叫的声音。试想，如果自己和荷拉德的马与它们遥相呼应，那就很可能意味着被发现。于是当夜，荷拉德就把马牵到西希加沼泽中，射杀了它们。

两天后，秃鹰出现了。最开始它们还是一些空中的斑点，然后它们飞得越来越近，最后在空中打起旋来，直接绕着动物的死尸转来转去。布斯非常害怕，这些秃鹰可能引起那些捕猎者的注意。其实捕猎者早就盯上了它们山坳一般的身体了。

而且他决定，无论如何，自己都要找另外一个大夫了。

于是到了第二天夜里，即4月21日，星期五——也就是林肯遇刺整整一星期后，布斯被从地上抬起来，骑到托马斯·A.琼斯的一匹马上。二人再一次向着波多马可河方向逃亡。

这天夜里可是逃亡的绝佳时机。浓浓的大雾笼罩一切，在墨一般的黑暗之中，人们只能凭着互相触摸来辨别。

琼斯就像一条忠实的狗，把他们从藏身之处亲自带到了河边。

他们偷偷闯过露天的田野，穿过一条公路，又越过一片农场。琼斯发现到处都是成群的士兵和特工人员，于是他在前面每走五十码就停一下，听听周围的动静，然后低吹一声口哨，于是布斯和荷拉德再跟上去。

就这样，风声鹤唳的，这几人缓慢地行走了好几个小时，最后他们到了一处悬崖，又走过一段弯弯曲曲的路，最终从悬崖走到了河边。那天的风很硬，透过这茫茫的黑暗，他们可以听到河水湍湍流过河底沙石的声音，就像是无尽的哀悼。

联邦士兵在这不到一星期的日子里，一直在波多马可河四处严密地防守着。他们对来自马里兰海岸的所有船只进行严格的搜查。不过琼斯骗过了他们。他让自己的黑奴亨利·罗兰用一艘船天天白天在这一带捕鲱鱼，到了夜里，这艘船就被藏在登特的草场中。

于是，当两个逃亡者在晚上来到河边时，一切都已准备妥当。布斯向琼斯小声道了句谢，还付给他十七美元外加一瓶威士忌作为船资，然后就爬上船，向着五英里之外的弗吉尼亚州的一个港口行进了。

在这多雾的、墨一般漆黑的夜里，荷拉德一直在船头划着桨，布斯则坐在船尾，尽量用指南针和蜡烛辨清他们的方向。

不过由于河面狭窄，他们没走多远，就遭遇了一场浪尖非常猛烈的涨潮。潮水把他们推远了好几英里，然后他们就在雾中迷失了方向。在他们躲开波多马可河上巡逻的联邦军舰后，他们在晨曦中发现自己的船已经在河上行驶了十英里路。然而，与昨夜出发时相比，他们距离弗吉尼亚州的那个海港，一英里都没近。

因此，他们只能在南杰米河湾的沼泽地里又躲了一天。到了第二天夜里，他们顶着浑身的潮湿和饥饿，终于渡过了大河。布斯喊道："感谢上帝，我终于安全到达老弗吉尼亚了！"

他们立即奔赴理查德·史都华医生的家中。此人是南部联盟政府的公职人员，弗吉尼亚州乔治王郡最有钱的人。布斯还在期待着自己能被南方人当作大救星。然而这个医生曾因为援助南部联盟，已经被抓起过好几次，况且现在战争已经结束了，他当然不会冒险去帮一个杀害林肯的主儿。这件事他算计得很精。布斯连进入他家大门都不可以。他确实很吝啬地给过布斯他们一点吃的，不过只准他们在谷仓吃饭，然后就把他们撵到一家黑人的屋中睡觉。

就连黑人也不想和布斯掺和在一起。他们万分惊恐，不让布斯进门。

这还是在弗吉尼亚州！

他原以为，至少在弗吉尼亚州，自己还能受到民众热情的欢呼。大家定会反响强烈，嘴里呼喊着自己辉煌的名字。

他的末日已经不远，三天之后就到了。布斯没有出走多远。他和三个刚从战场上归来的南方骑兵一同渡过拉帕汉诺克河，然后向南行走。其中一人用自己的马载了他三英里路，最后在他们的帮助下，布斯把自己雇给了一个农民。他诳称自己名叫博伊德，是在里士满附近的李的军队中受了伤。

后来的两天，布斯就在这户叫加勒特的农民家的草地上晒着太阳，同时疗养伤口。他要来一张老地图，寻找通往美国和墨西哥交界处的格兰德河的路线，希望逃往墨西哥。

他在这里的第一晚，当他正吃晚饭时，加勒特的小女儿开始咿咿呀呀地讲起总统遇刺的新闻。她刚从邻居那里听到这件事。她不停地讲着，边讲边怀疑是谁干的，还提到有人花了多少钱去雇的凶手之类。

“在我看来，”布斯突然说，“凶手不为一分钱，他这样做是想声名远扬。”

第二天下午，即4月25日，布斯和荷拉德正在槐树下伸腿休息时，那三个帮他们渡过拉帕汉诺克河的南方骑兵之中的鲁勒斯上尉突然闯过来，大声喊道：“北佬正在渡河，你们小心点！”

他们急忙跑进附近的树林。不过天黑以后，他们又偷偷回到了屋中。

加勒特感到他们很蹊跷。他准备立刻赶走这些神秘的“客人”。难道他怀疑这两人就是刺杀林肯的凶手吗？不是。这一点他连想都没想过。他只认为他们是盗马贼。当他们在晚饭时说准备买两匹马时，加勒特就开始怀疑上了。到了睡觉的时候，两个亡命徒出于安全考虑，又不想上楼睡觉，而是坚持要在走廊或马厩中睡。于是他对他们的身份毫无疑问了。

加勒特现在肯定他们就是盗马贼。于是他把他们请进一间现在用来装干草和家具的烟草仓库里，并用一把挂锁将他们锁在里面。最后为了进一步预防起见，这位老农又让他的两个儿子威廉和亨利半夜披着毯子蹑手蹑脚出来，在仓库附近的栅栏处守上一夜。在这里，他们能看见是否有马儿跑掉。

在这个令人难忘的夜晚，加勒特一家就这样带着一丝惊悸上床睡觉了。

天亮之前，果真出事了。

一群联邦军队的士兵已经在布斯和荷拉德的足迹后面，紧紧跟踪了两天两夜。他们发现了一个又一个线索，也向一个看见两人渡过波多马可河的黑人问过话。而且他们还找到了用一艘平底船把他们渡过拉帕汉诺克河的黑人船夫罗琳。这个船夫告诉士兵，在他们渡过河后，用自己的马载了布斯一程的南方士兵就是威利·杰特上尉。上尉有一个情人，就住在距此二十英里处的鲍林格林镇。很可能，布斯一伙去了那里。

这些信息听起来似乎够多了，于是士兵们迅速上马，在月光中飞奔至鲍林格林镇。他们到那里时已是午夜时分。士兵们以迅雷不及掩耳之势，闯入房屋，把杰特上尉从床上猛拉下地，用手枪堵住他的胸口，喝令说：

“布斯在哪里？你个王八蛋，把他藏哪了？不说就把你心脏打崩出来！”

杰特骑上自己的小马，领着北方士兵们去往加勒特的农场。

夜里一片漆黑，月亮不知躲到哪里去了，而且天上一颗星星都没有。在这九英里的路途上，飞速前进的马蹄下面腾起一团团的尘土。杰特的两旁各有一名骑马的士兵，他们的拴马绳与杰特的连在一起，以防杰特在黑暗中逃跑。

凌晨三点半，士兵们到了加勒特那幢白色的、又老又破的房子门前。

他们迅速而悄悄地包围了房子，将枪口对准了所有的门和窗户。然后，领头人一手拿着火把，另一只手用枪托敲了敲门，要求进来。

理查德·加勒特手持蜡烛，拉开了门闩。狗在外面狂吠起来。冷风刮起了他的睡衣，吹得他两腿直打战。

贝克中尉一把抓住他的脖子，手枪顶住他的脑门，喝令他用手指出布斯在哪里。

这个老头吓得声音发战，他发誓说那两个陌生人不在房中，他们已经逃到林中了。

这是在撒谎，而且能听出来。于是士兵们把他猛地拉出门，拿起一根绳子在他眼前晃来晃去，威胁他说要把他吊在院中的槐树上。

就在这一刻，加勒特那一直睡在仓库旁边的两个儿子跑了过来，说出了实情。士兵们立刻冲过去，围住烟草仓库。

开始交火之前，双方喊了半天的话。北方士兵花费了不到二十分钟的时间，劝布斯投降。布斯回话说，他现在已经瘸了，所以让他们“给瘸腿者一个表现的机会”。他说如果士兵们可以向后撤退一百码的话，他可以出来，和这个班的士兵一对一地打斗。

荷拉德已经没有勇气了，他想投降，布斯极为鄙视。

“你这个该死的胆小鬼，”他吼道，“滚出去！我不想让你待在这里！”

于是荷拉德就走出来了。他把两手放在前面，等着被戴上手铐。他恳求得到宽大处理。他还说自己平时很喜欢林肯的笑话，并发誓说自己根本没有参与暗杀事件。

康格上校把他绑在一棵树上，并威胁道，如果他还不停止这套愚蠢的哀求，就把他的嘴堵上。

但布斯就是不投降。他觉得自己现在是在表现给后世子孙看的。他向追捕者大喊道，自己的词典里压根儿没有“投降”这个词。他还提醒他们说，你们给“这古老而光荣的旗帜上又添了一个污点”的同时，别忘了给我准备一个担架。

康格上校准备用烟把他熏出来。他命令加勒特的一个儿子准备干草，堆在仓库周围。布斯看到这个男孩已经在准备，于是骂起他来，并威胁说如果他不停下来，就给他一颗子弹。男孩停了下来。不过康格上校却偷偷溜到仓库后面的一个角落，把一小捆干草塞进仓库的夹缝中，用火柴点燃了。

这个仓库本来就是专为储藏烟草而建造的，所以木板的夹缝足有四英寸宽，空气极易流入。透过这些夹缝，士兵们看见布斯举起一张桌子，与越来越大的火苗搏斗起来。这是这个演员最后一次活跃在舞台灯光之下，他在自己的告别演出的最后一幕中，正在扮演一个悲剧角色。

上面下达了严格的命令，务必要生擒布斯。政府不想让他挨枪子儿。他们要举行一次公审，然后绞死他。

如果不是来自波士顿的一个宗教狂热者、半疯子科贝特军士的缘故，布斯很可能就被活捉了。

每个士兵都被反复叮嘱，没有命令不准射击。然而科贝特后来宣称，他得到了射击的命令——这是直接来自万能上帝的命令。

透过这个正在燃烧的仓库的板缝，“波士顿人”看到布斯扔掉了拐杖，丢掉了他的卡宾枪，拿出左轮手枪，跳向房门。

“波士顿人”认为他会开着枪冲出来，为了自由而进行最后一次决绝的搏斗。边跑边开枪是绝对免不了的。

于是为了避免一切不必要的流血，科贝特向前走了两步，举起手枪对着夹缝，心中为布斯的灵魂祈祷，手指扣动了扳机。

布斯对着夹缝中的枪口大叫一声，向空中弹跳一下，然后向前栽倒，脸朝下趴到了干草上。他受了致命一枪。

现在，这群大声乱吼的士兵们迅速跳过这堆干草。贝克中尉急切地要把这个垂死的恶魔在被烤焦之前挪出去。他冲进烈火熊熊的屋中，一个箭步跳到布斯身边，先把布斯的左轮手枪从他紧攥的手里弄出来，然后又把他的胳膊绑在身后，怕他只是在装死。

布斯很快就被抬到房中的走廊上。一个士兵骑上马，在尘土飞扬的路上飞奔三英里，去往罗伊港找大夫。

加勒特夫人有一个妹妹名叫哈勒维小姐。她在学校里教书，就住在加勒特家中。当哈勒维小姐得知躺在走廊上的忍冬藤下的垂死者正是那个浪漫的演员、大众情人约翰·威克斯·布斯时，她说自己一定要亲自关照他。她从屋里拖出一个垫子，让布斯躺在上面。她还把自己的枕头垫在布斯头下。然后她把布斯的脑袋放在自己大腿上，喂他喝点葡萄酒。然而布斯的嘴唇似乎已经麻木了，他无法吞咽。于是她把自己的手帕浸到水里，然后一次次地将布斯的嘴唇和舌头沾湿。她还按摩布斯的太阳穴和前额。

布斯与死亡进行了两个半小时的最后搏斗。他的痛苦无比剧烈。他不断祈求他们帮自己裸露出脸部、两侧和后背。他不停地咳嗽，还让康格上校用手狠狠压住自己的咽喉。他在痛苦中大声哭喊：“杀了我吧！杀了我吧！”

他恳求把自己最后的遗言告诉给他的母亲。他断断续续地哼着：

“告诉她……我做了……我认为……是有价值的事情……我是为……国家而死的。”

在他临死之前，他想伸出双手，再看它们一眼。不过他的双手已经不听使唤了。于是他又哼着说：

“没用了！没用了！”

这是他最后的话语。

当太阳刚从加勒特院中古老的槐树上升起时，他断了气。他的“两颊还在间歇嚼动，然后向里凹下，他的眼球向脚下看着，瞳孔开始扩散……他发出一种汩汩的声音，然后突然就抽了一下，停了下来。他蹬了一下脚，头向后仰去”。这就是他的终结。

此时正值七点。他死去的确切时刻，要比林肯去世那天早了二十二分钟。“波士顿人”科贝特的子弹正好打中了布斯的后脑勺。中弹的准确位置，要比他射中林肯的地方浅一英寸。

医生割下一卷布斯的头发，送给了哈勒维小姐。她把这卷头发以及布斯脑袋枕过的血迹斑斑的枕头，一直珍藏着，直到最近几年她生活异常贫困，才不得不用半个枕头换回了一桶面粉。

第三十一章

在这些乱七八糟的自相矛盾、令人困惑的流言之外，一个更加惊人的谣传出现了：士兵杀错了人，真正的布斯已经逃走了！

在布斯还没有完全停止呼吸的时候，警探们就开始跪下搜他的身了。他们发现了一个烟斗，一把猎刀，两支左轮手枪，一本日记，一个沾满蜡油的指南针，一张户头在一家墨西哥银行的三百美元提款单，还有一个钻石大头针，一份订着的文件，以及五张崇拜他的女人的照片。其中四人都是女演员，还有一个是华盛顿社交场中的女人，出于对其后人的尊敬，在此就不提她的名字了。

多赫尔第中校从马背上拉下一条鞍褥，又向加勒特夫人借了针线，把布斯的尸体裹在鞍褥里缝起来。他又给黑人尼德·弗里曼两美元，叫他把尸体拖到波多马可河畔，那里有一艘船正在等候。

在多赫尔第所写的《美国秘密情报工作史》一书的第五百零五页，记述了拉法叶·C.贝克中尉所讲述的有关将布斯尸体拖到河边的情况：

> 当马车起步后，几乎已经停止流血的布斯的伤口又开始渗出血来。鲜血顺着马车的裂缝，流到车轴上，然后在马路上滴下可怕的斑点。鲜血沾染了车板，浸透了鞍褥。……这一路上，鲜红的血滴一直从尸体里慢慢地渗出，就没停过。

在运输途中，还发生了一件未曾料到的事情。尼德·弗里曼的老马车，用贝克的话说，是“一架不停摇晃的废物”机器，“嘎吱嘎吱的，像是要散架一般”。结果由于路上承受的重力和速度过快，这驾马车在中途还真就散了架。首先是一个中枢销突然断裂，马车向前倾倒。然后是前轮脱了架，于是整个车厢咣当一声掉在地上，布斯的尸体也“向前滚出老远，好像他在挣扎着做最后的逃亡”。

贝克中尉立即弃掉了这辆老残死亡马车，在邻近的农民处又借了另一驾马车，然后装上布斯的尸体，急忙赶往河边。他将尸体装到一只拖船上，拖船将布斯拉回华盛顿。

第二天清晨，布斯中枪身亡的消息在华盛顿传开了。他的尸体现在就躺在波多马可河中已然抛锚的“蒙托克”号军舰上。

华盛顿沸腾了。数千民众赶往河边，用一种残忍的眼神盯着那艘载着尸体的轮船。

当天下午，秘密情报局的领导人贝克中尉匆匆赶往史丹顿处，向他报告说，他已经在“蒙托克”号停泊处抓了一群民众。他们公然以暴力违抗秩序，其中有一个女人甚至还割了一束布斯的头发。

史丹顿警觉异常。他厉声说：“布斯的每一根头发，都会被那些造反者视为珍贵的纪念品!”

他担心这些毛发所预兆的不单单是纪念品这么简单的事情。史丹顿深信不疑，刺杀林肯乃是由杰弗逊·戴维斯以及南部联盟其他领导人一手策划并实施的秘密计划的第一环节。他恐怕他们会利用布斯的尸体发起一场“圣战”，他们会煽动南方的奴隶主们再次拿起步枪，重新点燃战火。

他下令必须将布斯尽快秘密埋葬，不能有丝毫犹豫。布斯必须在公众视线中消失得一干二净。他身上的小饰物，他的衣服碎片，他的头发，一丝一毫都不能留，不能让南部联盟的人得到丝毫可被利用煽动“圣战”的东西。

于是当天晚上，当太阳沉入熊熊燃烧的云层后面时，贝克中尉和他的表兄贝克中校，两人上了一艘小船，划向“蒙托克”号。他们走上军舰的甲板，在岸边人群中传过来的微弱光线下，干了三件事。

首先，他们把布斯的尸体装入一个松木枪械箱中，再把箱子拖到船的一边，装在自己的小船中；然后，他们将一个大铁球和一条沉重的锁链绑放在小船上；最后，他们钻回这艘小船，一把推开让小船起步，然后顺流漂下去。

岸边好奇的民众的表现，正像警探们所预期的一样：他们在岸边跑来跑去，推推搡搡，水花飞溅。他们谈得很兴奋，伸着脖子等待那艘葬礼船舰，想看看尸体到底沉在了哪里。

岸边的民众把自己的步伐紧紧跟着那些走来走去的警探。突然一片黑暗扫过河面，云层把月亮和星星全都遮住了。此时，即便最尖利的眼睛也分辨不清那艘在中流处摇摇晃晃的小船了。

等到警探们已经把人群带往波多马可河畔非常荒凉的一个港口“鹅区角”之后，贝克兄弟感觉他们已经彻底脱离了公众的视线了。于是他们将小船划到附近的一个大沼泽地里。这里臭气熏天，灯芯草在泥淖中交错丛生，是军队埋葬大批死马死驴的地方。

两人在这片诡异的沼泽地里等了好几个小时，静静聆听是否有人在跟着他们。他们唯一能听到的声音就是牛蛙的叫声，还有莎草附近的水滴声。

到了午夜时分，两个人屏着呼吸，极其小心地继续往回划。他们连悄悄话都不敢说，即便一些类似悄悄耳语的声音以及舷缘周围的水声，都让他们风声鹤唳。

最终他们到达了一个古老的监狱的墙边，石墙上有一处专为他们开凿的洞口，他们在洞前停下船。他们给卫兵看过通行证后，就把一副盖子上写有“约翰·威克斯·布斯”的棺材交给卫兵。半小时后，棺材就被埋在了政府兵工厂中存放军火的一间大屋子的角落里。坟上被精心清理过，看上去和一块肮脏的地面没什么两样。

第二天清晨太阳刚刚升起时，这两个紧张兴奋的人被轮船拖行在波多马可河上。当他们路过那片沼泽地时，由于淤泥太多，他们不得不向着沼泽里的那些马和驴的尸体不停地戳刺。

全国上下有几百万人询问布斯的尸体是如何处理的。然而知道真相的只有八个人，他们非常忠诚，发誓决不泄露秘密。

于是有关这个神秘事件的小道消息满天飞，报纸又对其添油加醋。《波士顿通讯》上说布斯的头颅和心脏现在放在华盛顿的军医博物馆中；还有些报上说尸体已经沉入大海；有些报纸宣称尸体已被火化；还有一家周刊上发表了一个“目击者”的描述，说尸体是在当天午夜被沉入波多马可河的。

在这些乱七八糟的自相矛盾、令人困惑的流言之外，一个更加惊人的谣传出现了：士兵杀错了人，真正的布斯已经逃走了！

这个谣言的起因很可能是由于布斯死后的外表与其生前差异非常大。史丹顿曾于1865年4月27日命令几个人去往“蒙托克”号验尸，其中一位是华盛顿的著名医生约翰·弗雷德里克·梅。梅医生说，当遮尸布被撤掉后：

> 令我极度吃惊的是，展现在我面前的这具尸体，其外形轮廓和我平日所认识的那个活人一点都不像。我万分惊讶，当即就对伯恩斯将军说道：“这具尸体与布斯没有丝毫相符之处，我并不认为它是布斯的遗骸。”……后来在我的请求之下，尸体被放在一张和椅子差不多高的桌上，我站起身来仔仔细细地勘察一番。最终我模模糊糊地认出了布斯的外形。不过，他和我见过的那个健康而有活力的男子相比，发生了天大的变化。在我面前的这具形容枯槁的尸体，皮肤昏黄，失去了光泽，头发乱蓬蓬混成一团。由于这段时间以来他遭受的日晒与饥饿，他的面部明显向内凹陷不少。

其他看到尸体的人，甚至都没能“模模糊糊”地认出布斯。于是他们四处诉说自己的怀疑，谣言迅速传播开来。

政府对尸首处理的严格保密，尸首被埋葬的速度和具体地点，以及史丹顿拒绝拿出可信的事实但也不对谣言予以否定的态度，这些更增加了大家的怀疑。

华盛顿出版的《联邦宪法报》指出，事情的整个处理过程就是一场愚弄。其他报纸也紧跟其后。《里士满评论》附和说：“我们知道布斯逃跑了。”《路易斯维尔通讯》公开认同事情背后定有腐败存在这一点，并且说：“贝克和他的同事们一定是在共同密谋诈骗美国联邦的国库钱财。”

舆论界顿时硝烟密布。正如诸多类似事件一样，总会有好几百个所谓“目击者”跳出来，宣称在那场加勒特仓库吓唬人的枪击恐吓之后，自己见过布斯，还和他说过话。世界各地到处都有布斯的影子。他一会儿逃到了加拿大，一会儿又逃往墨西哥，或者乘船去了南美。有人说他匆匆赶往欧洲，还有人说他就在弗吉尼亚州当牧师，甚至有人说他躲在东方的一个小岛上。

就这样，美国历史上最易被人相信也最为恒久的神话诞生了。这个神话广为传播了将近四分之三个世纪，直到今天，还有数千民众对之深信不疑，其中不乏很多高知分子。

甚至在大学里，还有一些博学之士表示对此相信。一位非常有名的教会人士曾在美国国内四处奔走，向数百名观众进行演讲，告诉他们布斯逃了出去。就在笔者撰写本章时，还有一位受过科学教育的人士，郑重地告诉我说布斯得到了自由。

布斯当然死了，这一点是毫无疑问的。那个在加勒特的仓库旁边射杀布斯的士兵，后来为了免得一死，千般万般为自己申辩。他的辩词中有很多是出于美丽的想象，即便如此，可他就算在最关乎他性命的细节描述上，也没说那个人不是约翰·威克斯·布斯。要知道这个士兵面对的可是死刑的威胁，在这一细节上如果他还异想天开地陈述，那可太荒谬了。

为了确证被枪杀的人就是布斯，史丹顿曾派了十人去勘验尸体。其中一位我们上文已经提到，就是梅医生。在布斯生前，他曾在布斯的脖子上割掉过“一个巨大的纤维瘤”，伤口愈合后，留下“一个又大又丑的疤”。梅医生在尸体上发现了这个疤。他说：

这些追捕者给我呈现的尸体上，死者生前的几乎所有痕迹都找不到了。不过他活着时被手术刀弄的那个疤痕，依旧留在尸体上。面对当时铺天盖地的疑问，还有未来所有的找茬者，这一证据足以说明，死者就是刺杀总统的人。

牙医梅里尔大夫在尸体的嘴里找到了自己曾为布斯镶上的牙齿，从而确认了死者的身份。

查尔斯·道森是国家大酒店的职员，布斯曾在此酒店住宿。他在布斯的右手上发现了刻有“J.W.B.”字样的文身，从而确定了死者身份。

华盛顿著名摄影家加纳也确定了其身份。布斯的一个密友亨利·克雷·福特亦然。

1869年2月15日，美国总统安德鲁·约翰逊下令挖出布斯的尸首。当时，布斯的几个好友再一次确认了死者的身份。

然后尸体被运往巴尔的摩的绿山公墓，布斯被重新下葬，掩埋在布斯家族的墓群中。就在尸体被埋葬之前，布斯的哥哥、母亲和几个朋友，最后一次鉴定了死者的身份。

也许再也找不到第二个死人，能像布斯一般接受过如此精细的身份鉴定。

然而这个荒诞的神话依旧在传播。在19世纪80年代，很多人认为弗吉尼亚州里士满的J.G.阿姆斯特朗其实是伪装起来的布斯。因为阿姆斯特朗的眼睛也是炭黑色，而且他是个跛子，举止夸张，留着一头乌黑的长发，以便遮住自己脖子后面的伤疤。

前前后后差不多有二十个“布斯”纷纷出现。

1872年，一个自称是“约翰·威克斯·布斯”的人写了几篇富有戏剧性的文章，还给田纳西大学的学生们耍花招，演出了几场。他娶了一个寡妇，后来又厌倦了她，于是就跟她说自己乃是刺杀林肯的凶手。后来他说新奥尔良有一票大买卖在等着他，然后人就不见了，那位“布斯夫人”也再没见过他。

19世纪70年代后期，得克萨斯州的格兰伯里曾有一个患哮喘病的酒吧老板，他是个酒鬼，他向一个名叫贝茨的年轻律师说，其实自己就是布斯。他还给贝茨展示自己脖子后面的一块很丑的大疤，并给他详细地讲述了当时的副总统约翰逊是如何劝自己刺杀林肯的，约翰逊还向自己保证，如果自己被捕，他一定会相救。

二十多年过去了，到了1903年1月13日，在俄克拉何马州伊尼德的金光大道酒店，一个名叫大卫·E.乔治的粉刷匠、酒鬼、吸毒者服下马钱子碱自杀。他在自杀之前，竟然“供认”说自己乃是约翰·威克斯·布斯。他说自己杀完林肯之后，朋友们把自己藏在箱子里，然后把箱子塞到去往欧洲的轮船上。后来自己在欧洲生活了十年。

这条消息倒是让贝茨律师在报纸上读到了。于是他匆匆赶往俄克拉何马州。看到尸体后，他对外宣布，这个大卫·E.乔治不过就是得克萨斯州那个格兰伯里的酒吧老板，二十五年前他就向自己供认过。

贝茨雇人梳理了他的那头长发，然后伏在尸体上哭起来。他给尸体涂上香油，并将尸体运回自己在田纳西州孟菲斯的家中。这具尸体在他家的马厩底下躺了二十年。后来他想把尸体交给政府，然后拿到政府对抓到布斯者悬赏的丰厚钱财。

1908年，贝茨写了一本荒谬绝伦的书，主题是：“约翰·威克斯·布斯的逃亡与自杀，这是关于林肯遇刺的第一手真实资料，包括了布斯在他犯罪多年之后的全部供述。”这本耸人听闻的平装书卖出了七万册，引起了巨大的轰动。后来他将这具“布斯”的干尸献给了亨利·福特，换回一千美元。最后他又在南方各省进行尸体的封闭巡回展览，参观者每人十美分。

另外，还有五个据说都是布斯的头骨，现在正在那些狂欢节的帐篷里被展出。

第三十二章

在美国历史上，从没有一个人能受到如同亚伯拉罕·林肯一般的尊敬与爱戴；很可能，也同样无人能受到如同他妻子一般的猛烈诋毁。

林肯夫人离开白宫之后，陷入了严重的困境中。她的恶劣表现令全国民众议论纷纷。

在家务支出的问题上，她的吝啬是离了谱的。作为一项传统，总统在每一季度都要举行很多次国宴。然而林肯夫人非要让她丈夫取消这项传统，说这些宴会“非常费钱”，还说现在是战时，把宴会改成公共招待会可以更为“节约”。

林肯不得不多次提醒她说：“我们必须要考虑到勤俭节约之外的一些问题。”

然而一轮到自己要买那些引起自己虚荣心的奢侈品，比如裙子和珠宝等，她不光光是把节约忘了，简直就是毫无理性可言，将自己疯狂地纵容在胡乱消费之中。

1861年，林肯夫人“解甲归田”。她原本满怀信心，认为作为“总统夫人”，作为来自华盛顿社交圈的闪耀明星，自己定会成为当地的中心人物。然而事实却让她惊讶，令她受辱。那些南方城市的民主党人对她极尽怠慢排挤之能事。在他们眼中，她，一个肯塔基州的公民，却做出了对南方极不忠诚的事情：她嫁给了一个残暴而笨拙的“黑鬼热爱者”，而且还把战争强加给他们。

而且她身上也没什么可人的品质。必须承认，她是一个吝啬的、庸俗的、嫉妒心强的、感情用事而且毫无礼貌的泼妇。

她自己不能获取社交圈的宠爱，于是开始百般嫉妒起那些在社交界很吃得开的女人。当时华盛顿社交界占据主控地位的“皇后”是著名的美女阿黛尔·卡茨·道格拉斯，她正是林肯夫人的前男友斯蒂芬·A.道格拉斯的妻子。道格拉斯夫人和柴斯的女儿所散发的魅力与受到的宠爱，使得林肯夫人的嫉妒心熊熊燃烧。于是她决定要不断花钱给自己买衣服与珠宝，从而赢回成为社交圈中的明珠。

她对伊丽莎白·凯克里说："为了打扮得漂漂亮亮，我必须得有钱。可林肯先生那点钱根本不够，他太诚实了，除了自己的薪水，一分多余的钱都拿不来。结果我无路可选，只能借债度日。现在也是这样。"

她欠债最多的时候，金额竟高达七万美元！如果我们还记得林肯的年薪也才不过二万五千美元的话，那就可以看出这笔钱款是多么惊人了。林肯就算把自己两年零九个月的薪水一分不留全部奉献出来，也就只够他老婆把买衣服的账单付清。

我曾多次引述伊丽莎白·凯克里的话。这位优秀的黑人女性可不是寻常人物，她在赎回自由以后，就来到了华盛顿，开了一家制衣店。时间不长，她就获得了华盛顿一些社交界领导人物的特殊保护。

从1861年到1865年，她几乎天天都在白宫中给林肯夫人做衣服，林肯夫人把她当成了自己的私人裁缝。后来她不仅成了林肯夫人的参谋，而且还是她的知己。林肯遇刺的那天夜里，林肯夫人唯一召来的人就是她。

凯克里夫人后来写了一本有关自己经历的书，这真是历史的万幸。半个世纪以来，此书一直没能再版，不过你偶尔可以在稀有书销售者处以十到二十美元的价格买到几本残本。书的题目非常长："幕后的故事，伊丽莎白·凯克里著。她从前是奴隶，后来是女时装裁缝，亚伯拉罕·林肯夫人的朋友。三十年奴隶生涯，四年白宫生涯。"

1864年林肯二度当选总统时，伊丽莎白·凯克里当时的记述如下："林肯夫人既恐惧又焦急，近乎疯狂。"

这是为什么？因为她在纽约的一个债权人威胁说要起诉她，这样一来，林肯的政敌们很有可能利用她的债务问题大写一笔，在他们严酷的政治围剿中打出一记霹雷。这个想法折磨得她近乎精神分裂。

"如果他竞选成功，那么我可以让他对我的债务毫不知情；不过如果他失败了，那么所有债主都会找上门来，那时我就什么也瞒不了了。”她歇斯底里地哭泣道。

她曾向林肯哭着说：“我可以跪下来向天祈祷，愿上帝保佑你获得更多的选票。”

林肯不希望她这样：“玛丽，我怕你心里这么沉重的焦虑，最后会害了你的。如果我选上了，那倒还好；如果落选了，你必须得承受起那种失落啊。”

凯克里问她：“林肯先生有没有怀疑过你所欠钱款的具体数额？”

林肯夫人的回答在凯克里的书中是这样描述的：“‘天哪！绝对不会！’——这是她（林肯夫人）的惯常表达方式——‘我决不能让他有半点怀疑。如果他知道他的妻子沦落到这样一种程度，他会疯掉的。’”

“林肯遇刺身亡的唯一一点好处在于，”凯克里夫人说，“他是在对他老婆的欠债一无所知的情况下死去的。”

林肯在墓中还不到一个星期，林肯夫人就开始在宾夕法尼亚大街的一家商店里，出售带有林肯亲笔签名的衣服。

西华得知此事，心情十分沉重。他把这几套衣服全部买了下来。

林肯夫人离开白宫时，带走了二十个大箱子以及五十个填料盒的行李。

此举让大家恶评纷纷。

她已经很多次被公开指控，通过伪称要提取一笔用来招待拿破仑王子的费用，从而诈骗国家公款。她的敌人们还指出，她来白宫时，不过就带了几个箱子；可她现在准备离开了，却装了满满一车的行李。这是为何？难道她将这里搜刮了一遍吗？难道她把能带的全都要带走？

即便到了1867年10月6日，此时距林肯夫人离开华盛顿已经快有两年半了，可当克利夫兰人荷拉德谈起林肯夫人时，他还是说：

“要让这个国家知道，某人在白宫总共掠夺了十万美元，这次劫掠的受益人是谁，也要让天下人清楚。”

的确，在这位“玫瑰皇后”的统治之下，白宫有大量的财物不知去向。不过这不能归咎于她。她所犯的错误是：她进入白宫后的第一件事，就是将史都华以及其他一大批雇员解雇掉。她说要独自管理这块地盘，要厉行节约原则。

她倒是竭力奉行这一原则，然而那些仆人除了门把手和厨房的炊具之外，几乎见什么偷什么。1861年3月9日的《华盛顿之星报》上记载，很多参加白宫招待会的客人，都丢了自己的外套和围巾。后来有人甚至把白宫的家具用车载的方式偷走。

五十个填料盒外加二十个大箱子！这里都是些什么东西啊？多数都是一些没用的东西：比如没用的礼物，塑像，不值钱的画作和书籍，蜡制的花环，鹿头，还有她多年前在春田镇穿过的那一大堆旧衣服以及几顶破帽子，如此而已。

凯克里夫人说：“她对储藏旧物情有独钟。”

在她收拾行李的过程中，她刚从哈佛毕业的儿子罗伯特建议她以后买些新物品以代替那些老物件。她对这个建议非常鄙夷。罗伯特说：“我向上帝祈求，最好让这辆装满箱子去往芝加哥的火车半路着火，把你这堆上了年头的赃物烧个干干净净。”

根据凯克里夫人的记载，林肯夫人离开白宫的那天早上，“几乎没有一个朋友前来道别，那简直是一种令人痛苦的静谧”。

就连新任总统安德鲁·约翰逊也没跟她道一声别。其实在林肯遇刺之后，约翰逊连哪怕一行表示同情的话语都没写给她。他深知林肯夫人忌恨自己，所以这就是对她的感情的一种“回报”。林肯夫人一直坚信，林肯遇刺事件的幕后黑手正是安德鲁·约翰逊——现在从历史的角度看，这真是荒谬。

林肯的遗孀领着两个儿子泰德和罗伯特，先在芝加哥一家豪华酒店中住了一个星期。后来发现太贵，于是他们又搬到了一家名叫“海德公园”的避暑旅馆，这里“空间狭小，装修简朴”。

她因为负担不起条件更好一些的房子，所以经常掉眼泪，甚至都不愿和任何亲戚以及从前的好友交往。她天天深居简出，一心教导泰德识字。

泰德是林肯最喜欢的孩子。他的真名叫托马斯，不过因为当他还是个婴儿时，他的脑袋就长得异常大，所以林肯就叫他“泰德”或“泰大头”。

泰德从前总是和父亲睡在一起。这个小孩经常躺在总统办公室里直到睡着，然后总统就把他扛到肩上，放他到自己的床上。泰德天生就轻微口吃，他父亲经常拿这个开他的玩笑。于是这个机灵鬼利用了这一点，他通过夸大自己的生理缺陷躲避了对他进行教育的尝试。现在他都十二岁了，可他既不会写字也不识字。

凯克里夫人记载道，泰德在最初的拼读课上，在长达十分钟的时间里，他一口认定“猴子”的正确拼法是“a-p-e”（猿）。因为他看到的这个单词上方有一幅解释的画，他认为画上的是猴子。后来三个人共同向他解释了半天，才让他明白自己的错误。

如果林肯活到了第二任任期结束，那么他还会有十万美元的收入。于是林肯夫人使尽一切手段，动用所有力量，竭力让国会把这笔钱给自己。当国会表示拒绝时，她就言辞尖刻地把他们说成是“恶魔”，说他们“用那些丑恶的、惨无人道的谎言”来堵住自己的争取途径。

她说：“当这些头发花白的罪人死去以后，专治邪恶和撒谎者的天神会好好折磨他们的。”

最后，国会把林肯若当年全年在任所应获得的薪水付给了她，共计二万二千美元。她用这笔钱在芝加哥买了一套房子，房子的门面是大理石做的。然后她开始进行装修。两年过去了，可她的房子还未装修完工。这两年间她的开销依旧猛增不止，她的债主们的叫嚷声越来越大。于是，她不得不将房子抵押出去，最开始尚且以房客身份住在里面，后来降至寄宿身份，最后她被迫转移了房子的全部所有权，举家迁往寄宿公寓。

她的财务状况越来越窘迫。到了1867年9月，她的境况用她自己的话说，“以各种令人吃惊的手段，挣扎着生存”。

她只好带上很多自己的旧衣服、饰带、珠宝之类，用一块面纱遮住自己的脸，隐姓埋名去往纽约。在那里她化名“克拉克夫人”，并和凯克里夫人会合。凯克里夫人也拿来了一大包破烂衣服，二人钻进一辆马车，去往第七大道上一家二手服装店，想把这些旧物卖掉。不过店家提供的价位实在是太低了。

她们接下来又去了位于百老汇六百零九号的布拉德利和凯斯公司，这是一家珠宝掮客商。店主听过她们对自身窘境的美妙陈述之后，说道：

“现在你们听着，如果你们把这些故事写下来交给我们，几周之内我们会付给你们十万美元。”

这听起来真诱人。于是林肯夫人依照他们的要求，将自身的贫穷、悲惨的境遇写满了两三页信纸。

凯斯拿着这几张纸，到共和党的那些领袖面前炫耀一番，然后威胁说，如果不给自己多少多少钱，自己就发表它们。

然而，他从领袖那里的唯一收获，就是这些人对林肯夫人的恶劣评价。

后来林肯夫人又请布拉德利和凯斯帮自己把这份陈述复制一百五十份，广为邮寄，希望得到社会各界的慷慨救助。然而让那些名人来深切关注这封信，是根本无法做到的。

共和党人的这副嘴脸让她怒气冲天，于是她转而去寻求林肯当年的敌人的帮助。纽约的《世界报》曾经一度被政府勒令停刊。这是一家民主党的报纸，其主编曾因过度诽谤林肯而被逮捕过。尽管如此，林肯夫人还是向他哭起穷来，说自己穷到不光要卖衣服，甚至“一把伞套”“两款裙子的设计式样”之类的小玩意都要拿去换钱。

现在正值大选前夕，于是民主党的《世界报》将她的信发表出来，并将《纽约时报》背后的瑟洛·威德、威廉·H.西华以及亨利·J.雷蒙德等共和党人狠狠地骂了一顿。

《世界报》开始摇唇鼓舌，庄严地邀请民主党诸领袖为这个被遗弃的、生活窘迫的寡妇捐款。然而几乎没人愿意掏钱。

接下来的一条路，就是依靠黑人为自己捐款了。她请求凯克里夫人全力以赴地肩负起这个责任。她还向凯克里夫人保证说，如果黑人的捐款数额达到了二万五千美元，那么凯克里夫人每年可以拿到三百美元的提成，并且在自己死后，二万五千美元全部归她所有。

后来，布拉德利和凯斯公司也开始对外出卖她的这些衣服和珠宝。顾客蜂拥而至，在店里抢购她的衣服，然而很快就出现了许多意见。他们说这些衣服已经过时，而且价格高得离谱，此外衣服也很“破”，“袖口和裙子底部都裂开了”，“衬里也有污渍”。

布拉德利和凯斯公司同时在店里摆出一个捐款登记本。他们希望就算这些客人不买衣服，至少也可能会给林肯夫人捐点钱。

最后，陷于绝望的商家把这些衣服和首饰带到了罗德岛的首府普罗维登斯，打算在这里办个展览，二十五美分一张门票。然而该城的舆论界理都不理。

打着“林肯夫人”的旗号，布拉德利和凯斯公司最终总算卖了八百二十四美元。然而他们得扣掉其中所花的劳务费以及其他开销，这些费用是八百二十美元。

林肯夫人为了给自己筹钱而进行的这次折腾，不仅以失败告终，而且还使自己陷入了公众谴责的旋涡之中。在这场活动的过程中，她那丢人的一面暴露无遗。有什么样的付出，就有公众什么样的回报。

《奥尔巴尼通讯》说道："她不光丢了自己的脸，而且也丢了她的祖国的脸，还有留存于人民心中的已故总统的脸。"

瑟洛·威德在写给《商务评论报》的信中，责骂她是个骗子和窃贼。

就在她的故乡伊利诺伊州，四年以来，人们一直把她看作"春田镇的恐怖分子"，她的"古怪秉性已经成为人们经常谈论的话题"。《哈特福德晚报》更是语出惊人，说"富有忍耐性的林肯先生在自己家中的时候，简直就是第二个苏格拉底"。不过《春田镇通讯》的评论员文章倒是说人们应该原谅她的所有怪异举止，因为这些年来她一直患有精神疾病。

马萨诸塞州的《春田镇共和党人》抱怨道："林肯夫人这个可怕的女人，居然还非要把自己令人憎恶的人格展示给全世界看，这是在给国家蒙上极大的羞耻。"

林肯夫人在给凯克里夫人的信中，将这些攻击所带来的耻辱尽情发泄：

> 昨天晚上，罗伯特像疯了一样闯进家门。昨天的报纸上发表了我给《世界报》写的信，这差点没把他给逼死……我是边哭边写这封信的。今天早上我向上帝祈祷，希望能快点死。这时跑过来阻止我自杀的，也就剩下我亲爱的泰德一人了。

她不仅和自己的姐姐以及亲戚非常疏远，甚至到了最后，她居然和罗伯特断绝了亲情。她在信中对罗伯特的诋毁和辱骂是如此恶毒，以致在出版她的信件集之前，某些内容不得不删去为好。

林肯夫人在自己五十九岁时，给这位黑人裁缝写信说："除了你以外，我觉得在这个世界上一个朋友都没有了。"

在美国历史上，从没有一个人能受到如同亚伯拉罕·林肯一般的尊敬与爱戴；很可能，也同样无人能受到如同他妻子一般的猛烈诋毁。

就在林肯夫人卖掉她的那些旧衣服之后不到一个月，她的那所房子也处理完毕了。房价是十一万零二百九十五美元，这笔钱由林肯夫人和她的两个儿子平分，每人得到了三万六千七百六十五美元。

事已至此，林肯夫人就带着泰德去往国外，离群索居。她避而不见任何美国人，每天阅读法国小说度日。

很快，她又穷困潦倒了。这次她向美国国会请愿，要求保证每年能给她五千美元养老金。在走廊里传来的阵阵嘘声以及地板上回荡的句句叫骂声中，这个议案得到了通过。

来自艾奥瓦州的议员豪厄尔大叫起来："这简直就是鬼鬼祟祟地在骗钱！"

来自伊利诺伊州的议员叶芝也大喊道："林肯夫人对她丈夫根本不忠！她对叛军深切同情。她不值得我们的怜悯。"

经过了好几个月的不断搁置、不断谴责之后，国会最终同意每年给她三千美元。

1871年夏天，泰德得了伤寒，在极度痛苦中死去。她唯一的儿子罗伯特在这一年结婚了。

孤独而无友的玛丽·林肯陷入了彻底绝望，她被妄想症所折磨。一天她在佛罗里达州的杰克逊维尔买了一杯咖啡，然后就说什么也不喝，发誓说这里一定有毒。

她突然坐火车去芝加哥，还给医生拍了电报，让他赶紧去救罗伯特的命。然而罗伯特压根儿就没病。罗伯特亲自到车站去接她，还陪她在太平洋酒店住了一个星期，希望能让她平静下来。

她经常会在半夜冲进罗伯特的房间，说有鬼要杀她，还说印第安人"正将铁丝穿过她的大脑"，或者"医生正从她的脑袋里抽出铁质弹簧"之类。

到了白天，她会去商店买一些荒唐的东西。比如她会花上三百美元买一块有花边的窗帘，可她根本没有可以悬挂窗帘的家室。

罗伯特心情沉重，他向芝加哥地方法院提出申请，希望检查一下他母亲精神是否健全。十二位陪审员一致认为她患有精神病。于是她被关在伊利诺伊州巴塔维亚的一家私人精神病院里。

在她生命还剩下最后十三个月时，她被释放了。不幸的是，她的病其实还没好。随后，这个可怜的病老太太出了国，生活在一群陌生人中间，不给罗伯特写信，也不告诉他自己的地址。

她一个人孤独地住在法国波城。有一天当她爬上活梯，想把一幅画挂到壁炉上时，梯子断了。她摔了下来，脊椎受伤，很长一段时间她连路都走不了。

为了能死在自己的故土，她回到了春田镇，余下的日子一直和自己的姐姐爱德华夫人生活在一起。她一遍又一遍地自言自语："现在你赶紧祈祷能尽快和丈夫、儿子团聚吧。"

尽管在那时，她还有六千美元的现金以及七万五千美元的政府债券，然而一股荒谬的贫困感一直在她的心头折磨。另外，她也被一种恐惧感所围绕。罗伯特那时是战备部门的秘书长，她怕他也像他父亲一样被刺杀。

她渴望从压在她身上的这些"残酷现实"中逃出来，于是她回避所有的人。她把门窗紧闭，窗帘拉上，保持屋内的黑暗，然后点燃一支蜡烛——即便外面阳光灿烂。

医生说："谁也没法劝说她走出去呼吸新鲜空气。"

在这孤单、柔软而静谧的烛光下，记忆的翅膀一定带着她穿越了这么多年的残酷岁月，最终回到了她那珍贵的少女时光之中。她幻想着自己再次与道格拉斯翩翩起舞，被他那高贵的男性风度所倾倒，静静地聆听他有如音乐般的沉厚声音以及清晰和谐的语调。

有时她也会看见自己的另一个心上人。这个年轻的小伙子名叫亚伯拉罕·林肯，同样在这天晚上，他也前来向自己献殷勤。虽然他只是一个贫穷的、相貌平庸的、勉强糊口的律师，而且还寄居在史匹德商店的阁楼中，但她坚信，只要自己能刺激起他的奋斗雄心，他就一定能当上美国总统。于是，为了赢得他的爱情，她要在他面前打扮得漂漂亮亮。尽管这十五年来，除了一件深黑色的衣服外，她没再换过其他衣服。然而每当她的幻觉来临时，她就溜到春田镇的商店里，用她的医生的话说："她会一箱箱地购买丝绸和裙子，再用马车拉走。这些衣服她也根本不穿，全部堆在地板上。人们担心有朝一日整个房子的地板全得被这些箱子占满。"

1882 年夏天的一个安静的夜晚，这个贫穷、疲倦而狂暴不安的灵魂，终于得到了平日所祈祷的解脱。在一次瘫痪的打击之后，她在她姐姐的家中安详而平静地去世。就在她离去的地方，四十年前，亚伯拉罕·林肯曾将一枚戒指戴在她的手指上。戒指上刻着四个字："爱是永恒"。

第三十三章

1876年，一个制造伪币的团伙曾经想要盗走林肯的尸体。这是一个非常刺激的故事，没有一本有关林肯的著作提起过它。

1876年，一个制造伪币的团伙曾经想要盗走林肯的尸体。这是一个非常刺激的故事，没有一本有关林肯的著作提起过它。

吉姆·金纳利一伙人是一个非常聪明的伪币制造团伙，他们曾让联邦情报局头疼不已。在19世纪70年代，他们的老巢就在伊利诺伊州那个淳朴的种田养猪的林肯镇上。

吉姆的团伙以一种非常温和、谦顺的方式，多少年来一直将自制的假钞“发行”于全国各地。他们伪造的五美元面值的假钞，经常出现在那些容易受骗的商人的柜台上。他们从中获利甚巨。然而到了1876年春天，他们的事业面临了一场致命的瘫痪之险。专门负责伪钞后面的绿色动物图案的刻板大师本·博伊德被捕入狱，于是伪钞流通的总源头几近枯竭。

吉姆大佬花了好几个月的时间，在圣路易斯和芝加哥到处嗅探，全力寻找另一位能胜此任的刻板师，然而一无所获。最终他明白了，无论如何也要把这个珍贵无比的本·博伊德从监狱里弄出来。

吉姆大佬想出一个邪恶的点子：把亚伯拉罕·林肯的尸体盗走，然后藏起来。于是整个北方就会一片骚乱。然后吉姆就可以冷静地拿出一个不容否定却又令人难以置信的谈判方案：只有在政府交出本·博伊德，不治他的罪，并且拿出一大笔黄金的条件下，他才会把这具神圣的尸体还回来。

这会很危险吗？一点都不用害怕。因为伊利诺伊州的法律中并无盗窃尸体一罪。

于是在1876年6月间，吉姆开始着手他的行动了。他派了五个同伙来到春田镇，他们在那里开了一间酒吧和舞厅。这几个人一边在舞会上充当服务生，一边进行着准备工作。

不过吉姆比较倒霉。6月里的一个周六晚上，有个弟兄喝多了，晃进春田镇的一家妓院里。他说得太多了，甚至吹牛说自己很快就能得到一大桶黄金。

他将计划的所有细节小声说了出来：在即将到来的7月4日前夜，趁着整个春田镇大放烟花爆竹之际，他会去橡树脊公墓“盗取老林肯的遗骨”。等到夜深之后，他就把这堆遗骨埋在桑加蒙河上一座桥下的沙洲中。

一个小时后，妓院老鸨就迅速来到警察局，上报了这件耸人听闻的事情。到了第二天早上，她又将它泄露给了十多个人。很快，全城的人都知道了。于是这些舞会服务生赶忙丢下手头的毛巾，逃出城外。

不过吉姆大佬没被击溃，他只是延迟了行动。他把自己的老巢从春田镇迁到芝加哥西麦迪逊街二百九十四号。他在这里开了一间酒吧，酒吧的前屋由他的人特伦斯·马仑经营，主要给工人们卖酒。酒吧的后面有一间俱乐部聚会室，这里是这些伪钞制造者们的碰头地点。酒吧里还有一尊亚伯拉罕·林肯的半身像。

曾经有几个月中，一个名叫刘易斯·G.斯维格勒的窃贼为酒吧投了一些钱，而且混到了这个团伙中比较上层的位置。他承认自己曾因盗马在教养所关过一段时间，还吹嘘说自己现在可是“芝加哥盗窃尸体这一行的领袖人物”。他说城里的医学院所需的尸体，大多数都是他提供的。这话令人半信半疑，因为在那个时候，盗墓可说是举国震惊的恐怖行为。医学院为了得到供教学解剖用的尸体，不得不向盗尸者购买。这些盗尸者会在凌晨两点潜入医学院的后门，他们的帽子压得很低，挡住眼睛，脖子上挂着一个个鼓鼓囊囊的袋子。

斯维格勒与金纳利一伙人共同制订了盗走林肯尸体的完美计划。他们会将尸体塞进一个长袋子里，然后藏在弹簧马车的底座下面。马车由健硕的驿马拉着飞速行驶，一直拉到北部的印第安纳州。然后他们就把尸体掩藏在湖畔的众多沙丘之间，这个过程除了水鸟谁也不会看到，湖面上的大风很快就可以把沙滩上的所有痕迹吹个一干二净。

在离开芝加哥之前，斯维格勒买了一份伦敦的报纸。他只撕下一页，剩下的纸页被他塞到了西麦迪逊街二百九十四号酒吧中的那尊林肯塑像里面。那天是11月6日。当天晚上他就和吉姆的另外两个同伙钻上一列从芝加哥驶往春田镇的火车。那页撕下的报纸被他们带上了，等到将尸体抬出去后，他们准备把这页报纸放在空空的石棺中。当警探发现它后，自然就会把它当成一条线索。然后趁着整个国家陷入一片震惊之时，再派一个同伙去政府部门进行交涉，提出以本·博伊德的自由和二十万美元为代价换取林肯遗体的条件。

那么如何让政府相信这个信誓旦旦的家伙说的是真话呢？他会将那份伦敦报纸随身携带。警探们如果看到墓中发现的那页报纸正好与之吻合的话，自然会相信他是真正的盗尸贼。

这群匪徒按计划来到了春田镇。斯维格勒为这次冒险选了一个“良辰吉日”，即11月7日。最近几个月以来，共和党人尽管已经当着民主党人的面，向着内战制造的“血腥衬衣”挥手告别了，然而格兰特继任后政府的渎职与腐败，又成了民主党人对共和党人不停攻击的内容。因此，这一天正是美国历史上最为激烈的竞选日。兴奋的人群在那天夜里挤满了报社周围，并且在酒吧里彻夜喧闹。吉姆一伙人趁着闹劲，迅速来到了漆黑荒凉的橡树脊公墓，锯开了林肯坟墓铁门上的挂锁。他们进入墓穴，推开了棺材上的大理石盖，将里面的木匣盖子掀开了半扇。

斯维格勒说马匹和弹簧马车早已备好，全部放在了墓碑东北方向二百码以外的峡谷里。于是其中一个匪徒命令斯维格勒去把它们牵来。他沿着陡峭的断崖急速向下走，随即消失在黑暗中。

其实斯维格勒根本就不是什么盗墓人。他是一个洗心革面的罪犯，现在被情报部门雇用当线人。峡谷里根本就没有什么接应队伍和马车，但在林肯公墓的纪念堂中，却有八名警探在等着他的消息。他跑到纪念堂中，擦燃火柴，点上一根雪茄，小声嘀咕出“wash”一词——这些都是他们事先约好的接头暗号。

八名脚穿长袜的密探从藏身之处冲了出来，每人手里拿着一把左轮手枪。他们跟着斯维格勒迅速来到墓碑处，走进墓穴，喝令盗尸者投降。

然而没有任何回音。情报机关的探长特雷尔擦燃一根火柴，发现除了石棺中的木棺材被拖出一半以外，一个窃贼的影子都没发现。他们都在哪里呢？警探们搜查了坟墓的每一个角落。月亮从树梢上升起来了。当特雷尔走上墓碑的平台上时，他发现有两个人影躲在一组雕像后面盯着自己。出于紧张也出于困惑，他用两把手枪同时对他们开火，他们同样迅速予以还击。然而他们根本不是盗尸贼，他正朝着自己人开枪。

此时此刻，盗尸贼们正躲在一百英里之外的一片黑暗中等斯维格勒把马匹牵回来，他们好穿过树林逃掉。

十天后他们在芝加哥被逮捕。他们被押往春田镇，投进监狱，周围有很多警卫日夜坚守。他们的行径使得国内上下群情激愤。林肯的儿子罗伯特刚刚与有钱有势的普尔曼家族联姻，他雇了芝加哥最优秀的律师来起诉这帮匪徒。这些律师虽竭尽全力，但依旧困难重重。那时的伊利诺伊州还没有惩罚盗窃尸体的法律。如果这些窃贼偷了棺材，那倒可以这个罪名起诉他们。可他们没有偷棺材，棺材根本都没被他们拿出墓穴。于是这群芝加哥价位最高的律师竭尽全力做到的，也就是控告这些盗尸贼“预谋”偷窃一个价值七十五美元的棺材。这样一来，他们的刑期最多也就是五年。不过法庭第一次开庭已经是八个月以后的事了，此时公众的愤慨早已平息，纷扰的政界也都走上了正常轨道。况且在陪审团的第一次投票中，还有四个陪审员倾向无罪宣判。只是再过了几轮投票之后，这些陪审员才进行了妥协，最终把这些盗尸者押往若利埃城的监狱关了一年。

由于林肯的朋友们害怕还会有盗尸贼来盗窃林肯的尸体，于是林肯纪念堂管委会就把林肯的遗骨转移到一个铁质棺材中，上面盖上几块薄板，在一个地下墓穴的潮湿阴暗的通道里放了两年。在这两年期间，数以千计前来林肯墓地的朝圣者，其实是在对着一个空空的石棺致以敬意。

由于种种原因，林肯的尸骨前后共被迁移了十七次之多。不过现在他的尸骨永远不会再被挪动了。林肯的尸骨最后被放在了一个巨大的钢筋混凝土的球状棺材中，棺材盖距墓地表面足有六英尺高。这次的动迁时间是1901年9月26日。

就在这一天，当棺椁的盖子打开之时，人们向着林肯的脸庞投去了最后的目光。当时在场的人说林肯看上去非常安详。虽然他已死了三十六年了，可那些尸体防腐者的工作做得非常好，他的表情看起来和生前没什么两样。他的脸庞略微发黑。至今我们仍能看到当时在他脸上制作的石膏铸模。

图书在版编目(CIP)数据

林肯传 / (美)戴尔·卡耐基著;白马,张雷译. —杭州:浙江文艺出版社,2017.9(2018.11 重印)
ISBN 978-7-5339-4994-5

Ⅰ. ①林… Ⅱ. ①戴… ②白… ③张… Ⅲ. ①林肯(Lincoln, Abraham 1809-1865)—传记 Ⅳ. ①K837.127=41

中国版本图书馆CIP 数据核字(2017)第 203512 号

责任编辑 陈 潇
装帧设计 私书坊_刘 俊
责任印制 朱毅平

林肯传
[美]戴尔·卡耐基 著
白马 张雷 译

出版 浙江文艺出版社
网址 www.zjwycbs.cn
经销 浙江省新华书店集团有限公司
印刷 杭州杭新印务有限公司
制版 杭州天一图文制作有限公司
开本 650 毫米×970 毫米 1/16
字数 282 千字
印张 21
插页 2
印数 6001-11000
版次 2017 年 9 月第 1 版 2018 年 11 月第 2 次印刷
书号 ISBN 978-7-5339-4994-5
定价 36.00 元